智慧图书馆信息化建设理论与实践

高　岩　景玉枝　杨　静　编著

科　学　出　版　社

北　京

内 容 简 介

本书分上、下两篇，上篇主要介绍数字图书馆的建设与发展，从内蒙古医科大学图书馆信息化建设的发展历程、信息化建设规划、信息化建设平台及图书馆管理系统等方面进行了详细阐述；下篇主要介绍智慧图书馆的建设与未来，从智慧图书馆的理论和实践研究，以及智慧图书馆馆员和智慧图书馆服务几个方面进行了阐述。

本书可作为各类图书馆馆员培训的参考用书。

图书在版编目（CIP）数据

智慧图书馆信息化建设理论与实践/ 高岩，景玉枝，杨静编著. —北京：科学出版社，2020.3

ISBN 978-7-03-063725-3

Ⅰ. ①智… Ⅱ. ①高… ②景… ③杨… Ⅲ. ①数字图书馆-信息资源-资源建设-研究 Ⅳ. ①G250.76

中国版本图书馆 CIP 数据核字（2019）第 281391 号

责任编辑：康丽涛 / 责任校对：张小霞

责任印制：徐晓晨 / 封面设计：吴朝洪

科学出版社 出版

北京东黄城根北街 16 号

邮政编码：100717

http://www.sciencep.com

北京凌奇印刷有限责任公司 印刷

科学出版社发行 各地新华书店经销

*

2020 年 3 月第 一 版 开本：787×1092 1/16

2021 年 7 月第三次印刷 印张：11

字数：264 000

定价：68.00 元

（如有印刷质量问题，我社负责调换）

前　言

21 世纪，以智能化、数字化为前导的计算机、网络通信技术迅速发展，而网络作为一种工具已深深融入人们的日常工作和生活。伴随着智能化、数字化和网络化大潮的推进，作为知识的殿堂，传统高校图书馆的存在形式，以及管理、运行方式已与时代脱节。数字图书馆和智慧图书馆成为传统图书馆发展的必然趋势。在这种形势下，加快图书馆信息化建设，加强数字图书馆向智慧图书馆转型发展，主动跨入 5G 时代，成为内蒙古医科大学首先要解决的一项重大的应用研究课题。

为了使用户更充分地利用和管理内蒙古医科大学图书馆信息资源，更好地培养高校学生的信息素养，使他们紧跟信息技术飞速发展的形势，掌握学习和探索知识的本领与技能，具备信息利用能力和自主科研创新能力，我们组织编写了《智慧图书馆信息化建设理论与实践》一书。

本书共 8 章，围绕内蒙古医科大学图书馆信息化建设编写，分为上、下两篇。上篇包括第一章至第四章，主要从内蒙古医科大学图书馆信息化建设的发展历程、信息化建设规划、数字图书馆共享服务平台建设及管理系统建设等方面详细阐述了数字图书馆的建设与发展；下篇包括第五章至第八章，主要从智慧图书馆的理论研究和实践研究，以及智慧图书馆馆员和智慧图书馆服务几个方面阐述了智慧图书馆的建设和未来。本书可作为各类图书馆馆员培训的参考用书。

由于网络信息更新迅速，使用本书时可能会出现某些数据或资源与更新后的数据资源不符的情况。同时，由于编者水平有限，书中难免出现疏漏及不足，恳请读者批评指正。

编　者

2019 年 4 月

目　录

上篇　数字图书馆的建设与发展

下篇　智慧图书馆的建设与未来

上　篇

数字图书馆的建设与发展

第一章　绪　　论

第一节　图书馆信息化建设概述

图书馆拥有丰富的文献信息资源，是社会信息系统的重要组成部分。图书馆信息化是社会信息化的要求，是人类社会发展到一定历史阶段的文化产物。20 世纪 70 年代，我国图书馆开始应用计算机技术。到了 90 年代，计算机技术在图书馆中得到广泛应用，极大地促进了文献信息的加工整理和传播利用，使图书馆向现代化、信息化方向迅速发展。目前信息技术对图书馆的贡献已达到较高水平，使图书馆信息化建设迈上了一个新的台阶。

一、图书馆信息化的概念及特征

关于图书馆信息化的概念，学术界有多种不同的解释，主要集中在以下两方面。

（1）图书馆信息化是指图书馆在信息的采集存储、加工制作、传递利用等各项工作中，应用计算机、网络、多媒体等现代信息处理技术等，对图书馆进行全方位、多角度的改造，以实现信息资源的深度开发和普遍共享，为用户提供最有效的服务，最终产生一定的社会效益和经济效益。

（2）图书馆信息化就是图书馆不断应用信息技术，深入开发和应用文献信息资源的过程。图书馆信息化就是信息技术应用和文献信息资源开发由局部到全局、由内部到外部、由区域到全球不断深化的过程。

有学者提出了狭义和广义两种不同的理解。从狭义上，图书馆信息化是人或组织在采集、加工、储存、传递和共享文献信息资源的过程中借助于先进的信息处理技术的现代化过程。从广义上，信息化是借助于信息处理技术的现代化过程，它不仅包括技术设备和工作手段的现代化，还包括思想观念、人员素质、组织结构、管理体制、工作内容等多层次全方位的现代化。

最具代表性的界定，应是国家信息化领导小组的有关阐述：图书馆信息化是以信息技术在图书馆中的广泛应用为主导，以信息资源建设为核心，以网络为信息传输基础，以信息人才为依托，以法规、政策、标准为保障的综合体系。

尽管专家、学者对图书馆信息化的内涵和外延有着种种不同的认识，但从中可以看出，图书馆信息化具有如下特征。

1. 业务操作和管理自动化

图书馆工作一般可分为：①藏书的拟定和获取；②编目、分类和具体准备；③检索和参阅；④流通，即馆内资料的库存和借出；⑤馆际的借入借出。

所谓图书馆自动化，就是利用计算机自动完成上述工作。图书馆自动化主要包括软件、硬件和人员 3 个要素，其中软件是自动化的关键因素。对软件的选择直接关系到自动化系统的预期设计目标能否实现。只有依靠软件的支持，才能充分发挥计算机的优越性，并提高工作效率和质量。

2. 信息资源存储数字化

信息资源存储数字化包括馆藏资源的数字化转化及网上数字资源的收藏。条目（如图书、期刊、地图、影片或手稿等）的技术处理是图书馆最重要的工作，花费也最大。条目的技术处理是指获得条目、编入目录、准备上架、准备书卡、打印书背记号等手续。这些手续中所涉及的重要工作是数据处理。数据处理的主要困难是数据（如作者姓名、著作标题等）的长度不同，为了获取固定长度而舍去数据的某些位又可能难以唯一地识别条目。数据之间有着复杂的关系，因此数据处理和储存要求采用先进的关系数据库管理系统。

图书馆的许多功能取决于根据文献目录、具体归属和课题内容生成描述条目的数据。因此，美国的图书馆资源协会（CLR）支持有关人员研究将这些数据转换成机器可读形式的方法，从而产生了 MARC（机器可读目录）规划，并成为后来发展图书馆多种功能自动化的基本组成部分。

3. 信息资源高度共享

网络化是信息化的重要标志。图书馆网络化包括信息资源网络化、信息传输网络化和信息检索网络化。

信息资源共享（information resource sharing）是指图书馆在自愿、平等、互惠的基础上，通过建立图书馆与图书馆之间和图书馆与其他机构之间的各种合作、协作，相互协调关系，利用各种技术、方法和途径，实现共同提示、共同建设和共同利用信息资源，以最大限度地满足用户信息资源需求的全部活动。现在已经泛指生活中的各个领域的文字、数字、文化资源类目的分享和共用。

二、图书馆信息化的意义及基本要求

图书馆信息化是社会信息化的要求。社会信息化的信息资源中，相当重要的部分来自于图书馆。因此，图书馆信息化是社会信息化的组成部分，图书馆信息化是传统图书馆走向现代图书馆的一个过程。作为文献信息资源的集散地，拥有丰富的信息资源是图书馆最大的优势。随着信息技术的快速发展和社会信息化进程的加快，图书馆的信息化应当在信息技术的应用、信息资源的建设、信息资源的开发和服务等方面拥有自己的地位和作用。

图书馆信息化的基本要求可以从信息基础结构建设、信息资源建设、信息服务系统建设几方面来探讨。图书馆信息化的重点应是信息资源的开发利用和信息技术在图书馆的应用。社会信息系统的建设都必须具有基础结构、资源和服务系统。图书馆信息化应当是在社会信息化的信息基础设施上实现自我的信息化建设。图书馆信息化不同于一般信息系统的特征有：①依赖于高度社会信息化的基础；②广泛采用现代信息技术；③图书馆业务的自动化管理；④信息服务网络化；⑤信息资源数字化；⑥信息资源产业化。在现代化信息技术条件下，图书馆信息系统的建设在数字化资源、网络条件、信息服务等方面如何系统筹划就显得尤其重要。因此，只有进一步优化和深层次开发图书馆信息资源，使其实现数字化，才能满足社会信息化的需求。

三、国内外图书馆信息化发展情况

（一）国外图书馆信息化发展情况

美国于 1994 年投入 2440 万美元进行“数字图书馆启动计划”研究，1998 年又启动了该项目的二期工程。1995 年美国国会图书馆投资 6000 万实施“美国记忆”（American Memory）项目，计划完成 500 万件历史馆藏的数字化，使“所有的学校、图书馆、家庭同那些公共阅览室的长期用户一样，能够任意从自己所在的地点接触到这些对他们来说崭新而重要的资料，并按个人的要求来理解和使用这些资料”。美国北卡罗来纳州立大学图书馆开发了 My Library@NCState 系统，将用户参数信息及图书馆资料都以数据库的形式存储在与 Web 服务器相连的数据库中，这种体系结构具有良好的稳定性、可靠性、安全性和高效的服务能力，能查阅图书馆目录及借阅记录，提供馆际互借和原文传递，还可以实现快速检索（只查某一学科方面的资料）和定制图书馆资源等。

俄罗斯在经济还没有恢复的情况下，政府就计划 1999—2004 年每年出资 2 亿卢布支持数字图书馆研究。1995 年，俄罗斯图书馆协会同俄罗斯联邦文化部协商后，决定制定作为国家图书馆标准的国家图书著录格式与书目机读格式，1998 年俄罗斯联邦文化部下达了“关于使用俄罗斯公共机读目录格式”的第 45 号令。后来，协会又制定了统一的能够同国际机读目录格式交换的“RUSMARC”机读格式，制定了作者及标准数据库的公共格式，并将在全俄图书馆范围内使用统一的标准整合信息作为信息化的进一步目标。

韩国很重视数字图书馆建设所需的各种标准方案，认为通过开发和提供标准软件，制定信息流通方式、电子出版标准、通信网协议、书目数据信息库的构筑方式等方面的标准，是共享国家知识信息资源的先行条件。

德国图书馆联合会的数据显示，目前德国的公共图书馆总数达 9858 个，平均每 8260 人就拥有一个公共图书馆，位居世界前列。斯图加特市立图书馆被称为“德国最美图书馆”，其外形是一个类似魔方的建筑，因此也被称为“书魔方”。“书魔方”共 11 层，内部有可供千人阅读和学习的阅览室。该馆自 2011 年底开馆以来，每年吸引 260 多万读者，慕名而来的游客每天也有 5000 人之多。把阅读之地做成景点级别的存在，这正是德国人在网络信息化时代经营实体图书馆的思路之一。像“书魔方”这样的图书馆，在德国各地是必备品。图书馆联合会专家提尔兹介绍，图书馆生存下去的前提是拓展特色服务，像咖啡厅、儿童娱乐区等配套场所已经司空见惯，更多服务瞄向职业培训进修。因为措施得当，德国的图书馆数量不减反增，每年有 1.19 亿人次光顾公共图书馆。

英国“共享图书”成为发展主流。在英国，专心读书的人很多。虽然和书店相比，近年来英国的图书馆数量有所减少，但总体上仍有很强的存在感，尤其是社区图书馆，深得民众喜欢。马勒本图书馆位居城市繁华地段，3 层砖体建筑，环境优雅，英国各地主要报刊在这里都可以找到，资料很全。工作人员介绍，“我们所在的威斯敏斯特区，共有 14 家图书馆。我们的借阅证在其他家图书馆都通用，还书也可以到其中任何一家。借阅期快到时，我们会发邮件或短信提醒”。如此便利的服务，让人联想到国内正在流行的共享单车，也许可以称之为“共享图书”吧。英国政府有个规定，城市中 1 英里（1 英里≈1.61 千米）的范围内就要有一座图书馆。伦敦现有约 400 家各类公共图书馆。像马勒本图书馆这样虽然不太大，但非常实用的社区图书馆遍布伦敦各小区，深受民众喜爱。

日本的图书馆正在向人际交往的平台方向转换。日本对图书馆空间的设计，倾向于舒适感。对于市民来说，图书馆不仅是读书读报之所，更是集会、休闲甚至娱乐的去处。秋田县国际教养大学的图书馆以 365 天 24 小时“不眠”而闻名。该馆的落地窗高大宽阔，不仅使室内日照充足，还为读者提供了宽阔视野。东京都成蹊大学图书馆堪称日本图书馆界的“颜值担当”，该馆内“悬”在空中的球形阅览室，完全颠覆了传统图书馆的概念，让人有种飘浮在空中看书的错觉。日本图书馆发展的背后是互联网给生活方式带来的冲击，现实中的交流机会少了，图书馆便成为社交的替代场所。

（二）国内图书馆信息化发展情况

图书馆信息化是指图书馆充分利用信息技术，开发利用信息资源，促进信息交流和知识共享。全面回顾我国图书馆信息化建设历程，对于促进我国图书馆信息化建设具有一定的现实意义。

1. 20 世纪 80 年代初期至 80 年代中期

20 世纪 80 年代初期，我国计算机技术和信息技术特别是汉字处理技术都还处于比较弱的发展阶段，但人们对图书馆信息化建设的认识在逐渐提高。这一阶段我国图书馆信息化建设主要从提高认识、建立组织、培训人员、配备设备、争取领导的重视和支持和个别图书馆研制试验性的系统等方面进行了探讨。1981 年 12 月，在全国高校图书馆计算机应用座谈会上，与会专家强调“必须不失时机地把计算机在图书馆中应用的问题提到重要的议事日程上来，进一步加强领导，全面规划，统筹协调，稳步地，扎扎实实地把这件工作做好”。1985 年 12 月，中国图书馆学会学术工作委员会现代化研究组召开了“电子计算机在图书馆应用学术讨论会”，与会代表交流了各自应用计算机的情况和经验。这一阶段我国图书馆信息化建设主要取得了以下成绩：第一，北京图书馆、中国科学院图书馆、北京大学图书馆、清华大学图书馆、中国人民大学图书馆、中国图书进出口公司六家单位联合建立了 MARL 协作组，学习研究和开发利用美国机读目录通信格式标准 LCMARC，引进了磁带库，建立了中国 MARL 模拟系统。第二，中国科学院图书馆、南京大学图书馆和北京大学图书馆率先分别举办了培训班，为图书馆培养计算机应用人员。1982 年 5 月，北京大学举办“图书馆自动化讲座”，并邀请加拿大专家周敏民讲学。第三，北京图书馆、中国科学院图书馆和一些高校图书馆开始调入或购买计算机，特别是在 IBM-PC 引进我国以后，有很多图书馆购买了微型计算机（以下简称微机）。第四，1982 年 5 月，在北京地区高校图书馆学会的指导下，第一次图书馆自动化专业学术会议在北京召开。复旦大学、上海交通大学等十几个单位组成上海市高校科技情报检索网络科研协作组，在上海市高等教育局的领导下，开始了上海地区科技情报检索网络的筹建工作。第五，北京图书馆、中国科学院图书馆和少数高校图书馆开始研制试验性的系统，除南京大学的 NDTS-78 系统外，还有北京图书馆的 MARL 系统、清华大学的西文图书目录检索系统（QBRS）、北京大学的北京地区西文新书通报系统和西文图书采购系统、上海交通大学的西文期刊管理系统、复旦大学的条形码流通系统、北京师范大学的西文图书目录检索的实验性系统等。武汉大学还利用 IN-SPEC 数据库和 FAIRS 情报检索软件，开展了定题服务（SDI）。这些试验性系统的研制，为高校图书馆自动化建设和科学发展积累了一定的经验。

通过这一阶段的工作，一些图书馆（主要是北京图书馆、中国科学院系统和重点高校图书馆）初步建立起自己的专业队伍，配备了可以进行试验的计算机（北京图书馆是中型机 M150-H，其他主要是微机），并取得一批研究成果。更为重要的是，在思想上对一些方向性的问题达成了初步的共识：我国图书馆必须从传统服务方式向现代化服务方式过渡，而现代化又应以信息化为中心；图书馆有必要建立既懂得计算机又懂得图书馆业务工作的自动化队伍；图书馆应有自己的计算机作为实现自动化建设和科学发展的物质基础。

2. 20 世纪 80 年代中期至 80 年代末

这一阶段我国图书馆开始了实现信息化的行动。北京图书馆、北京大学图书馆开始将通用机读目录格式（UNMARC）汉化，以其为依据制定中国的机读目录格式。尽管当时北京图书馆的 MARL 格式并不是很标准，但已被大家认可，起到了标准的作用。北京大学图书馆于 1976 年引进美国的 VAX-750 机，北京图书馆在 1979 年引进日本的大型 ACOS-630 系统。根据全国高校图工委 1988 年的统计，全国已有 232 所高校图书馆配备了小型机、微机等共 395 台，以微机为主（有 364 台），已有专业干部 462 人。这一阶段各个图书馆开展了研制图书馆应用系统的研究，并取得了丰硕的成果。全国高等院校图书馆在图书馆的流通、采访、编目、期刊管理、书目或文献检索及内部管理等方面开展了计算机应用的研究。1986 年 4 月，清华大学组织全国 300 余所高校学报建立的“全国高校自然科学简报论文文摘（CUJA）数据库”通过鉴定。1986 年 6 月，南京大学的“激光条形码计算机中文图书流通管理系统”通过鉴定并投入运行。北京师范大学的“图书馆流通系统”和“计算机辅助教学系统”也于 1986 年 11 月通过鉴定并投入运行。北京大学在原“北京地区西文新书通报系统”的基础上发展的“机编西文图书联合目录计算机系统”于 1987 年 11 月通过鉴定。1987 年，北京图书馆新馆建成，该馆将 30 万册的中文图书实行开架借阅，用小型机 PDP11/73 进行流通管理，采用经过汉化的德国软件 CLSI。1988 年，成都科技大学和东北电力学院的微机集成系统也通过鉴定。一些研制成功的系统投入了实际运行，收到了较好的效果。《中国高校自然科学学报论文文摘》（CU-JA）磁带被美国 DIALOG 系统接受试用，成为我国图书馆自动化成果打入世界的开端。可以说，这一阶段是我国图书馆自动化建设取得丰硕成果的阶段。1988 年 9 月初“全国高校图书馆计算机应用经验交流会”和“全国高校图书馆计算机应用成果展示会”在北京召开，这是对我国高等学校图书馆计算机应用情况的一次大检阅，有 51 人参加了这次经验交流会，参加成果展示的单位有 22 家，共展出了 43 个自行研制或引进的项目。这次展示会在一定程度上反映了全国图书馆的信息化水平。虽然这一阶段我国图书馆信息化水平有了一定的提高，但也有许多不足之处：一是我国图书馆信息化工作缺乏统一的规划和协调；二是软件研制和数据库建设分散、重复，软件通用性差，数据格式不标准等，未能实现资源的共建共享。我国图书馆信息化建设还需进一步地向前推进。

3. 20 世纪 90 年代初至 90 年代中期

这一阶段我国图书馆信息化建设在有计划、有组织地进行着。原国家教育委员会（以下简称国家教委）、教材和图书情报办公室（以下简称教图办）和高校图工委，对今后的图书馆信息化工作提出了建议：实现资源共享和网络化，进行整体化和实用化建设。由于得到国家教委教图办的科研经费支持，各高校图书馆加快了图书馆信息化系统的研制步伐。北京图书馆也制订了全面实施自动化的计划，如“计算机综合管理系统概要”等。中国科学院图书馆也于 1991 年 1 月 3 日提出了全面的发展计划——“中关村地区文献信息系统开题报告”。在这一阶段，我国图书馆信息化建设稳步推进。

4. 20 世纪 90 年代中期至今

这一阶段，我国图书馆信息化建设主要从以下几方面开展：①图书馆网络建设。主要的图书馆网络有中国教育科研网（CERNET）的中国高等教育文献保障系统、依托于中国科学院计算机网络的科学院文献信息系统、珠江三角洲地区图书馆网、广东高校图书馆网、文化部建立的中国图书馆信息网络（CLINET）等。②信息资源建设。主要是由国家教委开展的“文科文献情报中心”的建设，重点建立了北京大学、复旦大学、武汉大学、吉林大学、四川联合大学 5 个中心书库，并在西文图书联合编目方面取得了较大成果，积累书目数据 6.5 万余条，编辑发行书目式联合目录 22 期，通过中国教育和科研计算机网提供网上服务。1995 年，北京图书馆牵头开展了“新中国成立后中文图书书目回溯建库”项目。《中国机读目录格式》于 1995 年 4 月通过鉴定，并由文化部定为行业标准。北京图书馆在修订《中国图书馆图书分类法》第三版的基础上，编制了《中国分类主题词表》，并于 1996 年 8 月通过专家鉴定。③计算机设备的配置。中国科学院系统的 103 个图书情报单位都已配备了计算机。高校图书馆也在大量配置计算机设备。以北京市为例，1995 年，北京市 93 所高校中已有 62%以上的图书馆应用了计算机。公共图书馆也添置了计算机设备。④图书馆自动化建设的实践。从 1995 年开始，北京图书馆受文化部图书馆司委托，专门对图书馆主管技术的副馆长进行计算机应用技术的培训。

从技术层面看，我国图书馆现有的数据库建设规模小、水平低。各馆自行建立的数据库和文献库标准化程度不高、通用性差。因此，我国要在大型的集中式联机处理模式的管理系统的研制方面下大力气，尤其要加强对中文信息化处理标准规范的研究，尽快出成果并投入运行，改变目前使用语言系统和网络环境千差万别的现状，实现资源共享。

从管理层面看，我国图书馆信息化建设缺乏统一管理、统一规划。各图书馆之间各自为政，缺乏有效的沟通和合作，且存在重复建设的现象。因此，图书馆在立足公益性信息服务的同时，也要向社会提供增值性信息服务，以获取社会资金的支助。另外，国家相关部门应制定图书馆信息化规范性、政策性的文件，以确保我国图书馆信息化的健康发展。

四、图书馆信息化发展趋势

充分整合信息资源，使数据交换整合覆盖到全社会，实现从数据层到信息层到知识层的提升，是信息化建设的一项重要任务。现代社会的信息化建设是不变的主题。鉴于图书馆在信息化社会中所起的重要作用，世界各国纷纷提出了数字图书馆计划。数字图书馆的建设与发展对于各国来说都具有重大的现实意义，它是知识经济的重要载体，同时也是国家信息基础设施的重要组成部分，是未来图书馆发展的大方向，在图书馆信息化建设中具有举足轻重的作用，目前已成为评价一个国家信息基础水平的重要标准和 21 世纪各国文化科技竞争的焦点之一。

图书馆信息化发展有如下几种趋势。

1. 数字化资源建设

随着计算机与网络的普及，数字技术正改变着人类赖以生存的社会环境，并使人类的生活和工作环境具备了更多的数字化特征，社会的信息化程度日益提高。鉴于图书馆在人类发展过程中所起的重要作用，图书馆的信息化进程在各国的国家信息化发展计划中占据着重要地位，其中图书馆信息的数字化受到了格外的重视。

近年来，西方发达国家在信息技术领域连续出现了两次巨大的跨越性发展，即“信息手段革命”与“信息内容革命”。正是这两次跨越性的发展，引发了全球性的数字图书馆建设浪潮。“信息手段革命”是指由数字技术引发的信息传输手段的革命性汇流。“信息手段革命”的全球化趋势更加势不可挡。数字技术和通信网络技术的发展使所有人都能利用先进的科技成果，并使各种文化的交流逐步建立在快速、直接与个人交流的基础上。即使信息手段的革命改变了整个世界的面貌，但实质上，信息传输手段革命的真实含义还在于“内容”——数字信息资源。使通信业、传媒业、信息业融合为一的数字技术，在拆除了各种传媒之间的传统壁垒，使之成为统一载体的同时，也极大地刺激了对“信息内容”的需求，引发了“内容产业”大规模的“媒介转移”与资源整合浪潮，“信息内容革命”由此产生。

数字图书馆成为“信息内容革命”时代的标志性项目，具有其内在的必然性。应当指出，与人类学习、利用、收集、发现知识的形式和技术手段的发展密切相连，在造纸和印刷术的基础上，有了以印刷型文字处理为主的传统图书馆。当新的技术手段，即数字技术手段出现之后，传统图书馆自然成为向数字图书馆迈进的出发点。传统图书馆历来承担着保存和传播人类知识的关键角色。因此，实现“信息内容革命”必须以文化遗产的数字化为中心环节，而文化遗产的数字化必须从传统图书馆做起。

以传统图书馆馆藏内容数字化为中心的文化内容媒介转移，是将传统文化资源开发成为经济资源的必要步骤，实质上是为空前规模的产业整合准备条件，具有巨大的经济意义。

2. 信息资源共建共享

数字图书馆不是孤立存在的，它必须和外界联系，和其他数字图书馆与系统有信息交换才能成为真正的数字图书馆，即它的信息资源不是孤立的。从宏观上看，一个数字图书馆的信息资源隶属于全球数字图书馆系统，是整个社会信息资源的一部分。因此，数字图书馆文献资源建设不仅是本馆的资源建设，更是整个社会信息资源建设的一部分，它必须和其他部分的资源建设保持整体性和统一性。我国数字图书馆的建设必须强调国家的宏观调控，进行统一的规划与协调以及分工合作，以利于打破部门和地区的分割，有计划地开展数字图书馆的建设工作。

3. 专业人才培养

信息化环境下的图书馆变革，要求图书馆馆员的角色也要随之变化。除了传统的文献收集、整理与提供服务外，在网络资源越来越庞杂的情况下，图书馆馆员应发挥自己所掌握的获取信息和开展信息咨询的优势，扮演信息工程师或顾问的角色。图书馆馆员还要承担起教育和培训读者的任务，起到网络资源导航员的作用。可见，现阶段对图书馆馆员的素质要求越来越高，而且对其要求也更趋向于发挥整体的作用。

总而言之，只有建设一支思想素质、信息意识和技术能力都过硬的专业队伍，才能适应新时期图书馆建设的需要，这也是信息时代图书馆发展的趋势之一。

4. 图书馆信息化建设的规范化

图书馆信息化是整个社会信息化中的一环，其中图书馆信息化建设的规范化问题尤其值得重视，信息化建设规范与否是信息化建设能否正常发展的关键因素。

（1）图书馆信息化评估体系的建立：在图书馆信息化发展的早期，对图书馆信息化水平的评估主要是针对传统业务流程是否实现自动化进行审核，而进入20世纪90年代后，随着信息技术的发展，一个仅仅能提供公共目录查询和图书馆业务管理的图书馆自动化系统已不能适应技术与时代的发展，而需要从整体、系统、信息化的观点来考虑。

（2）图书馆信息化要有相应的法律法规作保证： 图书馆信息化从大的方面要遵循国家信息化发展的总政策，同时可以根据本行业的具体特点制定相应的法律法规，以保证信息化工作的顺利开展。这些政策可包括信息化建设资金投入、民间参与政策、市场拓展等方面。

（3）标准与法规的制定和实施：在进行数字图书馆研究和建设数字资源库的过程中，应借鉴发达国家数字图书馆建设的经验教训，尽早制定统一的适合中国数字图书馆建设的资源描述、标识、查询、交换和使用的标准规范及法规；尽量使用国际标准，对那些不是按标准格式进行组织的资源库，也必须考虑数字项的充分描述，并要有灵活的接口，以保证日后对数据的转换与衔接；同时，在资源库的加工过程中要考虑对版权问题的处理，以做到充分地尊重知识、尊重智慧，使我国数字图书馆从开始建设便遵循标准化、规范化、法制化管理的发展道路。

第二节 数字图书馆概述

数字图书馆已成为评价一个国家信息基础设施水平高低的重要标志，如何建设全方位发展的数字图书馆，已成为世界各国图书馆事业发展的趋势。据不完全统计，到目前为止，我国已经开通了上百家数字图书馆，影响较大的有中国数字图书馆、书生之家、超星数字图书馆等，许多大学图书馆也开通了数字图书馆业务。

但究竟什么是数字化，什么是数字图书馆，数字图书馆包含哪些基本要素，与传统图书馆有何本质区别等问题仍有待澄清和解答。并不是上网或使用计算机管理的图书馆就是数字图书馆。正确认识和了解数字图书馆，有利于我们更好地对其开发利用。

一、数字化的定义

所谓数字化是指信息表达方式的数字化，就是把所有信息都用“0”和“1”这两个数字的不同组合来表示。与图书情报网络相关的数字化，主要是信息资源的数字化，尤其是文献信息资源的数字化。所谓信息资源，其实质是人类通过创造、搜集、积累、传播而形成的一种知识资源和智力资源，其主体是各种媒体的文献信息。

信息资源的数字化也是信息的集成化、有序化和利用便利化。信息资源的数字化，包括文字、图表、图形、图像（动态和静态的）、声音（包括音乐）等所有媒体文献的数字化。在信息时代，只有数字化了的信息才能成为网络环境下可利用的信息资源。

二、数字图书馆的概念

目前，关于数字图书馆还没有一个被公认的定义，其形式也是多种多样。有人说，数字图书馆就是管理信息收集、信息检索工具的一个服务系统。也有人认为，数字图书馆就是实现馆藏资源的数字化。还有人觉得，通过因特网在多个信息资源上收集信息，实现作业过程的计算机化就是数字图书馆。

这种基于传统图书馆基础上的认识，其实质是借用计算机和网络，给传统图书馆穿上了数字图书馆的外衣，沿袭了传统图书馆的思维方式，是对数字图书馆概念的误读，最终与网络所带来的全方位、开放式的数字化资源共享不相匹配。

到底怎样的图书馆才是真正意义上的数字图书馆？

1. 美国研究图书馆协会（Association of Research Libraries，ARL）的定义

（1）数字图书馆不是一个单一实体。

（2）数字图书馆需要链接许多信息资源的技术。

（3）多个数字图书馆及信息机构之间的链接对最终用户透明。

（4）全球范围存取——数字图书馆与信息服务是一个目标。

（5）数字图书馆的收藏并不局限于文献的数字化替代品，还扩展到不能以印刷形式表示或传播的数字化人造品。

2. 美国数字图书馆联盟（Digital Library Federation，DLF）的定义

数字图书馆是一个拥有专业人员等相关资源的组织，该组织对数字式资源进行挑选、组织，提供智能化存取、翻译、传播、保持其完整性和永存性等工作，从而使得这些数字式资源能够快速且经济地被特定的用户或群体所利用。

3. William Y. Arms 的定义

数字图书馆是具有服务功能的整理过的信息收藏，其中的信息以数字化格式存储并可通过网络存取。该定义的关键在于信息是整理过的。

4. 大英图书馆的定义

利用数字技术获取、存储、存取、发布信息的图书馆。大英图书馆认为数字图书馆是图书馆的细化分类，是在传统图书馆基础上利用数字技术进行图书馆流程的新图书馆。

5. 高文的定义

数字图书馆是以电子方式存储海量的多媒体信息，并能对这些信息资源进行高效的操作，如插入、删除、修改、检索、提供访问接口的信息保护等。

6. 孙坦的定义

从社会需求和技术条件分析，数字图书馆的核心和本质是利用现代信息技术，以计算机网络为基础平台，构建一个有利于产生影响新知识的资源、工具和合作环境，这种作为环境的数字图书馆不仅仅局限于网络数字信息资源的开放利用，更是一个促进信息获取、传递、交流的知识网络。

7. 刘炜的定义

数字图书馆是社会信息基础机构中信息资源的基本组织形式，这一形式满足分布式面向对象的信息查询的需要。

其中，分布式指跨地区、跨物理形态；面向对象指直接获取一次文献，而不是获取一次文献的线索。

8. 国家图书馆的定义

数字图书馆为国家信息基础设施提供关键性信息管理技术，同时提供其主要的信息库和资源库。换句话说，数字图书馆是国家信息基础设施的核心。

徐升华认为，数字图书馆是具有较大规模的超越时空桎梏的基于互联网信息技术的知识资源共享系统。从根本上来说，数字图书馆是“为了解决网络环境下数字化信息的组织、查询与服务问题”。

数字图书馆最本质的特征：它是建立在计算机网络技术上的数据库信息系统，它的组织方式是网状化的，是一个互联空间。利用当今先进的数字化技术，通过诸如国际互联网络，使人数众多且又处在不同地理位置的用户能够方便地利用大量的分散在不同储存处的电子物品的全部内容。

数字图书馆是组织数字化信息及其技术进入图书馆并提供有效服务，几乎图书馆的所有载体信息均能以数字化的形式获得，读者通过网络组织访问外界数字图书馆和文献信息数据库系统。

数字图书馆就是以数字形式存储和处理信息的图书馆，它储存的信息是用电磁介质，按二进制编码的方法加以存储和管理，是把原先用纸张存储的信息转变为用计算机与多媒体技术存储和处理的信息。各种文献载体将被数字化，所以是海量数据的存储和管理，馆藏概念不局限于文献，没有地理时空的局限，在检索模式上以全文检索、多种媒介、多种语言为特征，它的服务模式以用户为主，有一个用户界面和参考咨询系统。

综上所述，数字图书馆从广义上来说，有超越时空限制的超大规模知识信息存储和服务系统，是将载体不同、地理位置分散的各种信息资源，以数字化网络化方式储存、连接，并提供及时利用、以实现资源共享的各项技术的集合。从狭义上来说，数字图书馆是利用现代先进的数字技术，将图书馆所收藏的文本（图书、杂志）、图像、影像、影视、声像等资料组织规范性加工，并以数字的形式储存管理，实施知识增值，以数据库的方式供读者检索和阅读，并通过广域网高速连接，供用户随时查询、使用，是一个超大规模的、可以跨库检索的海量数字化信息资源库。

三、数字图书馆的特点

从根本上说，数字图书馆的目标是解决网络环境下数字化信息资源的组织、查询与服务问题。它所处理的对象是网上的数字信息，希望能提供类似于传统图书馆的良好的信息服务，如有序化的组织、结构化的存储、高效的检索及友好的查询等。与传统图书馆相比，数字图书馆具有以下特点：

（1）数字图书馆不是一个单独的实体，是许多资源、服务的信息单元的统一结构。这些数字化的信息资源可能具有不同的形式，如文字、图片、声音等。

数字图书馆的服务信息也非常丰富，包括服务内容的描述、服务的配置信息、权限控制等。这些信息资源和服务可能存放在不同的地域，通过特定的协议和存取方法可以方便地进行访问。

（2）数字图书馆具有开放的信息结构。数字图书馆建立在异构的平台之上，是一个分布式的信息集合，包括很多不同的信息服务功能单元，用户可以通过开放协议进行访问，新的功能单元通过注册可以方便地加入已有的系统。

（3）数字图书馆动态性很强。作为数字化信息的收藏中心，数字图书馆应该及时更新以适应当前信息的爆炸性增长，它所提供的服务也应该能及时反映收藏信息的变化，因此数字图书馆的组织应该具有良好的可扩展性。

四、数字图书馆的基本要素

数字图书馆作为一个系统工程，以下要素是不可或缺的。

1. 丰富的数字化资源

数字图书馆将分散于不同载体、不同存储处的一切有价值的信息转化为计算机可识别的数字编码，以数字化方式存储，并通过网络化的方式进行传递，打破了信息传播和利用的时空限制，使本地或远程的用户均可通过网络通信，方便、快捷地存取自己所需的信息，大量丰富的数字化资源实现了真正意义上的信息资源共享。

数字化资源是数字图书馆的“物质”基础，包括OPAC书刊目录库、全文数据库、多媒体数据库、网络数据库、网络信息资源库等。数字图书馆的目的是直接提供读者所需的最终信息，而不只是文献目录和索引，因此这些资源必须具有一定规模并从内容或主题上相对独立。很多数字图书馆在这方面做了大量工作，扩大了信息资源的利用。

2. 网络化存取

高速的数字通信网络是数字图书馆的存在基础，数字图书馆依附于网络而存在，其对内的业务组织和对外的服务都是以网络为载体，得益于也受制于网络。因此，可用于广域网（目前主要是Internet）服务的网络设备、通信条件和一整套符合标准规范的数字图书馆赖以运作的软件系统是必不可少的，其中包括信息的获取与创建、存储与管理、访问与查询、动态发布及权限管理5大模块。

网络协议的共识信息、统一的操作平台、服务系统的兼容性，以及防黑、防毒系统，行之有效的过滤软件，对网络化存取都至关重要，有利于保护数字图书馆系统的安全性。

3. 信息检索工具

数字图书馆的检索工具，是基于因特网信息资源和数字图书馆的信息资源库，利用统一的检索平台和用户界面，提供各种类型信息资源检索服务的系统。数字图书馆能够向用户提供多种类型的信息资源的检索，如书目信息、书刊全文，各种音频、视频信息，还可提供网络信息资源检索服务，如因特网上Web、FTP、Gopher、Wais、Usenet等信息资源。

在数字图书馆资源建设中引进搜索引擎技术，可以节省人力、物力、财力，保证资源的完整性、全面性。但数字图书馆的检索工具不同于搜索引擎：搜索引擎只能提供因特网资源的检索，而数字图书馆除此之外，兼顾对其各个资源库的检索。它是兼具馆藏和网上导航的重要工具。

我国主要数字图书馆的搜索引擎一般设有分类、题名、责任者、主题词或关键词等检索途径，具有逻辑检索功能（支持AND、OR、NOT）和各种其他功能（如截词检索）等，有的还具有全文检索功能，检索结果显示页面可以引导读者直接获得原文。

4. 资源管理整合服务

数字图书馆将所有信息资源进行整合，实现跨库检索，向用户提供统一的检索界面，检索各种类型的信息。检索到的相关信息在统一的界面中显示。数字图书馆的资源整合需要解决异构系统间的操作、转换和翻译（不同规范的元数据、查询请求之间）等技术问题，必须具有良好的兼容性、公共性、灵活性和可扩展性，能够方便地将各种应用程序（如搜索引擎技术）集成进来。

实践证明，由于网络、通信、技术、管理等原因，绝不可能由某个数字图书馆来承担和满足所有阅读者的需求；基本馆藏需要作重复存储，即至少应设若干地区中心网站，以分流数据流量。国内外许多知名网站，如新浪、搜狐、雅虎、21CN 等纷纷在世界各地建立镜像站点就是极好的证明。我国数字图书馆在资源整合共享方面任务还很艰巨。

5. 版权保护

要实现数字化资源的有效共享与合法使用，需要制定与数字化文献资源共享相关的各种法律、法规、条例，解决资源共享后引发的一系列问题，如版权保护与文献复制、数据库套录范围的界定、数字化资源的传播和下载等。“数字图书馆的含义曾被认为是在任何地方、任何时间、任何人都可以查到任何想要的信息，但是那也只能是理想状态”，正如国家图书馆数字图书馆管理处主任富平所说，“现实则只能做到在一定地方、一定时间、一定人群可以查到一定的信息，主要原因当然就是版权问题。”版权问题是所有数字资源建设者都需要面临的问题，目前还没有很好的解决办法。

第三节 内蒙古医科大学图书馆信息化建设发展历程

内蒙古医科大学图书馆信息化建设始于 1992 年，同年成立了图书馆技术服务部。经过 20 多年的建设发展，其功能由初期单一的计算机采访、编目、检索、回溯建库、语音视频教学和复印服务等工作内容，发展到今天以互联网+为平台，依托云计算、大数据技术，基本形成了网络化、数字化、信息化、智能化的文献信息资源保障服务体系，信息服务能力基本覆盖全自治区医疗行业，可为全校的教学、科研、医疗提供全方位、全时段服务的文献信息资源保障及远程网络服务。

一、建设概况

经过 20 多年的发展建设，技术服务部在工作职责、服务内容、人员结构、网络资源建设等诸多方面发生了巨大变化。

改革开放以来，特别是“十一五”期间，图书馆计算机网络服务体系的建设取得长足发展，基本形成了网络化、数字化、信息化的文献资源保障服务体系，实现了图书馆业务管理、自建数据库文献检索和文献原文传递的网络化、数字化、信息化格局。1991 年内蒙古医科大学图书馆被卫生部指定为全国医学文献资源共享网络省级中心馆。

从 2007 年起图书馆与 “CALIS”“CASHL”“DRAA”“CALIS”“全国医学三共网”等机构签署了多项成员馆资源共享协议，并通过因特网与国家图书馆、北京大学医学部、协和医科大学、首都医科大学、北京中医药大学、解放军医学图书馆及自治区各高校图书馆实现馆藏文献资源的共享、共建、共知，初步形成了覆盖全院的文献资源保障计算机网络远程服务体系。

内蒙古医科大学图书馆的“数字图书馆”建设项目于 2013 年 11 月 26 日正式立项。项目技术规划组承担“数字图书馆”建设项目的总体规划，设计并具体负责此项目建设的实施工作。

2014 年 3 月 26 日“数字图书馆”建设项目通过学校论证立项成为学校重点建设项目，2014 年 7 月 7 日“数字图书馆”第一期规划项目开工建设。

2014 年 8 月 28 日内蒙古医科大学“数字图书馆”建设项目取得阶段性成果，图书馆

“远程访问系统”在学校网络信息中心支撑下部署上线，经过两个半月的在线测试，现已开通校园网 VPN 服务。本系统运行稳定、检索效果良好，浏览下载便捷、快速。

截至 2016 年 12 月，图书馆建设的中国高校图书馆首家 IBM-PMC 平台“云机房”经 2 年的稳定运行，性能良好，可扩展空间预留充分，为今后向智慧图书馆建设的过渡打下了良好的物质基础。

二、图书馆自动化系统建设

新馆建有集传输、通信、声像等技术为一体的文献信息收集、加工、储存、传递和利用的现代化图书馆业务管理系统，形成了以医学、药学、生物学文献为主，以社会科学、自然科学文献为辅，纸质文献与镜像/远程电子数字资源相结合，质量较高、有特色的文献服务保障体系。

根据学校“十二五”发展建设规划并结合图书馆“十二五”发展规划总体目标要求，伴随“内蒙古医科大学”更名工作的顺利完成，图书馆在已经形成的网络化、数字化、信息化文献资源保障计算机网络远程服务体系的基础上，结合学校“数字化校园”工程的实施，将启动中的“数字图书馆系统平台”建设作为图书馆今后发展的总体战略目标。

2014—2015 年，汇文图书馆自动化管理系统由 4.0 版本升级到 5.0 版本，进一步提升了管理水平并扩大了业务范围。

（一）专业技术人员队伍建设

图书馆专业技术人员由建部初期的 5 人增至现在的 14 人。专业结构由建部初期的图书馆学和电子学与信息系统 2 个专业增至现在的图书馆学、信息管理学、电子学与信息系统、电子信息科学与技术、计算机科学与技术、电子科学与技术、软件工程学、教育技术、临床医学、卫生法学等 10 余个专业领域。

（1）学历结构：硕士 2 人，本科 11 人，专科 1 人。

（2）年龄结构：40 岁以上 5 人，40 岁以下 9 人。

（3）职称结构：具有副高级职称的专业技术人员 4 人，中级职称的专业技术人员 5 人，初级职称的专业技术人员 5 人。

（二）自动化硬、软件设备建设

图书馆自动化、网络化建设初具规模。2012 年 11 月完成：①对部分计算机硬件进行升级改造并获批购置一定数量的配套设备，提升了计算机运算速度，方便了读者使用；②新增一套技术先进、质量可靠、运行稳定的 IBM 服务器、24TB 容量的磁盘阵列设备，使数字资源存储空间达到 58TB，部分缓解了馆藏电子资源存储空间短缺问题；③新增总面积 3.8m^2 的 LED 电子宣传屏 1 块；④新购置 VIEWGOOD 流媒体平台 1 套，拓展了图书馆的服务范围；⑤配合学校“数字化校园”工程的实施，启动了“数字图书馆系统平台”建设工程项目。

截至 2014 年，图书馆拥有网络服务器 9 台（其中 7 台为学校网络中心配发，2 台为图书馆购置）；磁盘阵列 34TB（其中 32TB 为学校网络中心配发，2TB 为图书馆购置）；信息节点 367 个；计算机 485 台。同时，购入了汇文文献信息服务系统（Libsys4.0 及 5.0 升级版）、方正 DESI 数据加工系统、耶理巴文献管理集成系统 V2.0、麦达数字图书馆系统博文（Pro-One）-非书资料管理系统 V2.2、蒙吉利蒙文文字处理系统等多项大型文献管理系统和数字化信息发布系统管理软件。

目前，图书馆拥有“云”网络服务器 6 台，物理服务器 4 台；云存储 300TB；物理存储 50TB；信息节点 367 个；计算机 485 台。购入了 DRAS 数字资源使用分析系统、知识发现系统、博览图书荐购系统、EBSCO 健康资源全文数据库、SCI 数据库、SciFinder 数据库、库克数字音乐图书馆等多种管理软件和大型数据库。

截至 2016 年 12 月，图书馆拥有：①读者服务宣传展示系统（LED 屏）4 块；②读者阅报展示系统 15 台；③RFID 读者自助借还系统 5 台（套）；④24 小时分拣自助还书系统 1 台（套）；⑤自助文印系统 2 台（套）；⑥自助精细化选座系统 1 台（套）；⑦门禁系统 4 套；⑧入馆人数统计系统 1 套；⑨内蒙古自治区图书馆行业首块纳米可触摸宣传展示体验屏 1 块等。以上设备和系统运行稳定，性能良好，得到了在校师生和兄弟院校同仁的好评。

（三）自动化服务馆舍建设

新馆现拥有 200m^2 的云核心机房 1 间，70m^2 地下 24 小时不间断电源（UPS）蓄电池工作间 1 间，可支撑数字图书馆向智慧图书馆所需的基础硬件环境。现技术服务部总面积约为 1065.99m^2。

三、网络管理和服务

“十二五”初年，图书馆在资源管理、业务管理、读者服务及数字资源建设自动化等方面利用网络全面提升科学管理方法和服务质量体系。

（一）资源管理自动化

2003 年以来，图书馆逐步向校园网用户开通各类文献数据库 150 余个。其中，购入数据库 31 个（表 1-1），自建馆藏文献信息数据库 9 个，试用数据库 110 余个。

表 1-1　购入数据库资源一览表

序号	数据库名称	内容（概况）
1	中国学术期刊网络出版总库	1979 年至今，部分刊物回溯至创刊，科技期刊近 4000 种全文文献
2	中国博士学位论文全文数据库	1979 年至今，国内主要高校博士、硕士论文全文
3	中国优秀硕士学位论文全文数据库	简称 CMFD，是国内内容最全、质量最高、出版周期最短、数据最规范、最实用的硕士学位论文全文数据库
4	中国重要报纸全文数据库	2000 年至今，中国重要报纸全文数据库，国内主要报纸全文文献
5	中国重要会议论文全文数据库	2000 年至今，国内注册会议论文全文
6	中国年鉴网络出版总库	医学部分，2000 年至今，医学年鉴全文文献

续表

序号	数据库名称	内容（概况）
7	中国工具书网络出版总库	收录了200多家知名出版社近4000余部工具书，约1500万词条，70万张图片
8	中华医学会数字化期刊系统数据资源	中华医学会115种、中华医师学会全部期刊
9	万方医药专利数据库	医药专利库收录了生物医药领域自1985年以来在中国申请的全部医药专利说明书，共25万项专利全文信息。分为医药发明专利全文数据库、医药实用新型专利全文数据库
10	维普中文医学及相关期刊全文数据库	1989年以来的2300多种医学类专业中文期刊和相关期刊的全文数据
11	中国生物医学文献数据库（CBMdisc）	CBMdisc 1979年至今，题录、文摘型医学文献
12	时代圣典中文图书数据库系统	生物医学和医药卫生类图书，22 000册，中文学术类全文图书（医学、药学部分）
13	超星中文电子图书数据库	73 617册生物医学扫描版全文数字图书。中文全文图书（医学、药学部分）
14	五车E-BOOK数字图书数据库	生物医学及相关学科电子图书约40 000种
15	方正Apabi《中医古籍》	255种、1683册
16	方正Apabi《国学要览》医药卫生卷	330种、1761册
17	方正数字资源平台——中华数字书苑	收录了国内出版20万种电子图书；应用先进的数字版权保护技术，保护著作权人的知识产权
18	中国中医药数据库检索系统	1984年开始进行建设，目前数据库总数40余个，数据总量约110万条
19	美国“医学索引”数据库	Medline 1950年至今，题录、文摘型医学文献，部分全文文献
20	国道数据SpecialSci DBS数据库系统	包括基础医学、临床医学、预防医学、生物学、化学、药学、生物学专辑全文数据库
21	BMJ Journals Collection	包括《英国医学杂志》（*British Medical Journal*），也包括从医疗保健管理到神经学等领域的多种期刊。这些期刊都在各自领域处于世界领先地位
22	SciFinder Scholar数据库	是关于化学及相关学科（包括生物医学、工程、材料、农业等）研究的重要信息来源。用户通过SciFinder Scholar可以访问美国化学文摘社（CAS）的多个数据库和Medline
23	DIALOG情报检索系统	是综合性商业联机信息检索系统、历史悠久且资讯完整的在线检索公司，在我国科技界广泛使用
24	LWW医学电子全文期刊数据库	收录了LWW出版的279种医学期刊，为全球众多临床医生、护理人员和医学生提供高质量医学文献资源
25	Ovid．Drug Information Full Text（DIFT）	收录了来自逾2000本药物学专著的约110 000种目前在美国市场上通行的药物信息
26	Ovid．International Pharmaceutical Abstracts（IPA）	收录了1970年以来全世界出版的750多种药学、医学及卫生保健相关期刊的药学文献题录和文摘。文献量以每年2万篇的速度递增，70%以上的文献有英文摘要

续表

序号	数据库名称	内容（概况）
27	Karger E-Books 电子书数据库	Karger 电子图书的内容涵盖整个生物医学，超过 40 个主题的丛书系列为医学院校师生的科研活动和临床实践提供相关领域的最新发现和发展，可下载全文。已购买 1997～2010 年出版的 Karger 电子图书共 551 种
28	德国“Springer-Link”期刊全文数据库	共有 439 种全文外文电子期刊，其余为文摘型，文摘型西文科技文献及部分全文文献
29	银符考试题库	是银符公司针对高校专门设计开发的新一代在线考试系统，是基于互联网的多资源考试数据库
30	e 线图情全文数据库	面向图情界、图情理论界、图情教学界、图情协会界及图情企业界和个人提供集数据库服务、深度研究、专业咨询于一体的专业全文数据库
31	超星名师讲坛数据库	超星视频邀请国内众多知名专家、学者，将他们多年的学术研究成果制作成视频，以期与广大师生朋友共享。共购入 575 集

2010 年，通过图书馆网页版面的更新，利用网页平台对数据库资源进行整合，推出中文资源、外文资源、特色资源、公共资源、试用资源、免费资源等栏目，方便了读者检索与利用，提高了馆藏电子资源的利用率。

“十二五”期间，图书馆根据学校重点学科、重点专业和重点实验室建设方针，在资源整合管理方面采用科学管理方法，在新网站的启用和数据库资源远程托管工作中积极与学校网络信息中心和数据库供应商协商合作，开发了通过网站向校园网动态发布馆藏信息资源等新的服务项目。

2015 年 6 月 18 日新图书馆系统门户登录互联网，标志着图书馆互联网+时代的信息服务能力基本形成。系统门户服务模块包括单点登录、远程访问、统一检索、科技查新、协同办公、教学培训、移动数字图书馆等，利用网站平台推出中文资源、外文资源、特色资源、公共资源、试用资源、免费资源等栏目，方便了读者检索与利用，提高了馆藏电子资源的利用率。

（二）业务管理自动化

2008 年图书馆建立 FTP 办公自动化管理平台，推出行政业务无纸化办公，通过网络链接上传、下载通知和相关文件。

2010 年 6 月，为了全面提升图书馆业务自动化管理水平，在与内蒙古各高校资源共享的前提下，图书馆业务自动化管理系统由金盘图书自动化管理系统转换更新为汇文文献信息服务系统（Libsys4.0）。

2012 年 6 月汇文文献信息服务系统（Libsys4.0）升级为 5.0 版本，从根本上解决了旧系统中期刊装订、CNMARC 下载、业务量统计等诸多问题，提高了工作效率。

2013 年图书馆启动“数字图书馆”建设项目，由传统图书馆向现代自动化图书馆发展。

2014 年底图书馆建成协同办公自动化管理平台，推出行政业务无纸化办公，通过网络链接上传、下载通知和相关文件。

2015 年投入使用的 CDI REF 科技查新系统的服务能力达到全国高校较高水平。

2018 年新华校区新馆建设向智慧图书馆方向发展。

（三）读者服务自动化

2014 年底，在“数字图书馆”建设项目第一期建设工程中，图书馆整合了电子阅览室、多媒体阅览室的功能，整合后有 84 座多功能电子阅览室、56 座 IC 数字信息共享空间、16 座自助网络体验区各 1 间和 8 座 VR 虚拟现实体验区等。

耶理巴文献管理集成系统 V2.0 平台的引进，实现了蒙文文献著录标引与汇文图书馆自动化管理系统的无缝对接，同时引进 RFID 自助借还系统，为图书馆全方位对读者开放和 24 小时借阅提供了保障。

2016 年图书馆与学校 “校园一卡通” 项目组协作，开通了一卡通在图书馆使用的全部功能。2016 年 12 月 6 日，图书馆结束了读者上机收取现金的历史，全部收费项目实现刷卡收费，方便了读者。

（四）数字资源建设自动化

截至 2014 年，图书馆先后与 CNKI、超星、方正等国内知名数据库厂商合作，先后建成蒙医药及相关文献数据库（蒙文/汉文版）、内蒙古医科大学硕士研究生论文数据库等项目，丰富了馆藏数字化资源，并摸索出少数民族地区特色资源与珍贵文献的数字化建设与创新道路。

2016 年初，图书馆引进 DRAS 数字资源使用分析系统、知识发现系统、博览图书荐购系统、EBSCO 健康资源全文数据库、库克数字音乐图书馆等多种管理软件和大型数据库，极大地丰富了数字图书馆的服务功能和内容，为今后向智慧图书馆转型奠定了科学管理及服务的基础。

（五）网络服务内容建设

金山校区新馆建成后，图书馆针对 3G 网络时代的读者需求开展服务，在 DIALOG 联机情报检索、网络查新、网络图书预约、原文传递、“全国医学三共网” 数据上传、内蒙古高校资源共享联盟等工作中推出多项网络服务项目并根据图书馆数字化、网络化发展方向，及时调整文献资源建设结构，加大电子书刊的收藏力度，至 2011 年电子图书总量达 40 万余种。

目前图书馆已实现数字图书馆基础功能，针对即将到来的 5G 物联网时代的读者需求，在智慧图书馆建设、网络科技查新、学科服务功能划分、移动数字图书馆及图书馆信息服务互联互通等方面的工作中推出多项网络服务项目并根据图书馆信息化、网络化、数字化、智能化发展方向，及时调整互联网+时代等文献资源建设结构，加大数字资源的采购收藏力度，努力实现全天候、零复本、桌面化的读者获取文献新模式。

四、存在的差距与不足

网络安全防护系统及监控设备的建设不足已严重影响图书馆系统门户的安全，致使多项数字图书馆业务不能开展和正常使用。

五、大事记

（1）1987 年 9 月至 1992 年成立技术部筹备组。

（2）1988 年引进计算机用于文献编目及 CNMARC 著录工作。

（3）1990 年引进美国 Medline 光盘数据库。

（4）1991 年初复印室并入组建中的技术部。

（5）1992 年技术部正式成立。

（6）1993 年技术部组建语音室和声像室。

（7）1995 年筹备图书馆局域网前期建设。

（8）1996 年建成图书馆局域网。

（9）1997 年引进大连博菲特图书馆业务管理系统建设馆藏数据库。

（10）1998 年开展图书馆藏目录的回溯建库工作。

（11）2001 年建成业务工作和数字文献检索 2 套应用系统。建成拥有 75 台计算机设备的电子阅览室。

（12）2002 年业务管理系统更换为金盘图书自动化管理系统（GDLIS3.18）。

（13）2004 年图书馆网站开通使用。

（14）2007 年技术部更名为技术服务部。

（15）2007 年 8 月金山校区新图书馆电子阅览室、多媒体阅览室建成并对读者开放。

（16）2008 年技术服务部建立本馆 FTP 办公自动化管理平台，推出行政业务无纸化办公，通过网络链接上传、下载通知和相关文件。

（17）2008 年图书馆网站第一次改版。

（18）2009 年引进麦达数字图书馆系统博文（Pro-One）-非书资料管理系统（V2.2）平台。

（19）2010 年 6 月业务管理系统更换为汇文文献信息服务系统（Libsys4.0），并与校园网链接，可访问互联网。

（20）2010 年图书馆网站第二次改版。

（21）2012 年 6 月汇文文献信息服务系统（Libsys4.0）升级为 5.0 版本。

（22）2012 年内蒙古医科大学更名，图书馆网站改版。

（23）2012 年 11 月对金山校区图书馆电子阅览室部分计算机硬件进行了升级改造。新增 IBM（X3650M3）服务器、24TB 容量的磁盘阵列设备 1 套，图书馆数字资源存储空间达到 58TB。新增 3.8m^2 的 LED 电子宣传屏 1 块。新增 VIEWGOOD 流媒体系统平台 1 套。配合学校“数字化校园”工程的实施，启动了“数字图书馆系统平台”建设工程项目。

（24）2012 年 12 月 18 日完成内蒙古医科大学图书馆技术服务部史志的编写工作。

（25）2013 年启动“数字图书馆”建设项目，由传统图书馆向现代自动化图书馆发展。

（26）2014 年底建成协同办公自动化管理平台，推出行政业务无纸化办公。

（27）2015 年 6 月新图书馆系统门户启用，标志着图书馆互联网+时代的信息服务能力基本形成。系统门户服务模块包括单点登录、远程访问、统一检索、科技查新、协同办公、教学培训、移动数字图书馆等。

（28）2015 年 CDI REF 科技查新系统投入使用。

（29）2016 年初，引进 DRAS 数字资源使用分析系统、知识发现系统、博览图书荐购系统、EBSCO 健康资源全文数据库、库克数字音乐图书馆等多种管理软件和大型数据库，极大地丰富了数字图书馆的服务功能和内容，为今后向“智慧图书馆”转型奠定了科学管理及服务的基础。

（30）2016 年与学校“校园一卡通”项目组协作，开通了校园一卡通在图书馆使用的全部功能。

（31）2018 年新华校区新馆建设向智慧图书馆方向发展。

第二章　内蒙古医科大学图书馆信息化建设规划

内蒙古医科大学图书馆是我国西部高等医学教育服务中心，也是中国高等教育文献保障系统成员馆，具有较强的中西医文献信息服务功能，其信息化建设首先能够方便本校所有读者快捷地获取想要的文献，其次能够实现与其他兄弟院校的互联互通。

2011 年初，内蒙古医科大学图书馆根据网络时代图书馆工作要求，开始筹划“数字图书馆”建设项目，结合学校、图书馆“十二五”发展建设规划，并借助我校获得中央财政支持地方高校发展专项资金的契机，在已经初步形成的网络化、数字化、信息化文献资源保障服务体系的基础上，结合学校“数字化校园”工程的实施，将数字图书馆建设作为图书馆今后发展的总体战略目标。

内蒙古医科大学图书馆信息化建设项目充分吸纳国内、外知名高校及公共图书馆“全开放、全自助、全休闲、无障碍”的现代化办馆建设理念，本着“爱岗、敬业、奉献、创新、协作”的工作精神，遵循“读者第一、服务至上”的宗旨，实现“远程访问功能”，解决长期困扰全校教职工、科研工作者、医护人员及在校生在局域网外（IP 地址外）访问、检索和下载图书馆、教务管理等系统数字资源的难题，同时结束了本校分布在全区各地研究生自费上网下载数字资源的历史，使得本校在册人员在世界各地通过固定或移动设备都可以实现访问、检索和下载功能，方便了学校教职工为教学、科研、医疗工作获取信息资源的途径，实现了内蒙古医科大学图书馆向数字图书馆转型并提供信息化服务的新跨越。

第一节　图书馆信息化建设背景

一、数字图书馆的定位

由于互联网的出现，搜索引擎技术的迅速发展，使现代人享受到了方便、快捷、免费获得信息的快乐。与此同时，海量数字资源的大量产生，给人们带来了信息无序、杂散、不可控等困惑。图书馆生存环境发生了根本性变化，必须考虑非到馆用户服务。数字资源的大量出现，也使数字图书馆应运而生，以解决数字资源的有序化、门户化、检索与使用方便。对数字资源进行整合、组织，提高查全率、查准率。

内蒙古医科大学数字图书馆是通过计算机技术、网络技术、通信技术等高新技术的结合，基于网络环境对传统文献进行数字化，同时对新出现的多种媒体的数字资源进行组织、整合与管理，并通过网络向用户提供全方位的知识服务。

二、数字图书馆的职能

图书馆是保存人类文化遗产的机构，担负保存与提供文献信息资源的职责，解决数字资源有序化、门户化、检索与使用方便是数字图书馆的职能。

三、数字图书馆的特点

（1）以网络技术和计算机技术为基础。
（2）对数字资源进行组织与管理。
（3）对数字资源进行传播与利用。
（4）提供关联型知识型服务。

四、数字图书馆建设的理念

（1）全开放、全自助、休闲式、无障碍的独立馆舍。
（2）具有远程访问、统一检索等功能的一站式、无缝连接的学术门户及系统平台。
（3）融合网络资源采集、大数据、移动数字图书馆和云计算服务等技术的数字图书馆集群系统。
（4）应用射频识别技术（RFID）。
（5）满足数据异地灾备的要求。
（6）易协调管理、可扩展、检测维护及时、数据更新便捷。

五、内蒙古自治区内、外数字图书馆建设状况

图书馆对内蒙古自治区内、外各类数字图书馆建设进行了大量的走访、调研、考察、论证，掌握了区内、外同类高校数字图书馆建设的现状，找到了图书馆与同类图书馆间的差距。

目前图书馆从资源采集、加工、存储、典藏到信息服务，仍处于传统图书馆的管理模式，从根本上已不能满足网络时代读者对数字资源的需求。长期以来，图书馆的数字资源管理专业化、标准化、数字化及元数据加工水平滞后，在信息资源加工、整合、数字化标引、数字资源安全和系统管理等诸多方面都落后于自治区内、外同等高校数字图书馆建设水平，处于边缘化地位，如不加快建设步伐、寻求发展，很难满足教学、医疗、科研等工作对信息服务的需求。因此，图书馆迫切需要建设符合国家标准的数字图书馆体系，以提高服务能力与水平。

近期图书馆派出专人到中国国家图书馆参加“数字图书馆建设技术应用与服务培训”，培训期间通过和与会的专家、学者针对数字图书馆建设，从建设内容、专业管理、技术应用、服务方式等层面展开研讨，了解和掌握了国内、外数字图书馆建设与发展的最新动态和理念。

第二节　图书馆信息化建设依据

一、数字图书馆是知识经济时代最重要的知识资源中心，是国家信息基础设施的重要组成部分

近年来，数字图书馆的建设已成为评价一个国家信息基础水平的重要标志和各国科技文化竞争的焦点之一。西方发达国家无一不投入巨资进行研究、开发和建设。

20 世纪 90 年代初，美国首次提出数字图书馆概念。“美国数字图书馆首倡计划”的面世，代表了数字图书馆这一崭新研究领域的诞生。目前美国已将数字图书馆研究及建设列为国家信息基础建设的重要组成部分，并以美国六所较有名气的大学作为研究基地，开始了大规模的试验和探索过程。同时，英国等欧洲发达国家也相继启动了该项研究工作。

我国已将“数字图书馆”纳入了国家“863”计划和国家“十五”重点项目。由文化部倡议的“中国试验型数字式图书馆”项目也正在实施，该项目是以国家图书馆、上海市图书馆、南京市图书馆、深圳市图书馆等国内主要公共图书馆为参与主体的试验示范项目，目标是建立一个从内容和技术上具有一定典型意义的数字图书馆原型，从而为我国大规模建设数字图书馆工程提供依据。与此同时，许多区域性项目也正在建设中。

内蒙古医科大学数字图书馆的建设符合国内外数字图书馆建设大环境和时代的要求，也是内蒙古医科大学进行教学和科研的需要。

二、数字图书馆建设是内蒙古医科大学信息化建设的重要组成部分

国家提出“互联网+”行动计划，有力地推动了国家信息化建设，也加快了教育信息化建设的步伐。在全国、全区高校加快教育信息化建设步伐这样有利的形势下，2015 年 6 月 24 日内蒙古医科大学承办了“内蒙古高等院校信息化工作研讨会”，推动了内蒙古医科大学信息化建设的步伐。

目前，信息化建设已经成为内蒙古医科大学教育事业的重要组成部分，加快学校信息化建设，推动学校科学发展，已经成为全校广大师生员工的广泛共识和自觉行动。

内蒙古医科大学医学教育和科研有其特殊性。医学教育和科研与医疗卫生服务是一个综合的动态的系统，能够实现对临床实践基地管理监控、远程临床视频观摩、远程视频会议、远程医学诊断、医学模拟现实与仿真实验、虚拟医院等方面的支撑，对于推动内蒙古自治区医学教育和科研的发展具有重大的现实意义。内蒙古医科大学与各附属医院、临床教学医院承担了全区大部分的医学教育和科研任务，建设内蒙古自治区医学教育和科研网，高效地进行医学教育和科研资源的优化组合，实现医学图书资源、公共卫生信息数据、医学教学资源、远程医学教学、临床数据等方面资源的共享任重而道远，需要我们以与时俱进的精神、奋发有为的创新，全面开创校园信息化建设新局面，为内蒙古自治区医学教育、科研、医疗、管理和决策工作提供更好的网络化和智能化支撑。

内蒙古医科大学高度重视信息化建设，组织制订了学校信息化建设“十二五”规划，并将信息化建设列入学校“十二五”发展规划，将建设数字化校园作为学校的战略目标。

“十三五”是学校实现高水平医科大学建成目标的战略机遇期，能否抢抓机遇，顺势而为，加快校园信息化建设是关键。在 2013 年召开的学校第九次党代会上，学校党委将信息化提到了学校发展的战略高度，从经费上给予信息化建设有力的保障，学校先后进行了两期数字化校园建设，三期数字图书馆建设。

（1）不断建设数字化校园基础平台。包括数字校园信息门户、数据交换平台、统一身份认证平台、信息标准系统、校园数据中心、统一通信平台、统一支付平台、3D 虚拟校园、校园数字监控系统、校园节能减排平台、网络服务中心等。

（2）不断建设校园各类应用平台。包括国家级蒙医学虚拟仿真实验教学中心、自治区首个数字医学中心、全区医学教育视频会议系统、自治区数字化蒙医药博物馆、自治区医学数据统计分析中心、校园直播系统、课程中心、教学录播系统等。

（3）建成了有效的管理平台。包括教务管理系统、科研管理系统、办公自动化系统、财务管理系统、资产管理系统、学生管理系统、人事管理系统、图书管理系统、就业信息、机房智能监控系统、校园一卡通系统、学生迎新系统、学生离校系统等各类管理系统。

（4）建成了数字化“互联网+图书馆”。学校先后投入 2000 多万元，借助互联网，采用云计算技术，建设了开放的、独具特色的、辐射全区医药卫生系统的数字图书馆，为学校广大师生和校外相关人员提供统一检索、24 小时无缝连接和远程访问下载，享受 3A（anywhen，anywhere，anyform）级的服务。

（5）打造了安全可靠的网络运行环境。重新规划建设了核心机房，建设了扁平化、三校区一个中心的网络架构，提升了校园网安全可靠运行水平。部署校园无线网，实现了全覆盖。逐步改造有线网，实现了有线无线一体化。显著扩大了出口带宽，由原来的 110 兆提升到 2700 兆。建成双活数据中心、校园虚拟化平台，为建成校园云计算中心奠定了坚实的基础。

三、内蒙古医科大学图书馆担负着本校知识传播、知识创新、文献保障及全区医药卫生系统知识共享与传播的重要任务

图书馆的建设目标应是以现代化网络技术和设施为基础，以整体信息源（特别是数字信息源）为背景，以特色馆藏信息源为依托，以教学、科研、特色专业、特色学科、特色研究领域及社会相关行业为服务目标，实现以全区高等医学教育服务文献保障中心为主要内容，以特色信息源的数字化、智能化为主的具有特色馆藏和特色服务的现代化高校数字图书馆。

四、内蒙古医科大学图书馆现有资源优势

1. 专业队伍建设

近年来，图书馆努力加快专业队伍建设的步伐，队伍结构明显改善，整体实力不断增强，基本形成了一支专业结构合理、思想业务素质较高、服务开拓能力较强，工作岗位稳定，集计算机网络管理、软件工程、电子资源管理、数字资源开发及计算机网络维护于一体的专业技术队伍。

2. 图书馆信息化建设项目资金投入

2013 年 11 月 26 日，内蒙古医科大学“数字图书馆”建设项目正式立项通过，投入经费 2000 多万元，使信息化建设提上了日程，读者服务工作和特色专业服务工作上了一个新台阶，更新了服务系统，提高了网速，同时加快了网站和特色网页的建设速度。

第三节　图书馆信息化建设原则

一、坚持标准化与规范化的统一

数字图书馆建成之后是依托网络来实现信息的采集及加工处理等作用，为了保证数字图书馆作用的充分发挥，在建设时应坚持规范化与标准化的基本原则。只有将该原则贯穿于数字图书馆的建设之中，才能更好地保证其技术平台和信息服务平台等的建设具有更好的兼容性，从而实现其便捷性等目的。

二、坚持开放性和集成化的统一

数字图书馆是依托网络建立一个开放的平台，在建设过程中，只有坚持开放性才能够更好地实现各种技术规范及其系统所用软件、硬件设备的兼容和协调运作，从而保证数字图书馆资源能够被有效地应用。

三、坚持先进性和实用性的统一

数字图书馆建设应保证一定的先进性，从而使其能够在运作过程中避免过多的系统升级等带来使用上的不便。此外，实用性是图书馆建设的另一项重要原则，具有实用性是图书馆建设必须具备的特点。将两者实现有机结合与统一，能够有效地提高图书馆建设的水平和使用效果。

四、坚持安全性及创新性的统一

数字图书馆利用信息网络技术，提供了一个更为开放的资源利用平台，这就给信息的安全等带来了一定的危险。为保证用户的使用及其图书馆资源的安全，便要注重建设的安全性要求。此外，信息技术不断发展，数字图书馆的建设也应该具有一定的创新性，只有这样才能满足其发展的需求，使其能够与网络技术等的发展相适应，更好地满足用户的需求。

第四节　数字图书馆建设目标

内蒙古医科大学图书馆是内蒙古自治区高等医学教育文献信息资源服务中心，具有较强的中西医文献、蒙医药文献信息服务功能。在数字图书馆共享平台建设过程中，首先要考虑本校读者能方便、快捷，不受地域和 IP 限制获取想要的文献。其次要考虑建设以内蒙古医科大学数字图书馆为核心，文献信息服务功能覆盖各附属医院及驻呼和浩特教学医院，实现盟市教学医院和内蒙古高校共享、共知、共建，具有民族特色的生物、医学数字图书馆信息共享服务中心。

一、总体建设目标

内蒙古医科大学数字图书馆要建成一个面向用户的统一服务窗口，以全方位、个性化方式提供综合数字文献信息服务和其他专业应用服务。主要是从读者（用户）、资源、应用、业务等几个方面实现整合与管理、服务，并提供“一站式”综合门户服务。建设集传统型、数字型、多功能、先进性、开放性于一身的数字图书馆，其综合性能指标要达到国内先进、区内一流的水平。

二、数字图书馆建设目标

数字图书馆要建设成为面向用户的统一服务窗口，以全方位、个性化方式提供综合数字文献信息服务和其他专业应用服务。主要从用户、资源、应用、业务等几个方面实现本馆数字资源的整合、管理与服务，并提供具有“一站式”检索、信息开放获取功能的综合门户服务。

数字图书馆建设要实现以下目标。

1. 读者用户层面

（1）资源访问安全可控：数字图书馆网站网页面向整个互联网用户开发，因此需要对数字资源进行安全保护和访问控制。系统的安全性是应当首先考虑的要素。

（2）实现统一认证和单点登录：数字图书馆中集成了各类应用子系统（如学科共享空间、查新检索、文献传递、统一检索），为方便读者（用户）访问和管理，门户系统应当与这些应用系统实现统一认证和单点登录（即在门户登录一次后，读者就能访问其他应用系统而无须再次登录），并提供用户访问控制和权限管理。

2. 资源整合层面

（1）实现资源整合与服务集成：基于图书馆所有文献资源的元数据管理与存储、服务，通过元数据与对象数据的对应关系，实现所有资源的统一管理、存储、调度、获取服务；并能够系统组织和揭示图书馆数字资源，为读者（用户）获取和利用各种数字资源提供统一入口，实现资源有序、管理高效与利用快速、方便，实现图书馆服务（各应用子系统）的信息集成和交互集成。

（2）实现信息动态发布与内容管理：支持信息的动态发布，支持各种类型文件的上传和编辑。支持信息的排序、增删、信息是否显示的定制等。

（3）实现资源调度与获取：支持用户在阅读文献细览区时，对其相关引文的调度，可以查看相关的参考文献，使文献之间可以在内容层面达到相互调用，并最终获取全文。

3. 应用整合层面

（1）门户网站要体现实用性、灵活性与艺术性：网站设计应从读者（用户）角度考虑，讲求方便、实用、高效、灵活。页面设计具有较好的艺术性，网页风格保持一致，首页简洁、清晰、友好；可以定制风格模板；具有栏目导航功能；支持全站搜索；支持标签形式的版面切换和检索类型选择；以 Web2.0 的思想为指导，增强网站交互功能；提供热门标签引导；实现普通显示器与宽屏显示器兼容；实现各种网页浏览器兼容；考虑手机上网效果及图书馆教学网络平台的对接与兼容等。

（2）门户系统具备较好的可扩展性：随着图书馆服务的推进，各种新应用子系统将会不断投入运行，门户应能方便、高效地集成这些应用子系统。门户网站应具有拓展栏目设置，可以提供多个主题模板预览和定制。

（3）为读者提供个性化定制服务：数字图书馆能够根据读者身份展现相应内容，提示更新内容。个性化空间（my library）提供读者（用户）自定义功能模块和人性化服务，提供不同应用系统的读者（用户）使用信息集中发布和读者（用户）服务快捷入口，如统一检索系统的检索历史、馆际互借系统的用户借阅资源申请处理情况列表、在线咨询和问题解答汇总、读者（用户）个性化信息推送等。

4. 业务整合层面

（1）传统图书馆业务：如办证、采编、典藏、借阅等，通过图书馆自动化系统进行整合，并与其他系统进行集成，包括认证模块、个人图书馆、资源荐购、图书检索及图书借还等。

（2）图书馆办公自动化业务：实现图书馆馆员的日常办公服务，包括查新服务、咨询服务、信息公告、网站管理等。

第五节　图书馆信息化总体建设规划

根据2013年9月26日“中国共产党内蒙古医科大学第九次代表大会”学校党委书记包红亮同志关于“加强图书文献建设，扩大信息采集渠道和范围。重点加强电子文献资源建设，建设数字图书馆，增加中外文数据库和中外文电子期刊数量，增加馆藏图书，生均适用图书提高到100册以上。优化配置图书馆文献、人才、技术、设备设施等资源，使图书馆成为高质量的文献服务中心和高水平的信息咨询中心”的指示精神及图书馆“十二五”建设发展规划要求，“数字图书馆”建设项目可行性方案等汇报材料通过学校校长办公会议多次论证，于2013年11月26日正式立项通过。内蒙古医科大学图书馆于2013年12月3日成立“数字图书馆”建设项目工作组。

内蒙古医科大学图书馆信息化建设项目总体建设规划分为三个部分（每部分项目建设时间可根据实际需要作一定的调整）：

（1）基础建设：基础设施建设与改造。

（2）深化发展：新技术的引进、应用。

（3）可持续建设发展：数字资源建设与系统开发。

现将图书馆的“数字图书馆”建设项目2014—2020年工作重点及建设内容规划如下。

一、2014年工作重点及建设规划

第一部分　基础建设：基础设施建设与改造（建设周期为1年）。

（一）第一期“基础设施建设与改造”项目建设前期准备阶段

1. 考察、调研，整体建设方案规划、设计阶段

2013年12月8日至2014年2月9日：周期2个月。具体内容：

（1）国内同等高校考察、调研工作（已完成）。

（2）考察、调研材料整理工作（已完成）。
（3）整体建设方案规划、设计（已完成）。

2. 建设项目招标参数定制、履行招标程序、中标合同签署阶段

2014 年 2 月 10 日至 5 月 25 日：周期 3.5 个月。具体内容：
（1）招标参数定制（已完成）。
（2）递交招标参数，履行招标程序，招标公示（由学校相关部门办理）。
（3）中标合同签署（由学校相关部门办理）。

（二）数字图书馆基础设施，软、硬件与配套设施建设施工阶段

注：标有“同期”字样的内容，表示同时进行。

2014 年 4 月 20 日至 8 月 26 日：周期 4 个月，项目建设实施，具体内容：

1. 机房基础设施建设项目（同期）

（1）装修工程、电气工程、通风与空调工程、环境监控、防雷接地、机房安防监控、数字化集中管理系统、网络设备与综合布线等。
（2）可持续供电系统建设：UPS 设备（艾默生）、电池组。

2. 服务器、机柜及存储设备采购、安装、调试项目（同期）

（1）服务器及机柜（IBM）。
（2）虚拟服务器。
（3）存储设备等。

3. “数字图书馆系统平台（门户）”建设项目（同期）

（1）门户建设：统一认证、单点登录、远程访问、统一检索。
（2）读者服务、展示管理系统。
（3）移动（手机）数字图书馆。
（4）机构库建设：二级学院及各附属医院数字资源共享库。
（5）文献检索自主教学平台。
（6）图书馆 OA 办公自动化建设等。

4. 电子阅览室改造项目（同期）

（1）读者服务环境改造。
（2）客户机更换（含读者用机、办公教学用机）。

5. 高清、全色 LED 显示屏建设项目（同期）

6. 读者服务、展示系统采购、安装项目（同期）

（1）RFID 自助借还系统。
（2）读者导读服务系统。
（3）读者服务展示系统。
（4）防盗设备与门禁系统。
（5）读者阅报系统。
（6）自助文印系统等。

7. 教学设备采购、安装项目（同期）

8. VPN 虚拟交换机采购安装项目（同期）

（三）“数字图书馆系统平台”系统集成与设备调试运行阶段

2014 年 8 月 27 日至 11 月 27 日：周期 3 个月。

（四）数字图书馆人才培养计划项目

2014 年 8 月 26 日至 2015 年 7 月 15 日：周期 1 年。

二、2015 年工作重点及建设规划

第二部分　深化发展：新技术的引进、应用。

2014 年 11 月 27 日至 2015 年 10 月：周期 10 个月。具体内容：

（1）OCR 数字化扫描识别系统。

（2）多媒体互动显示系统。

（3）智能排座系统（自习室）改造。

（4）IC 共享空间建设。

（5）存储双活备份项目建设。

（6）图书馆综合计费管理系统。

（7）外文数据库引进（SciFinder Scholar 数据库、SCI、DIALOG 联机情报检索系统等）。

（8）数字图书馆硬件运行、维护项目等。

（9）地下密集书库改造。

（10）二期建设的 RFID 自助系统（电子书架、自助缴费）等。

三、2016 年工作重点及建设规划

第三部分　可持续建设发展：数字资源建设与系统开发（内涵建设）。

2015 年 10 月至 2020 年 10 月：周期 5 年。具体内容：

（1）外文医学数据库建设。

（2）引文数据库建设。

（3）特色馆藏（影像医学等）及珍贵文献（教案、手稿等）资源的数字化建设。

（4）各附属医院信息资源的数字化整合建设。

（5）集声像、磁盘、光盘于一体的复合数字化平台。

（6）医学 OA 资源建设等。

四、2017—2018 年工作重点及建设规划

2016 年 10 月至 2018 年 10 月：周期 2 年。具体内容：

（1）金山校区图书馆独立馆舍改造建设项目。

（2）新华校区新图书馆的“数字图书馆”建设项目等。

五、2018—2020年工作重点及建设规划

2018年10月至2020年10月：周期2年。具体内容：
（1）内蒙古医科大学“智慧图书馆”建设项目。
（2）内蒙古自治区“医学信息数字资源共享服务中心”项目建设等。

第六节　图书馆信息化建设预期效益

一、第一期：读者（用户）效益（2014年11月完成）

系统平台能够向用户提供统一的服务窗口，以全方位、个性化方式提供综合数字文献信息服务，便于用户进行异构数字资源的检索利用，以及对图书馆数字资源的异地（IP地址外）访问，大大提高用户的资源使用效率，降低用户的时间成本。系统平台可实现以下功能：①远程访问；②统一身份认证与单点登录；③移动（手机）数字图书馆；④多数据库统一检索；⑤博硕士学位论文提交；⑥馆际互借与文献传递服务等。

二、第二期：图书馆效益（2015年7月完成）

系统平台能够较大程度地提高图书馆的服务水平。系统服务器及存储空间的扩大，使图书馆能够建设更丰富的数字资源，能够向更多用户提供服务，能够解决多用户同时访问时的服务速度问题；平台能够提供一站式的知识服务及远程服务，为用户带来便利，同时大大提高图书馆资源的利用率。

三、第三期：社会效益（2015年11月完成）

（1）系统平台建成后能够实现各附属医院、驻呼教学医院及盟市教学医院和内蒙古高校资源的共享、共知、共建，避免文献信息重复采购造成的浪费。

（2）在内蒙古医科大学图书馆“数字图书馆共享服务平台”基础上，为今后进一步建设发展内蒙古自治区医学信息数字资源共享服务中心奠定基础。

第三章　内蒙古医科大学数字图书馆共享服务平台建设

第一节　数字图书馆共享服务平台建设概述

一、建设目标

内蒙古医科大学图书馆计算机机房（简称机房）系统为信息支撑平台，每周 7 天 24 小时不间断地提供数据信息服务，其基础设施建设必须体现高可用性、高可靠性、高安全性、高可扩展性、技术先进的特点，以及全面实现科学化管理的总体目标。机房的建设目标和功能要求决定了它在建筑结构、电力供应、空调系统、通信设施、安全监控、保密措施、消防系统、机房环境管理等方面都有较高的要求。

内蒙古医科大学图书馆机房面积约为 $144m^2$，由核心数据区、服务器及存储交换区、网络接入区、UPS 区、视频监控区、办公区和会议区组成；中心机房的具体技术指标主要参考国家 A 级标准，满足其中主要技术指标要求。设计根据《电子信息系统机房设计规范》（GB50174—2008），在设计和施工中充分考虑机房的防火、防水、防盗、防雷、防静电、防磁、防电磁干扰等安全措施。保证所有的项目不但具有高可用性，而且具有高可维护性和高可扩充性，以满足在未来对业务运作场地的需要。

二、工程范围

（1）图书馆中心机房建设。包括机房及办公区装饰装修系统、供配电系统、防雷及接地系统、机房 UPS 系统、机房空调系统、新风及排风系统、环境监控系统、机房网络信息系统、机房数字化集中管理系统、机房及办公区布线。装修材料采用耐火 A 级标准材料，地面为高强度全钢静电地板，各功能区需独立运行，并相对隔离；机房功能分区要遵循机房使用的一些基本需求。

（2）图书馆无线网覆盖建设。在图书馆内共安装 20 个无线 AP，实现图书馆内无线网络覆盖。

（3）对 209 多媒体教室、303 电子阅览室、408 电子阅览室进行改造。结合信息化产品改变原有多媒体教室、电子阅览室结构，引入桌面虚拟化技术，实现按照学生、老师操作使用、功能、用途的差异进行分类，为不同用途、不同功能打造专属定制的操作系统。同时，快速应对变化的教学需求，准确合理地管理学校软硬件资产，并根据教学需要，实现软件的快速部署和更新。建议配备一间具有视听服务功能高体验性视听教室，以满足读者在资讯、文化、教育以及休闲上不断上升的体验需求。

三、工程内容

工程内容见表 3-1。

表 3-1　工程内容一览表

序号	分项工程	说明
1	装修工程	按照国家规范进行机房基础环境建设
2	电气工程	按照机房内所放置设备进行供电改造，满足供电需求
3	通风与空调工程	保证机房服务器、交换机等设备有良好的运行环境
4	防雷接地工程	抗静电及防雷保护建设
5	机房综合监控系统	针对机房内环境、重要设备进行实时监控，即时预警及联动
6	数字化集中管理系统	针对机房大量服务器，进行集中并远程管理
7	网络设备与综合布线	为办公、管理、重要数据业务提供良好的网络环境
8	视听室	为读者提供视听服务
9	桌面虚拟化系统	引入桌面虚拟化设计，增加原有电子阅览室、多媒体使用，快速应对教学上的功能变化，同时可以随意快速转变原有教室提供教学功能
10	LED 展示大屏	展示图书馆的面貌

四、工程设计主要依据

（1）本工程提供的建筑平面图纸及有关的技术资料。

（2）用户招标文件技术要求。

（3）同类工程的施工经验。

（4）中华人民共和国颁布的现行有效的建筑施工的各类规程、规范及验评标准。详见表 3-2、表 3-3。

表 3-2　国家通用的标准图集

名称	编号
《电子信息系统机房工程设计与安装》	09DX009
《建筑电气安装工程图集》	JD10
《建筑物防雷设备安装》	99D501-9
《综合布线图集》	97X700-2

表 3-3　国家通用的标准及规范

名称	编号
《电子信息系统机房设计规范》	GB50174—2008
《电子信息系统机房施工及验收规范》	GB50462—2008
《防静电活动地板通用规范》	SJ/T10796—2001

续表

名称	编号
《通风与空调工程施工质量验收规范》	GB50243—2002
《火灾自动报警系统施工及验收规范》	GB50166—2007
《建筑内部装修设计防火规范》	GB50222—1995
《低压配电设计规范》	GB50054—1995
《建筑电气工程施工质量验收规范》	GB50303—2002
《建筑物电子信息系统防雷技术规范》	GB50343—2012
《建筑物防雷设计规范》	GB50057—1994（2000）
《综合布线系统工程设计规范》	GB50311—2007
《智能建筑设计标准》	GB/T50314—2006
《安全防范系统验收规则》	GA308—2001
《建筑与建筑群综合布线系统设计规范》	GB/T50311—2000
《建筑与建筑群综合布线系统工程施工及验收规范》	GB50312—2007
《民用建筑照明设计规范》	GBJ133—1990
《电气装置安装工程电缆线路施工及验收规范》	GB50168—1992
《电气装置安装工程施工及验收规范》	GB50254～50257—1996

五、项目设计原则

先进的机房建设工程，应充分体现新技术、新材料、新工艺、新设备的特点。一方面，要满足计算机系统的安全可靠、正常运转，延长设备使用寿命，提供一个符合国家各项有关标准的优秀的技术场地；另一方面，要给机房工作人员提供一个舒适的工作环境。所以，机房的建设工程是一个综合性的专业技术系统工程。它具有建筑室内设计、空调、通风、给排水、强电、弱电等各个专业及机房所特有的专业技术要求，同时具有建筑装饰关于美学、光学、声学、色彩学等专业的技术要求。

1. 整体性

所有应用系统应是一个整体，每个系统应是其中的一部分，因此在建设时需要统一规划，使用通用技术，制定信息标准以及各系统之间的接口标准。

2. 规范性

机房在规划、设计、建设过程中，应遵循国家有关法律、法规，严格执行国家有关规范标准，符合行业惯例。

3. 可靠性

对于关键部分，机房应采用高可靠性设计，对于关键数据，需要有备份、恢复的手段。

机房应具有抵御自然灾害如地震、火灾、水害、鼠虫害等的能力。具有可靠稳定的电力、空调供应，确保电力及空调供应的连续性。所有系统、设备、材料等都应选用主流的、稳定的产品。

4. 实用性和先进性

采用业界流行的先进技术，构建合理的技术体系架构，以保证今后相当一段时间内不会落后，并具有良好的发展潜力，以适应未来业务的发展和技术升级的需要。

5. 模块化

在该项目设计中，机房的工程和设备都为模块化结构，相当于将该工程分期实施，而各期工程可以无缝结合，不会造成重复施工和浪费。同时，机房内设备应具有支持多种网络传输、多种物理接口的能力，提供技术升级设备更新的灵活性。

6. 可扩展性

考虑到未来不断发展的需要及投资效益，在机房面积、电力供应、空调容量、通信点数等各个方面都预留合理的余量（设计冗余度）及模块化、可扩充的灵活性，使机房的投资及今后的发展都得到可靠的保障。

7. 开放性

本工程使用的软件和设备应该有通用的或公开的标准接口和协议。

8. 经济性

设备及材料的选型须遵守性价比原则及市场上容易采购的原则并综合考虑维护和运行成本。在详细设计过程中应以总拥有成本为主要经济参数。

9. 可管理性

所选用的设备应具有智能化、可管理的功能，同时采用先进的管理监控系统设备及软件，实现先进的集中管理监控，实时监控、监测整个机房的运行状况，具备实时灯光、语音报警，实时事件记录功能，为机房安全、可靠的运行提供最有力的保障。

10. 可维护性

考虑机房未来发展和维护的需要，各系统在设计和设备的选择上应该充分考虑可维护性，尽量做到后续系统的维护和升级施工不影响系统的连续运行。

11. 安全性

机房的安全性原则，不但体现在具体的保安措施上，更体现在计算机数据的安全性上。因此，在机房规划、设计、建设过程中，除加强一般性的保安监控措施外，还要特别考虑数据保存、传输的安全。

12. 环境保护

机房应充分体现环境保护的意识，加强环保措施，采用绿色材料，使其真正体现现代化机房的风范。

第二节　数字图书馆云机房规划与建设

内蒙古医科大学数字图书馆云机房规划见图 3-1。

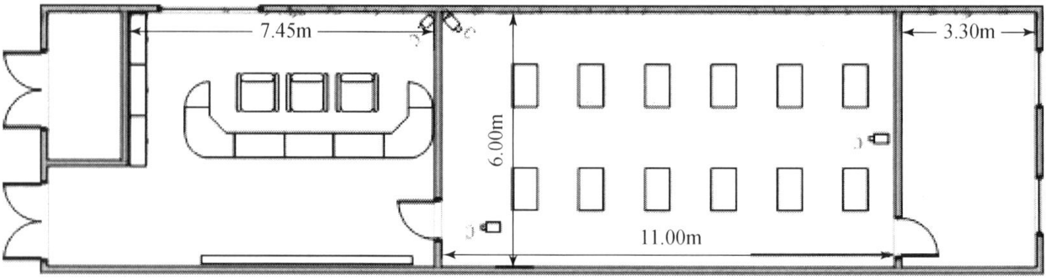

图 3-1　内蒙古医科大学数字图书馆云机房规划示意图

一、机房环境建设

主机房区域应符合《电子信息系统机房设计规范》（GB50174—2008）的技术要求。

（1）温湿度详见表 3-4。

表 3-4　温湿度一览表

	开机时	停机时
级别	A 级	A 级
项目	夏季	全年
温度	（23±1）℃	5～35℃
相对湿度	40%～55%	40%～70%
温度变化率	＜5℃/h，并不得结露	＜5℃/h，并不得结露

（2）尘埃：主机房在静态条件下测试，≥0.5μm 的尘粒数应＜18 000/dm^3。

（3）噪声：主机房内的噪声，在计算机系统停机条件下，主操作员位置处应＜65dB（A）。

（4）无线电干扰场强：在频率为 0.15～1000MHz 时，主机房内应≤126dB。

（5）静电泄漏电阻：主机房地面及工作台面的静电泄漏电阻，应符合现行国家标准《电子信息系统机房设计规范》（GB50174—2008）的规定。

（6）绝缘体的静电电压：≤1kV。

（7）照度：距地面 0.8m 处主机房照度应不低于 500lx；辅助机房不低于 300lx。

（8）事故照明：照度在距地面 0.8m 处不应低于工作区域内一般照明照度值的 10%。

（9）振动：停机条件下，主机房地板表面垂直及水平方向的振动加速度≤500mm/s^2。

（10）接地电阻：采用共用接地，接地电阻应≤1Ω。配电接地系统采用 TN-S 方式。

（11）负荷分配：三相负荷不平衡度≤20%，三相电压不平衡度≤5%。

（12）电磁干扰：机房内无线电杂波干扰≤0.5V/m；磁场干扰强度≤800A/m；符合 EN50091-2 及相关标准。

（13）机房供电系统根据计算机的性能、用途和运行方式等情况，划分为 A、B、C 三级，本次设计以 B 级为标准：

1）稳态电压偏移范围（%）：±3。

2）稳态频率偏移范围（Hz）：±0.5。

3）电压波形畸变率（%）：≤5。

4）瞬时断电允许时间（ms）：0～4。

二、机房装修系统

1. 主机房功能房间

主机房功能房间划分见表 3-5。

表 3-5　主机房功能房间划分一览表

功能房间名称	面积（m^2）	主要设备
监控管理区	44	监管工位 3 个
机房设备区	66	服务器机柜 5 个、网络机柜 1 个、机房精密空调 2 台、UPS1 套、市电柜 1 台
储藏室	20	—
合计	130	—

2. 空间及布线

机房内强电、弱电采用上布线方式。上布线的模式保证了机房工作空间内的整洁统一、井井有条，同时，由于弱电的线缆经常跳线或更换，上布线的模式方便工作人员线路检修维护作业，提高其工作效率（图 3-2）。

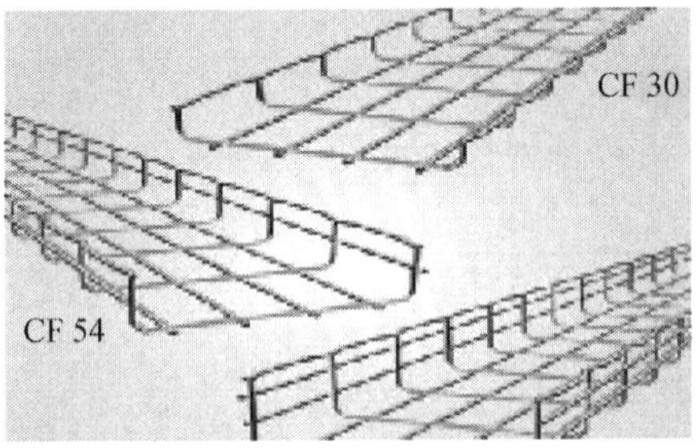

图 3-2　上布线架

3. 顶面工程

机房区域屋顶做防水处理，机房的区域采用 600mm×600mm 的金属微孔板吊顶，吊顶内刷防尘漆，照明设计灯具采用三管格栅灯具，考虑照度均匀，在机柜前后均设计照明灯具。中心机房之外的支持区均采用 600mm×600mm 矿棉吸音板吊顶。

4. 墙、柱面工程

机房的隔墙要具有强度大、防火、防水、无毒无味、无放射性污染、隔音等特点。由于机房区对围护结构和防火性能等方面要求较高，本着功能性、美观性和实用性原则选择墙面材料为彩钢板。

隔墙的基本结构为分体式、表材烤漆钢板内衬石膏板，采用型钢龙骨为柱固定装置，彩钢板最大宽度 1200mm，最大高度 3000mm，隔板之间采用宽度 12mm 压条及 55mm 宽外盖条形式。标准单元墙板部件均可互换，在结构中能进行电气布线并做保温隔热处理，墙板厚度为 76～120mm，可做防火等级组合（图 3-3）。

图 3-3　机房隔墙

特点：烤漆钢板内衬石膏板，内藏龙骨，可做规格变化；外部平整，内可安装各种小管道；表面墙板模块化，每块均可单独拆卸；具有优异的隔音性。

监控室玻璃隔断采用 12mm 厚铯钾防火玻璃，中心机房之外的支持区墙面刷乳胶漆。

所有机房外围护墙面与外界连接的孔洞，如线槽、线管、风管穿越楼板处的孔洞在施工完毕后全部用防火材料封堵，防止鼠害、虫害发生。

5. 地面工程

中心机房设计采用全钢抗静电活动地板（600mm×600mm×35mm）。中心机房地板敷设高度为 400mm，设备通道做坡道设计。机房敷设活动地板主要有两方面的作用：一是在活动地板下形成隐蔽空间，可以在地板下敷设电源线管、线槽、消防管线等，以及安装一些电气设施（插座、插座箱等）；二是可以在活动地板下形成空调送风静压箱。此外，活动地板的抗静电功能也为计算机及网络设备的安全运行提供了保证（图 3-4）。

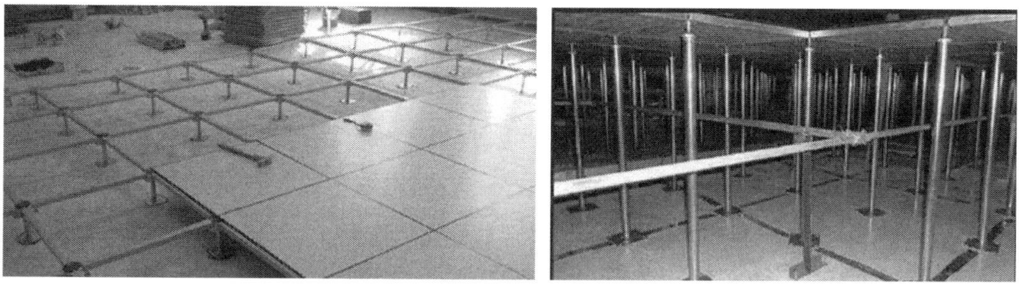

图 3-4　机房敷设活动地板图

在安装抗静电地板时，同时要求安装静电泄漏系统。铺设静电泄漏地网，通过将静电泄漏干线和机房安全保护接地的接地端子封在一起，使静电泄漏。

中心机房设计采用下送风方式，楼地面必须符合土建规范要求的平整度。设计地面做防尘处理涂刷防尘漆，表面另采用 20mm 厚橡塑保温材料做保温层处理、0.75mm 厚镀锌钢板做保护层处理，以做到保温绝热。

全钢抗静电活动地板施工工艺：

（1）基层处理与清理→找中、套方、分格、定位弹线→安装固定可调支架和引条→铺设活动地板面层→清擦和打蜡。

（2）活动地板面层的骨架应支承在现浇混凝土上抹水泥砂浆地面或水磨石楼地面基层上，基层表面应平整、光洁、不起尘土，含水率≤8%。安装前应认真清擦干净，必要时，在其面上涂刷绝缘脂或清漆。

（3）空调设备下面设防漏水措施：空调机位四周设立 100mm 高的挡水坝。挡水坝靠空调侧的地面做防水处理。

（4）为防止下层楼板顶面结露，专用空调地板下采用 20mm 厚保温橡塑板做保温层。

（5）为防止机房外可能的水浸入机房，沿机房外墙四周砌 500mm 高的挡水坝。办公室地面采用高档玻化砖。

6. 门窗工程

采用钢质防火门，门的高度设计为 2.2m；窗体漏水的处理有多种手段，可以在楼体外做雨水引流，楼体内做漏水引流、防水隔离等处理渗水。

7. 其他

机房所有设备采用槽钢结构地面固定支撑，用以支撑设备重量，起到负重均衡、布线方便、固定设备等作用；钢结构的高度与静电地板一致。

三、机房供配电系统工程

一个完善的计算机供配电系统是保证计算机设备、场地设备和辅助用电设备可靠运行的基本条件。高品质的机房供电系统体现在：故障点少、高容错；在不影响负载运行的情况下可进行在线维护；有防雷、防火、防水等功能。

（一）设计思路

供配电系统的安全、可靠是保证机房设备安全可靠运行的关键，机房设备属于一级负荷，结合工程实际情况设计如下（图 3-5）：

（1）大楼负责从机房外部供电，采用不同路由双回路市电 380V 或不同路由变压器供电方式（设置线路自动切换装置）。

（2）机房 UPS 系统采用 1 台 60kVA 配备 120 分钟电池组，做到 UPS 电源系统运行稳定可靠。

（3）机房网络机柜、服务器机柜采用双路 UPS 电源供电，采用工业连接器的连接形式。

（4）UPS 电源及电缆敷设采用阻燃屏蔽电缆，能减少强电电源对弱电信号线缆的干扰。

图 3-5　供配电系统

（二）机房的供配电等级

电源质量：计算机设备供配电系统提供电源的质量好坏直接影响计算机系统的稳定性和可靠性。在《电子信息系统机房设计规范》GB50174—2008 中对电压变动、频率变化、波形失真率均有具体的分级要求（表 3-6）。

表 3-6　机房供配电等级一览表

级别项目	A 级	B 级	C 级
电压波动范围	±3%	±3%	±5%
频率波动范围	±0.5Hz	±0.5Hz	±0.5Hz
波形失真率	≤5%	≤5%	≤5%
允许断电持续时间	0～4ms	0～10ms	
不间断电源输入端 THDI 含量	≤15%	≤15%	≤15%

本项目中的主机房为企业重要机房，该项指标按要求为 A 级标准。

（三）电气配电总逻辑图

电气配电总逻辑图见图 3-6。

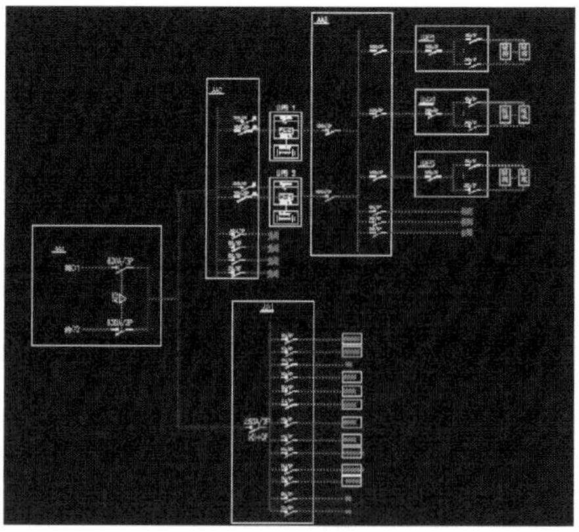

图 3-6　电气配电总逻辑图

彩图 3-6

（四）UPS配电系统及配电柜配置

工程设计中配电柜具有以下特点：

（1）在配电柜中设置相应的避雷器和远程电量监控设备，避雷器的设置满足机房B、C级防雷的要求，远程电量监控设备的安装满足配电柜防浪涌、防雷击、过流保护，对总输入电压、电流、频率进行远程监控等功能。

（2）产品符合IEC898、GB10963标准和中国电工产品认证委员会（CCEE）安全认证要求。

（3）单相负荷应均匀地分配在三相线路上，三相负荷不平衡度<20%。

（4）选用具有过电压、过电流、短路等保护功能的断路器；电流表、电压表、指示灯、转换开关等均为性能优良产品。

（5）机房配电柜内配置合适数量的16A、32A等单相和三相开关。

（6）维修插座回路采用电子式漏电断路器。

（7）考虑以后扩展需要，配电柜、配电箱均留出一定的备用容量，使整个供配电系统安全、优质、稳定、经济且维护简便。

（8）动力配电柜内设紧急断电联锁接线端口，与消防紧急断电设备相连，确保在发生火灾时能迅速切断空调、新风、照明等设备。

（五）电缆敷设与配管配线

1. 金属线槽、电源插座安装

机房地板下使用金属桥架解决电力布线的问题。桥架大小尺寸综合考虑满配线缆数量和扩容余量后，按规范要求的占空比设计。为避免可能的机房漏水造成灾难性后果，设计金属桥架架空，距离地面50mm（图3-7）。

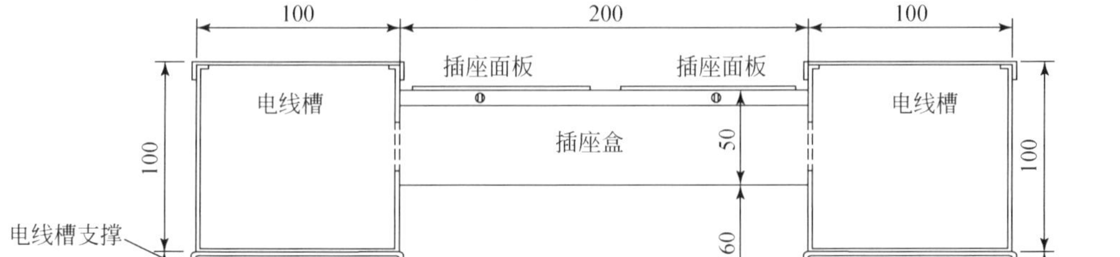

图3-7　金属线槽、电源插座安装示意图（单位：mm）

2. 强电桥架的布置

为机房内的所有网络设备机柜、服务器机柜提供UPS电源，所有强电线路尽量采用暗敷方式，以免影响美观。考虑到维修方便和线路数量较多，采用静电地板下金属线槽配线，同时可起到金属屏蔽的作用，减少对弱电线路的影响。金属线槽的架设走向应充分考虑其合理性和空调送风的关系。

3. 电缆的选择

载流量：考虑到夏季气温较高，电缆载流量相对减少及电缆集中敷设时散热量大等因素，以环境温度为 40℃时的电缆载流量作为选择电缆规格的依据。

所有电缆均采用镀锌金属线槽及镀锌电线管保护敷设，所有金属管、金属线槽均可靠接地。机房设备机柜电源电缆全部选用阻燃屏蔽电缆，以满足机房对防火的要求。其余电缆均选用阻燃交联电力电缆。

4. 选用紧定式 JDG 钢管

采用优质冷轧带钢（Q195F-Q215F）经高频焊接一次成型，双面镀锌保护壁厚均匀，焊缝光滑，圆度高，端口平滑无毛刺。使用配套专用工具可弯角，不变形，不断裂。标准定尺 4m，标准型壁厚 1.60mm，明敷暗埋均可使用。

（六）照明与事故照明配电系统

根据机房电气设计规范对照度的要求，结合自然采光及墙面反射率等因素，计算确定灯具数量。在灯具的布置上，根据机房的实际情况决定灯具间隔，并充分考虑到照度均匀性和有效抑制眩光等因素。

1. 照明

照度选择：照度按机房标准设计为 500lx；应急照明照度（正常照度的 1/10）≥50lx。

灯具选择：采用欧司朗嵌入式格栅荧光灯具；采用节能型电感镇流器（带补偿）。

灯管采用欧司朗灯管，与灯盘相配可产生柔和的效果，不产生眩光，特别适用于机房。

2. 应急照明

应急照明可保证人员做应急处理或安全快捷地沿通道向出口或应急出口疏散。应急照明利用常规灯具中的一部分，电源取自应急电源箱。当市电正常时，应急照明是正常照明的一部分，可以正常启停。在应急状态下，应急电源箱自动切换到 UPS 电源系统，应急灯具自动点亮。在机房出口设置出口标志指示灯。

主要出入口设置应急疏散指示标志灯，出口标志指示灯和方向指示灯均为自带蓄电池型（延时时间＞90 分钟）。

（七）UPS 系统介绍

1. 系统组成

UPS 电源系统采用 1 台模块化 UPS；系统按 60kVA 延时 8 小时电池组设计，选用 30kVA 主功率主机模块 2 个配合 256 块 12V100Ah 电池，实现机房内设备在断电情况下仍可运行 8 小时。

2. 产品简介

Adapt PM（power management）智能 IDC 动力系统为一体化 IDC 机房不间断供电及智能配电管理系统。

（1）应用范围：企业中型数据机房、银行/证券/保险数据中心以及政府行业中小型 IDC 中心。

（2）全新的技术特性

1）在一个机柜内部集成了可灵活配置和扩容的冗余 UPS 系统及同样具备灵活配置和可扩容能力的配电系统的全新 IDC 电力保障和管理系统（图 3-8）。

图 3-8　机柜内部集成示意图

2）内置的 UPS 系统具有业内最佳的节能环保特性：40%～75%负载效率＞96%，25%负载效率＞95%；输入功率因数≈1，输入谐波电流＜3%。

3）超强带载能力：输出功率因数为 1，带超前及滞后功率因数负载均不降额。

4）便于安装：上下均可进出线，无须进线柜。

5）便于维护：全正面维护，UPS、旁路、配电均可在 2 分钟内维修更换。

6）便于改造：冗余 UPS 系统可共用电池系统，电池组采用 12V×30/32/34/36/40 节设计，设置灵活，便于旧系统改造时利用原有电池系统，也可在单节电池故障时及时撤除，消除对 UPS 系统运行的影响。

3. 系统组成及特点

（1）系统安装于一个宽 600mm、深 1100mm、高 2000mm 的机柜内，由一个 30～150kW/kVA 的可升级和冗余的 UPS 系统、一个 SPM 智能服务器电能管理系统或一个柔性配置的服务器配电系统组成。UPS 和电池系统都采用 IT 风格的 Rack 机架，整齐美观（图 3-9）。

（2）UPS 系统

1）APM150 电气柜：采用机架式 150kVA 智能不间断电源用电气柜，用于安装 UPS 及配电等模块，组成包含 UPS 系统和 SPM 系统或负载配电系统的集成装置，在一个机柜内完成 UPS 功能和负载分路配电及监控功能。

电气柜包括以下部分：

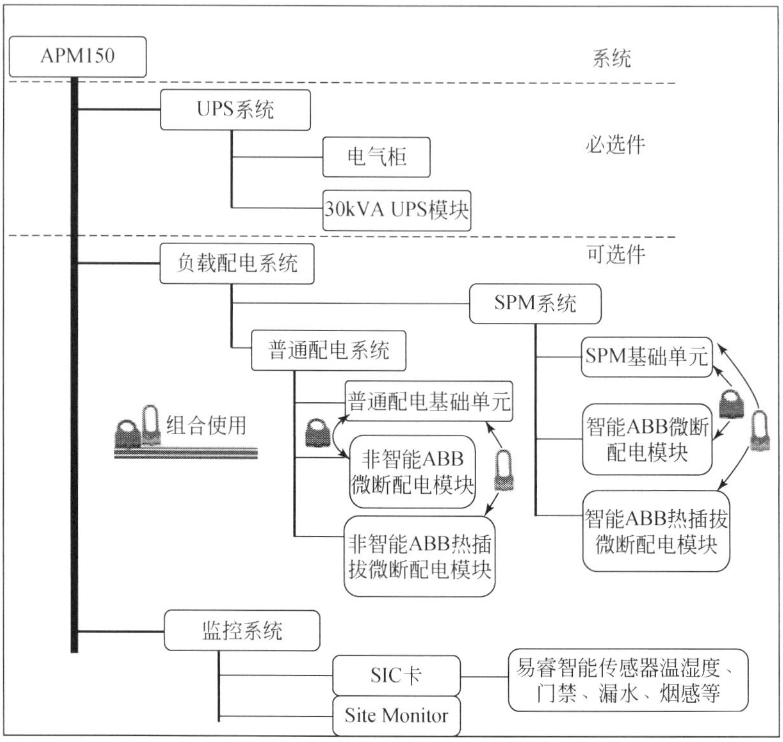

图 3-9 系统安装示意图

A.大屏幕液晶显示器和配电母排、配电联接电缆的机柜（图 3-10）。

图 3-10 电气柜大屏幕液晶显示器

B.主开关单元，安装有 ABB 250A/3P 的输入、输出开关各一个，还有一个被锁止的手动维修旁路开关。

C.自动旁路模块，一个 150kW 的集中旁路模块，采用插拔式维护设计，负载 135%时可以长期工作（图 3-11）。

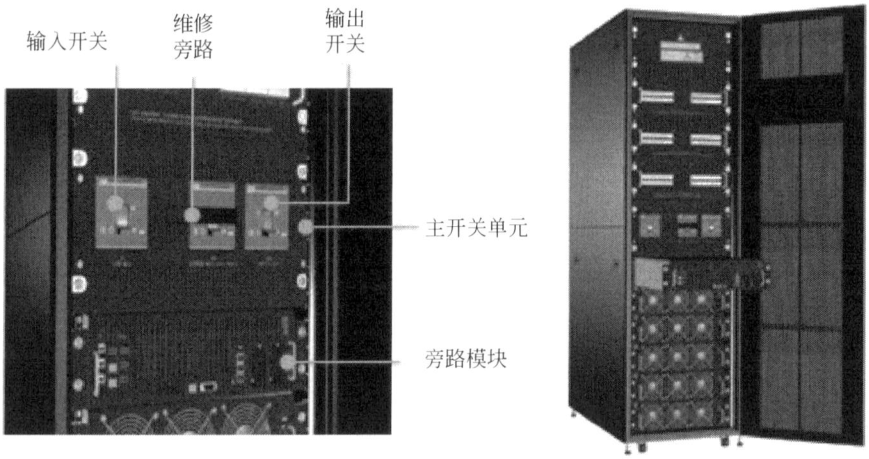

图 3-11 电气柜自动旁路模块

2）30kW/kVA UPS 功率模块：内置 30kVA 19 英寸*机架式 UPS 模块，包含整流、逆变电路和 DSP 控制系统，模块重量＜35kg，高度仅 3U，半载效率高达 96%，可在一个机架中并联 5 台（图 3-12）。

图 3-12 电气柜内置模块

（3）SPM 选件

1）SPM 功能基础单元（server power management unit）：包含分支配电回路电压、电流、功率、谐波、功率因数、开关状态检测功能，并可以设置二级电流预警的智能配电管理模块，包含 DSP 控制板、电源、检测接口等部分。

2）智能 ABB 微断配电模块见图 3-13。

19 英寸机架式的配电模块，高度 4U，与 UPS 输出母排之间采用热插拔端子，方便安装在机柜上部。

* 1 英寸=2.54 厘米。

配电模块内标配 18 路 ABB 25A/1P 微断开关，模块内置 18 路电流检测元件及开关状态监测电路，可采集并上报每路微断开关流过的电流、电压和开关状态。

每个 APM150 最多可以安装 3 个配电模块，即机柜内最大安装 18 路×3=54 路微断开关。用户还可以选择安装 10～63A 开关，每个模块内开关数量配置见表 3-7。

图 3-13　智能 ABB 微断配电模块

表 3-7　每个模块内开关数量配置表

微断开关容量	开关极数	安装数量
10A、16A、25A	1P	18
32A	1P	12
32A	3P	4
63A	1P	6
63A	3P	2

3）智能 ABB 热插拔微断配电模块：高度 19 英寸的 4U 配电模块，除内置微断开关为 ABB 热插拔开关外，与上述配电模块功能相同。ABB 热插拔微断开关，无须关闭整个配电模块或配电系统，可以独立调整每路开关的相位或更换开关以调整每路分支的容量，从而使用户在设备运行中可以对负载配电进行二次调整。

该组件为单独包装，在用户现场插入 Adapt PM150 系统，作为输出配电 PDU（机房配电单元）；该组件与 SPM 功能单元共同匹配使用。

（4）普通配电选件——实现普通配电功能（无分支回路监测及智能管理）：最多可以选择安装 4 个 4U 高度的非智能配电模块，机柜内共可安装 72 路负载配电回路。

1）普通配电功能单元：包含联接 UPS 输出母排的电缆和机柜内部的框架部分，用来实现常规负载配电功能，与 SPM 功能单元相比，不具备分支回路监测及各种电量的智能监测和管理功能。

2）非智能 ABB 微断配电模块：19 英寸 4U 高度的配电模块，不具备分支回路监测功能，其他功能与智能 ABB 微断配电模块相同。

该组件为单独包装，在用户现场插入 Adapt PM150 系统，作为输出配电 PDU；该组件与普通配电功能单元共同匹配使用。

3）非智能 ABB 热插拔微断配电模块：4U 高度的配电模块，不具备分支回路监测功能，其他功能与智能 ABB 热插拔微断配电模块相同。

该组件为单独包装，在用户现场插入 Adapt PM150 系统，作为输出配电 PDU；该组件与普通配电功能单元共同匹配使用。

（5）系统配置（表 3-8）。

表 3-8　系统配置一览表

Adapt PM150 150kVA 智能不间断电源	编码	数量
1. UPS 系统（必选件）		
Adapt PM 电气柜	01200766	1
30kVA 主功率模块	02351752	0～5
2. SPM 系统（可选件）		
SPM 功能单元	02352143	0～1
智能 ABB 微断配电模块（25A×18）	02352141	0～3
智能 ABB 热插拔微断配电模块（25A×18）	02352142	0～3
3. 普通配电系统（可选件）		
普通配电功能单元	暂无	0～1
非智能 ABB 微断配电模块（25A×18）	暂无	0～4
非智能 ABB 热插拔微断配电模块（25A×18）	暂无	0～4
4. 监控系统（可选件）		
SIC/SNMP 卡（可接入网口型传感器）	02351817	0～1
SiteMonitor 监控网络版软件（节点数≤5）	05112042	0～1
网口型温湿度传感器，可级联	02311720	0～6
网口型烟感传感器，可级联	02351822	0～6
网口型门磁传感器，可级联	02351830	0～6
网口型点式水浸传感器，可级联	02351829	0～6

（6）电池柜：电池柜可内置 32 节或 30 节电池，包括电池组内部联接电缆、空开等，设计有支撑力强大的立柱和层间隔板，支持上出线和下出线（图 3-14、表 3-9）。

图 3-14　电池柜

表 3-9　电池柜参数一览表

型号	UPS 功率	配置	对应电池	尺寸/重量
电池柜并联母排		3 根电池柜并联用铜排，单独发货，用于电池柜间并联，套数=电池柜数量-1		
PM32-75C4-95-A	≥120kVA	4 层，装 32 节电池，配 400A ABB 3 极空气开关，95mm^2 电缆	12V100Ah	800mm×1100mm×2000mm 236kg
PM32-75C4-2-50-A	≤90kVA	4 层，装 32 节电池，配 250A ABB 3 极空气开关，50mm^2 电缆	12V100Ah	800mm×1100mm×2000mm 227kg
PM32-38C4-50-A	≤90kVA	4 层，装 32 节电池，配 250A ABB 3 极空气开关，50mm^2 电缆	12V26Ah 12V40Ah 12V52Ah 12V75Ah	600mm×1100mm×2000mm 203kg

四、接地系统与机房防雷工程

（一）接地系统

根据计算机系统的要求，机房应设立良好的接地系统，机房工程设计采用大厦提供的接地点，要求接地电阻值≤1Ω。

机房内接地系统包括交流地、计算机接地系统、保护接地、抗静电接地 4 个系统。

（1）交流地：即零线，随电源线同时引入机房。

（2）计算机接地系统：设计利用大楼综合接地系统（MEB）在一期服务器机房局部等电位接线端子板（LEB），以确保设备的正常运行。UPS 输出配电柜专用直流地汇流排 G

和交流地 N，可确保机房内计算机系统与动力、照明系统接地相对独立。

（3）保护接地：以三相五线动力电缆中的保护线作为引上线，并通过电缆、电线中的地线引至各用电设备，机房内所有计算机设备的非带电设备的金属外壳、镀锌钢管、金属软管、金属接线盒均可靠接至保护地，在线缆老化等漏电的情况下保护工作人员的人身安全。

（4）抗静电接地：接自大楼综合接地系统。利用抗静电专用网络，如地板、金属板墙面及时通过地线泄放地板及墙面的静电，避免静电对计算机设备的损坏及由静电引起的随机故障并保障人身安全。

等电位系统具体施工设计：

1）在机房静电地板下，采用优质铜材作为格栅处理的材料，施工时注意将格栅处理所形成的闭合环路用多股铜芯线与大楼等电位接地母排直接相连。同时，将其他防静电措施所采取的接地与该格栅均匀多点相连。

2）机房采用 30mm×3mm 紫铜带在机房区做一圈，内部用 50mm×0.5mm 铜箔组成 600mm×600mm 环形接地网络与紫铜带，环形接地网络安装在机房地板下方。

3）机房内所有设备的金属外壳均就近可靠接地，并汇集至机房内的接地端子柜，使机房内所有设备的金属外壳、金属材料形成一个等电位。

（二）防雷保护措施

在机房内有着大量的电子设备（如计算机设备、网络设备等），因瞬时浪涌及雷击引起火灾和计算机网络等电子设备瘫痪的可能性极大，建立一套完善的防雷接地体系可以有效地保护机房内的设备。

机房内设备需主要进行直接雷击引起的电阻耦合方式（地电位反击）的防护，以及附近高层建筑落雷时造成的电感性、电容性耦合干扰的防护。

防雷设计方案只包括机房内部电气设备的雷击电磁脉冲防护，不包括机房本身所在建筑物的防雷，为了确保机房内电子信息系统设备安全，机房建筑物按照《建筑物防雷设计规范》GB50057—1994（2000 年修订版）的要求设计防护装置。设计方案具体包括：

（1）机房内主电源输入端设置 B 级浪涌保护器 SPD，在 UPS 输出级配电柜中设置 C 级防雷器。

（2）电源部分的防雷主要采用德国 OBO 的防雷产品 MC50 和 V25-B+C 系列，符合 IEC、IEEE、CCITT、UL、BS 等相关标准。

（3）B 级电涌保护器 V25-B/N+PE：V25-B 防雷器是根据 VDE 0185、Part 1 和 Part 100 的要求而设计的一种雷电保护等电位连接器。该装置符合 DIN VDE 0675 Part 6（Draft 11，89）A1、A2 等级为 B+C 级保护器的要求。在建筑物雷电保护安装工程中，它保证了电源线上的等电位连接。当电源线架空引入建筑物时，架空线可能会引入部分直接雷击雷电流，在此种建筑物电源架空引入的线路上，该保护器也可应用。V25-B 可用于 TN-C-S、TN-S、TT 和 IT 系统中特别的防雷器。该保护器是根据 DIN VDE 0100 Part 534/A1 的需求设计而来的，允许成对保护器简单、安全的安装。高性能防雷器 V25-B+C 有一个特别的压敏电阻电路，装置内含良好非线性特征（a>30）的氧化锌压敏，即使电路出现高能电涌，设备也能得到最大限度的保护。甚至当电涌电流达到 60kA 时，保护器的电压仍在 1.5kV。因此，该保护器能够承受直击雷的部分雷电流。在过载情况下，保护器内置的热感断路器可以将保护器模块从主电路中脱离出来，保证供电线路正常工作。

（三）防雷施工

计算机网络防雷工程是一个系统工程，必须有精心的设计和规范的施工。施工必须严格按照批准的图纸进行。

1. 屏蔽与布线

机房内所有强弱电线路均应敷设在已经做好等电位连接的金属线槽内或管道内，弱电线路与其他管道间距应符合有关规范要求。

2. 浪涌保护器（SPD）安装

为避免不必要的感应回路，SPD 与被保护设备间应采用无回路或小回路方式安装，即要求布线时不要在机房内绕圈子。出入 SPD 的线路避免平行敷设。

为满足信息系统内设备耐受能量的要求，SPD 的安装可以进行多级配合。在进行多级配合时应考虑 SPD 间的能量配合，当有续流时应在线路中串接保护设备。

必须考虑 SPD 退化或寿命终止后可能产生的对地短路对信息系统设备运行的影响，因此 SPD 的安装应有过流保护设备，SPD 宜有劣化显示功能。

电涌保护器接至等电位连接带的导线要短而直，长度一般不应大于 0.5m。在 UPS 前端加二级电源避雷器宜装在配电柜内，采用 V 形连接方式，保护导体（PE）就近与配电柜内 PE 母排相连。SPD 的连接导线应有足够的截面。

五、机房空调、新/排风系统

（一）机房区域空调系统

机房区域按照《电子信息系统机房设计规范》 GB50174—2008 的要求，即冬夏季分别要求：

（1）开、关机时机房的温湿度见表 3-10。

表 3-10 开、关机时机房的温湿度一览表

级别	A 级	
项目	开机	关机
温度	（23±1）℃	5～35℃
相对湿度	40%～55%	40%～70%
温度变化率	<5℃/h 并不得结露	

（2）机房达到 7×24×365 空调供应能力。

（3）送风量：满足机房换气次数 30～50 次/小时。

（4）精密空调底座出风口气流风速：≤15m/s。

（5）通风地板出口风速：≤3m/s。

（6）正压值：计算机室与其他房间、走廊间的正压差≥4.9Pa。

（7）计算机室与室外压差≥9.8Pa。

机房区域需确保空调系统全天候运行，并能有效消除大量用电设备产生的显热负荷，结合本工程特点，推荐采用下送风上回风式机房专用精密空调系统。该空调系统风量大、显热比高、对机房 IT 负荷适应性好、系统安全可靠性高、对负荷变化适应能力强、运行控制简便、系统安装及维护工作量小。

（二）精密空调选型

根据以上机房内空调负荷计算数据，采用艾默生 PEX 系列下送风风冷精密空调设备，在主机房选用 2 台 P1050 的下送风风冷精密空调设备。

（三）机房空调气流组织设计

工程中由于机房面积较小，精密空调系统设计安装在设备机房内，采用地板下送风、空间回风的气流组织形式，利用防静电地板下的空间作为送风通道，利用安装在设备冷通道内的可与标准板随时更换的通风地板风口对机房计算机设备供应冷风，热风通过热通道回到精密空调回风口。该气流组织形式符合冷空气密度大下沉、热空气密度小往上升的原理，有利于空调气流的循环，同时结合设备摆放设计冷热走廊，将冷气与热气相对隔离，避免了前一列机柜设备出来的热风进入下一列机柜设备，提高了空调制冷效率（图 3-15）。

（四）机房给排水系统

为了便于精密空调进行温湿度的精确控制，需要为精密空调配备加湿器并供应水源，设计中空调加湿供水水源来自下层卫生间，供水管道系统采用安全性好的镀锌钢管，同时为精密空调冷凝排水设计排水系统，排水管道设计足够坡度接至下层排水点。此外，为了有效杜绝水系统产生的漏水进入机房设备工作区域，减少对重要设备和信息的潜在危险，空调机房区域地面做挡水坝，精密空调所在的位置实施漏水监测。

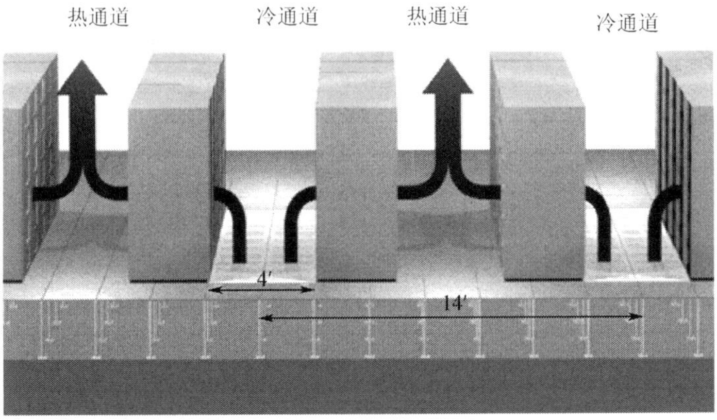

图 3-15　空调气流组织示意图

（五）机房新风系统

新风系统的设计依据《电子计算机机房设计规范》（GB50174-2008），该系统主要是将新鲜洁净的空气送入机房来保持机房相对其他相邻房间及室外的正压值从而保持机房的洁净度。

新风系统设计考虑对新风进行洁净度的处理，根据现场情况，选择大楼附近的新风管道作为新风来源，贴机房顶面安装热交换新风换气机组，换热效率 70%（减少室外空气对机房空调负荷的影响），过滤器为三级过滤（初效+中效+亚高效），使处理后送入机房内的新风达到并超过机房空气洁净度标准。新风机组与电动防火阀由消防系统实施联动控制，在发生火灾时切断新风系统的空气流通。

（六）消防排风系统

在机房内消防系统采用气体灭火系统，灭火完成后，机房内会充满灭火废气，需要在人员进入前将这些废气排出房间。因此，根据规范设置消防排风系统，将灭火后产生的气体通过设置在房间下部的百叶风口从室内抽出，排风量按规范不小于 6 次换气量。该系统由消防控制系统实施控制。主机房设置一套排风系统，风量为 $4500m^3/h$。

六、机房消防系统

为了早期发现火灾，使火灾控制在初始阶段，必须对机房等房间进行经常性的监视，因此需要安装自动火灾探测器，当出现火灾时自动报警。机房内自动火灾探测器应设在天花板向室内的一侧，同时在活动地板下、吊顶里、空调管道内及其他人员不经常出入或视线达不到的地方，都应装置探测器。

考虑到机房内放置了存储服务器等 IT 核心设备及精密空调等贵重、精密电子产品，一旦发生火灾，若采用喷淋灭火形式，灭火的同时或可损坏仪器设备，因此项目设计消防灭火形式为干粉灭火，在扑灭火情的同时不会损坏仪器设备。

（一）主要技术参数

柜式气体灭火装置主要技术参数如表 3-11 所示。

表 3-11 柜式气体灭火装置主要技术参数表

产品型号	柜式七氟丙烷气体灭火装置（单瓶组）					柜式 CO_2 气体灭火装置（单瓶组）	
	GQQ 40/2.5（K）	GQQ 70/2.5（K）	GQQ 90/2.5（K）	GQQ 120/2.5（K）	GQQ 150/2.5（K）	ZEG 40.1（K）	ZEG 70.1（K）
灭火剂储瓶容积（L）	40	70	90	120	150	40	70
灭火剂充装量（kg）	40	70	90	120	150	24	42
单机最大保护体积（m^3）	≤55	≤97	≤124	≤165	≤220	≤13	≤25

续表

产品型号	柜式七氟丙烷气体灭火装置（单瓶组）					柜式 CO_2 气体灭火装置（单瓶组）	
	GQQ 40/2.5（K）	GQQ 70/2.5（K）	GQQ 90/2.5（K）	GQQ 120/2.5（K）	GQQ 150/2.5（K）	ZEG 40.1（K）	ZEG 70.1（K）
灭火剂喷射时间（s）	≤10					≤60	
充装压力（MPa）	2.5					5.17	
使用环境温度（℃）	0～50℃					0～49℃	
系统启动方式	自动；电气手动；机械应急手动操作						
外形尺寸（mm）（长×宽×高）	1920×600×465			2080×650×515		1800×600×400	
延时（s）	0～30						
主电源	AC220V（50Hz）						
备用电源	DC24V；≥1.1A						

（1）“灭火剂充装量”计算条件：HFC-227 充装密度为≤1.0kg/L，CO_2 充装密度为 0.6kg/L。实际应用中的充装密度：HFC-227 装置为 0.8～1.0kg/L，CO_2 装置为 0.6kg/L。

（2）“单机最大保护体积”计算条件

1）保护区为理想封闭空间。

2）灭火剂设计浓度，HFC-227 装置为 8.6%，CO_2 装置按机房、电子设备间选取物质系数 1.5，设计浓度为 47%。

（3）单机保护面积不应大于 50m^2，如大于 50m^2 则应采用多机保护或增加喷嘴及管道，以保证灭火浓度的均匀性。

（4）针对保护区的具体情况，为用户提供多瓶组柜式气体灭火装置，多只灭火剂储瓶安装于一柜联合使用，结构紧凑、性能可靠、节省空间，可根据用户要求度身定制。

（5）柜式气体灭火装置产品型号最后带有字母 K，表示装置上安装火灾报警气体灭火控制器，无字母 K 表示不安装火灾报警气体灭火控制器。

（二）主要特点

产品要求密封性、安全性高，质量稳定可靠。气体灭火系统灭火剂储瓶瓶头阀的材质均为黄铜，即使长时间存放也不易生锈，且开启可靠性高。气体灭火系统各类阀门经过多次改进和完善，灭火剂瓶头阀的设计采用了双密封结构，密封性能得到了双重保证。混合气体（IG 541）灭火系统瓶头阀经创新优化设计，充气口改为从压力表接头处充装灭火剂。这大大提高了阀门的密封性能，解决了从阀门出口处充装灭火气体密封性差、易泄漏的难题。

灭火剂瓶头阀和启动阀结构设计合理，经过安装在铁道机车上的 10 多万公里的高温（70℃）、振动、长时间运输试验，证实其具有良好的密封性、耐高温性和防振动性。所有气体灭火系统压力表前端均安装了压力表开关，从而大大提高了压力容器的密封性能。气体灭火系统中各灭火剂瓶头阀出口均安装了安全保护帽，使产品在生产、运输、装卸、安装、调试一系列过程中可以确保操作者的人身安全。

气体灭火系统中各压力容器钢瓶均采用性能优良的产品。整个气体系统采用低压安全泄漏阀，防止因慢泄漏而造成的误启动。

七、机房环境监控系统

（一）设计背景

随着计算机技术的发展和普及，计算机系统的数量与日俱增，其配套的环境设备也日益增多，机房已成为各大单位的重要组成部分，因此机房的环境设备或子系统（如供配电、UPS、空调、消防、保安等）必须时刻为计算机系统提供正常的运行环境。一旦机房环境设备出现故障，就会影响计算机系统的运行，对数据传输、存储及整个系统运行的可靠性构成威胁，若事故严重且没有得到及时的处理，就可能损坏硬件设备，造成严重后果。

为了保证机房运行的安全性和稳定性，目前许多机房的管理人员不得不采取 24 小时专人值班的方式，定时巡查机房各环境设备。但这样不仅加重了管理人员的负担，而且在很多情况下往往不能及时排除故障，对事故发生时间、频率及原因等也无科学的管理与数据分析，尤其是目前国内普遍缺乏专业的机房环境设备管理人员，许多地方的机房不得不安排软件人员或者不太懂机房设备管理的维护人员值班，这对机房的安全运行无疑是一个不利因素。

（二）设计方案的概述

为了解决上述问题，根据用户的实际情况，内蒙古医科大学图书馆决定采用“分布式网络机房监控远程智能管理系统”。该系统采用方便的组态界面，用户通过 1～2 天的培训，就可以自行运用组态系统，确保了系统的可靠性、稳定性及易维护性。系统还可以很好地实现对机房环境设备的统一监控与管理，通过采用先进的计算机技术、网络通信技术、视频传输技术、图像处理技术等，可方便地实现对各个智能设备运行状态、运行参数的显示、处理和存储等；可实现各子系统之间的数据流动，具有强大的联动功能；同时，系统的故障自动检测与专家诊断功能以及丰富的报警功能，极大地减轻了机房维护人员的负担，在提高机房系统可靠性的同时也提高了整个机房的运行效率，极大地提高了机房运行管理水平，实现了对机房的科学管理。

（三）系统组成结构

机房环境监控系统由监控主机、计算机网络、智能模块、协议转换模块、信号处理模块、多设备驱动卡及智能设备等组成。为了增强系统的功能，可根据需要选择配置多媒体声卡、短信报警模块、超级视频卡等设备（图 3-16）。

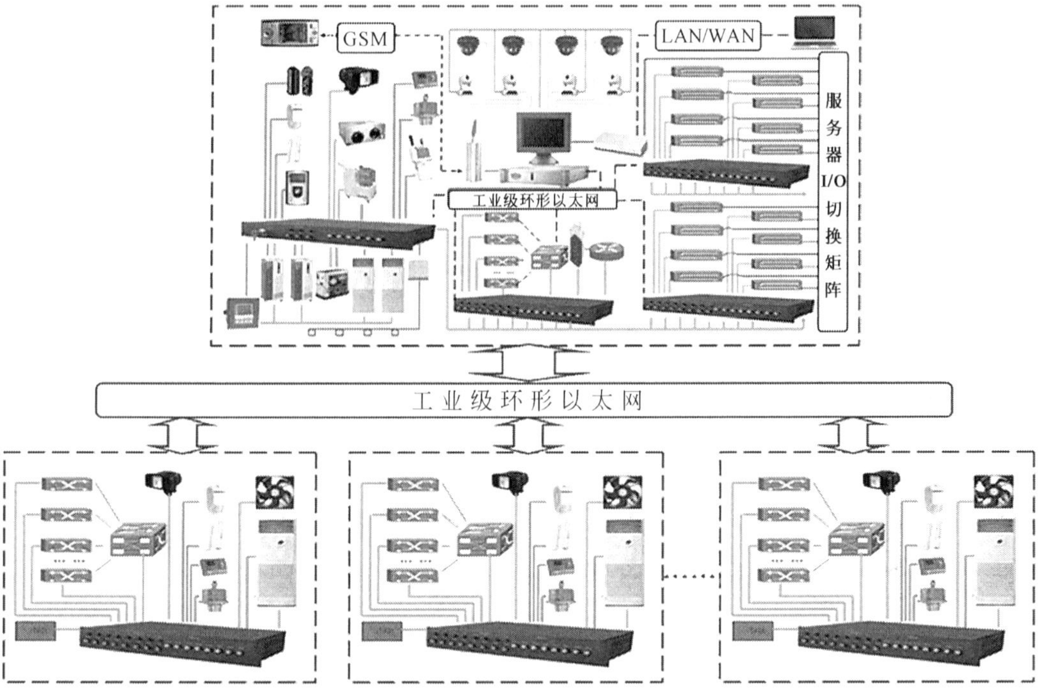

图 3-16 机房环境监控系统结构图

系统可以提供多种报警方式（图 3-17），一旦发现异常事件，系统即自动执行预定的控制策略，同时启动报警，如报警窗口、实时打印、语音提示、电话语音、电子邮件（EMAIL）、短信息等。使用时，可以选择其中一种或多种报警；当有多个报警同时发生时，系统通过事件等级，排队报警事件，并逐一报警，其中的电话号码、手机号码、电子邮件等由用户设置。

报警具备灵活定义功能，可以分别设置设备的报警方式及相关管理人员，比如可以设定以下报警方式：精密空调故障通过电话语音方式通知精密空调管理人员并发送电子邮件给主管人员，而消防报警可通过手机短信方式通知消防管理人员并发送电子邮件给主管人员。这种方式大大增加了管理的灵活度。

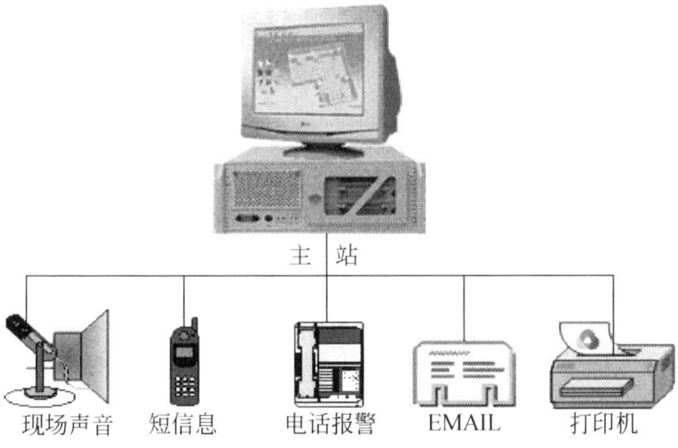

图 3-17 多种报警方式示意图

（四）各监控系统详细功能的描述

根据用户实际情况，监控系统主要监控内容包括机房综合环境监控、机房安保监控两部分。各监控子系统详细功能介绍如下。

1. 机房综合环境监控

为提升机房外物理运行环境条件的可靠性，实现网络运维管理本身的网络化与现代化，配置 UPS 联动模块组 1 套，实时监测机房内一台 UPS 主机的状态，以及输入/输出电压、电流、频率、功率因数，逆变器状态、负载状态、电池状态、旁路状态、报警等状态信息；配置精密空调联动模块组 1 套，实时对精密空调的工作状态，送回风温度、湿度，房间温度、湿度，压缩机、风机、冷凝器、加湿器、除湿器、加热器、传感器、控制器的运行状态等进行监控；配置温湿度传感器 8 套，实时对机房设备区的温湿度状况进行采集监控；配置水浸传感器 1 套，实时监测机房内空调周边、上下水管道的漏水状况；配置消防联动监控模块组 1 套，按用户提供的干接点实时与用户现有消防监控、气体灭火系统实现联动状态监测、报警、通告。

（1）功能说明

1）数字化温湿度采集监测：RZ9000 系统可配置数字化温湿度传感器，采集监测各个设备间、机房的温湿度数据，基于标准 TCP/IP，通过维护专网上传到主控服务器进行集中监测、调控、报警与紧急处置管理。

2）策略化温度自动调控/报警：RZ9000 系统可实现与各类空调的定制化控制对接，可设置温度监测调控与报警的组合策略，设定温度调节控制的上下限阈值［如基准温度（23±5）℃］，当环境温度上升高于上限阈值时，由系统自动启动空调、备用空调加强制冷调控或启动通风设备进行替代降温调控。若调控收效不显著，温度继续上升，超过警戒温度值的超温状态的持续时间超过预设置时长值，系统进行报警，既可对必须受控的状况进行报警，又可过滤调控过程中的暂时波动状况，以免过度敏感和频繁的报警产生。

3）智能化温湿度调节控制：RZ9000 系统可根据调控需要，与除湿、加湿设备实现控制对接，设定湿度监测报警阈值及自动调控与报警的组合策略。室内湿度过高时，可由系统自动启动湿度调控设备进行自动调控，将湿度回调控制在其基准阈值内，若调控失败，湿度超标持续时间超过预定的时长值，系统自动报警。

4）普通空调运行集中管控：针对普通的壁挂式或柜式空调，采用可网管红外遥控编码学习方式，实现对各个机房设备间空调的全方位联动控制，针对各设备间用户温度设定、模式切换、关机开机等操作均可实现基于网络的远程集中控管和系统自动控管。同时，通过空调状态监控模块，可实时监控空调当前的启动/停止/待机/运行状态和出风温度，实现控制闭环。

5）精密空调联动监控配置。

6）烟雾监测：可在各机房、设备间（独立于统一的消防监控系统）配置烟雾传感器，当监测到烟雾火警发生时，RZ9000 系统可按设定程序启动本地声光报警。主控服务器的图示定位报警，还可通过 GSM 网络向网管人员发送短信烟雾监测报警信息，以便使机房的消防状况得到专业人员的及时关注与处理，预防事故的进一步扩大发展，充分保障设备及场所、人员的安全。

7）电力通断状态监测报警：监控工作站主机 RZ9000C 配置相应的监测模块，可对市电、UPS、油机配电输出的通断进行监测，并对断电状况按预设置策略进行报警及联动控制处置。

8）水浸监测：在各机房内空调及其他漏水隐患点分别配置水浸传感器，一旦空调的加湿水跑水、冰凝水跑水、管道水漏水等水浸状况发生，系统可立即报警，严禁水浸状况危及机房安全。水浸报警灵敏度可调，既可有效防止误报、频报，又可对必要水浸情况进行可靠报警。

9）市配电监测、报警、电量计量：配置相应的智能型电力监测仪，系统可实现对各级市配电及油机输出的电压（V）、电流（I）、频率（f）、有功功率（P）等供配电质量指标进行动态监测，对于各种异常情况，如停电、供电频率不稳定、电压波动过大、负载不平衡等状况及时报警。具体功能如下：

电压监控报警：可设定电压的报警上限与报警下限，对电压过高、过低及电压波动按用户设定策略进行报警。

电流监控报警：可设定电流的报警上限与报警下限，对电流过大、过小情况按用户设定策略进行报警。

功率因数报警：可对机房用电的功率因数进行实时监控，当功率因数低于设定底线时按用户设定策略进行报警，以便用户及时调整可控因素提升供电质量与用电效率。

频率超限、频率漂移报警：可实时监控机房供电频率，并对供电频率超限或频率漂移过大情况按用户设定策略进行报警。

负载不平衡报警：可实时计算三相负载不平衡度，当该指标超过 20%时按用户设定策略进行报警。

线温实时监控报警：可实时采集监测配电线路温度，当线温超出设定温度值（在回路故障或电力异常情况下会出现），可按用户设定策略进行报警。

电量计量：系统对配置相应型号电量监测仪的机房可实现对用电量的监测累计，可对清零后的用电量进行实时的监测记录，用户可以随时了解清零后直至当前的用电量，便于内部用电量的统计、计费与结算。

10）UPS 联动监控。

11）多路同步实时数字化视频采集：RZ9000 系统前端配置 CCD 摄像机和拾音器，实时采集现场的视音频信号，上联到 RZ9600 系列综合监控工作站的视频数字化采集监控输入接口，将模拟视音频信号实时采集为数字视音频信号，实现数字化网络视频监控。

12）数字化硬盘录像、网络远程监控：系统按照低码率、高清晰度的 H.264 格式对采集的视音频信号进行实时的数字化压缩编码和 IP 封装，生成实时的流媒体视频码流上传到互联网，实现实时网络视频监控。

可按用户在监控中心设置，将实时的流媒体数据以 H.264 文件格式存储到硬盘，实现每路实时每秒 25 或 30 帧的硬盘录像。

用户可随时通过 IE 以 Web 方式远程登录视频监控页面进行网络远程视频监控，随时了解机房、设备间现场状况。

13）本地、网络视频查询回放：经授权的人员可在本地和网络按日期、时间、通道号

（镜头编号）等多种方式查询硬盘中授权范围内的录像文件，并可进行本地或网络点播回放。系统支持多级用户权限管理。系统及其选配设备均采用全硬件实时独立编码模块和解码模块，支持硬盘录像文件的实时本地或网络远程查询回放。

14）不间断移动帧测录像：根据需求可对特定视频监控点设定 24 小时不间断监控，监控镜头不间断开机进行视频采集，同时对视频流采用动帧传输/存储技术，即只在录像画面出现移动图像时才生成新的数字视频码流进行存储和传输，既可全天候长时间监控录像又可充分节约网络带宽和硬盘空间资源。

15）报警联动监控录像：根据需求可对特定视频监控点设定报警联动监控录像，即正常情况时监控镜头云台皆处于关闭状态，在异常情况报警发生后，系统联动打开辅助摄像灯光，向有关管理人员报警。各路摄像机会自动开始监控，硬盘录像机自动开始录像，作为安全文件存储及异地存储备份的同时，对视频进行数字化压缩编码，生成实时视频流组播到局域网，同时上传到互联网，以供管理人员通过网络随时了解现场状况。

16）定时自动监控录像：根据需求可对特定视频监控点设定定时自动监控录像，即在系统主机上，对选定的一组或多组视频监控点设置视频监控的开启、关闭的编程自动控制执行时间表，在非布防时段该组视频监控点的监控镜头云台皆处于关闭状态；在系统的日期、时间值进入设定布防时段后，系统自动打开该组视频监控点的辅助摄像灯光及视频监控镜头，自动开始移动侦测模式的硬盘录像，录像的处理方式同报警联动监控录像。

17）报警自动抓图存储：可按用户设定策略，对布防时段内的特定双鉴探头或门磁的报警在设定通道进行抓图存储处理，以便用户直观快捷地了解机房人员的出入活动状况。

18）交换机远程串口命令配置：配置交换机远程串口命令行配置模块，RZ9000 系统可实现针对交换机、路由器、硬件防火墙等支持串口通信控制的设备，实现基于网络的远程串口命令行方式的配置管理，实现网络设备远程分布式的集控化配置管理。

19）远程电源管理、强制重启：RZ9000 系统可实现对设备间、机房动力电源的远程监测和管理控制，可对死机的交换机、服务器等网络设备进行远程强制断通电重启。结合 RZ9000 远程串口命令行配置功能，可足不出户地解决大多数常见的运行和维护管理问题。

20）图示定位报警：针对各机房、设备间的受控安防监控状况、环境监控状况、设备监控状况，在主控服务器上可实现基于拓扑图或电子地图的图示定位报警，一旦出现特定受控状况，主控服务器可在图上出现状况点的图示变化与声音报警和文字报警信息；工作人员可迅速定位状况地点和状况性质。

21）短信报警、电话自动语音拨号报警：针对各机房、设备间的受控状况，通过主控服务器的短信报警平台，可实现手机短信报警，一旦出现特定受控状况，可以将预定义编辑的准确表述的短信文字报警信息发送到一组人员的手机上，实现随时随地的移动监测报警。

系统还支持自动语音拨号报警，可自动拨号到设定报警号码，并将平台报警语音传送到接听报警电话的用户，实现电话报警。

22）远程短信指令控制、查询：当系统在布防时段出现受控异常时，监控系统即可通过短信报警平台向指定的人员自动发送报警信息，并记录所有的报警信息。可以利用短信远程发出短信指令控制机房和设备间中接入短信控制平台的相关设备，指定的人员可以利用短信来遥控机房、设备间设备或自动执行预先设计好的安全处置、自动保护程序。

针对网络中心机房的主要环境变量状态、设备状态，可设计实现短信状态查询，系统接收到被授权手机的状态查询短信指令后，可将当前的主要设备环境状态信息发送到被授权的查询手机上。

23）延时供电：RZ9600 系列机房综合监控工作站内置后备电源，当机房电力全部中断时，系统可为运维网设备、工作站自身及连接到工作站的传感器、探测器提供 30 分钟以上延时供电，确保断电后报警动作的执行和外电源断电后 30 分钟内对机房监测数据的采集监测和存储，以便当时或事后准确了解判断机房状况。

24）系统日志、数据查询：系统自动保存监测事件记录、报警记录与系统操作事件记录。环境变量、设备运行状态变量、市配电状态变量等各类受控监测事件、监测数据记录，以及网络遥控操作、现场手动操作、系统自动操作、短信指令操作等各类系统操作事件记录与实时视频监控录像文件共同构成完整的系统安全记录体系。管理人员可随时查询，及时全面了解与系统安全相关的历史过程和当前状况。

25）配置管理：通过对系统、设备的群组划分，对主/备 IP、主/备网关、主/备子网掩码、时间服务器等通信参数，布防撤防时段、数据存储间隔、二次报警延时、控制动作延时等运行参数，以及报警策略、调控策略参数进行设置，保证系统正常、稳定地运行。

26）故障管理、性能管理：系统支持对各种智能设备协议开放提供的软、硬件故障信息、运行状态、参数信息的采集和处理，并可按用户设计的报警基本分类表，对监测报警事件及用户定义的运行状态变更事件实现管理和事件上报控制等功能。支持配置数据、监测数据的备份和恢复。

27）用户管理：系统支持按照级别、片区、责任类别对用户的角色、权限进行管理分配，对不同级类用户定义不同权限。所有前端设备间视频图像和动力环境监控软件，对所有网络中的用户实现授权管理，用户可根据不同权限对图像、数据进行监视、查询、录像、回放等操作，实现整个系统中所有服务器软件的数据库同步功能，实现数据统一管理。支持对用户信息的增、删、改、查。

28）设备管理、通信管理：系统在运行状态下支持对于接入系统内设备的管理，将设备通信连接及设备数据更新延时作为系统监控对象，对通信延时和数据更新延时进行实时监控报警管理。

29）报表管理：支持用户利用报表设计器，自动生成运行管理人员根据运行实际需要自行定义的各类数据报表和统计报表。自动生成日志报表、历史运行数据报表和历史数据统计报表。

30）SQ SEVER 数据库：系统采用 SQ SEVER 数据库，支持并发访问，保证在并发方式下数据库的完整性和一致性。具有良好的可扩性和适应性，满足数据规模的不断扩充及应用程序的修改。具有良好的实时性、可靠性和可扩充性，满足实时性、可维护性、可恢复性、并发操作、方便性、安全性、开放性等要求。可良好地按用户设置实时存储管理系统操作事件记录，监测报警事件记录、数据采集记录，支持数据的查询与打印。设置查询条件，对任何存储参数点的历史数据进行查询，查询出的数据可以报表的形式打印；通过设置，以曲线的方式显示运行数据点在某一历史时间内的数值变化情况，导入、导出数据，对数据进行备份和恢复管理中心、设备、数据点等数据进行编辑操作，对所有被监控设备和设备间进行编码，便于设置组态信息。

31）数据共享：系统提供开放的数据共享接口，并可按用户要求与使用习惯定制符合SNMP、IPMI 等常用协议的数据共享接口，满足与其他数据库的数据通信，对网管系统要求的数据或报警信息实现实时传递。

32）用户化界面定制：系统动力环境监控平台、视频集中监控平台以及赠送的门禁管理平台均支持用户化的园区、片区、机房等各级电子地图定制，显示片区、机房、探头、设备等不同级别监控对象及配置点的位置、监测参数和正常/异常状态。

33）自动巡更：用户端可启动自动巡更，系统自动生成巡更日志，自动存储用户所选定的所有类别的监测监控数据和视频通道的抓拍图像，以供巡更数据查询；巡更组态录像为巡更时段内对巡更界面的 AVI 格式实时抓屏录像，用户可在事后查询回放巡更组态录像，全面掌握巡更过程的全方位状况。

34）Web 浏览监控与 C/S 客户端监控结合：系统既支持安全性更好的 C/S 客户端监控，也支持网络无控制及配置功能的 Web 浏览。

（2）主要设备介绍

1）主设备配置：为机房配置 RZ-6000C 环境、动力综合监控工作站 1 部，利用其丰富的各种传感器接口、智能设备监测控制通信接口实现机房环境、动力、设备的综合监控管理。

2）UPS 联动监控配置：配置 UPS 整合监测通信模块 1 套（内置于 RZ-6000C 综合监控工作站），结合厂商通信协议，定制化实现 UPS 整合监控。RZ9000 系统可以动态显示当前 UPS 遥测信息量的状态，按 UPS 厂家协议开放情况，一般包括：UPS 市电输入电压、UPS 市电输入电压最大值、UPS 输入电压最小值、UPS 输入频率；UPS 输出电压、UPS 输出电流、UPS 输出频率；UPS 单相负荷率、总负荷率、UPS 输出功率；UPS 旁路电压、电流、频率。实时反映当前 UPS 主要元件工作情况，全面反映 UPS 各项运行参数的遥测信息；针对异常情况，如市电停电、UPS 输入掉电、电池充电及放电、UPS 负载量不平衡等及时报警，同时记录报警信息，以备查证；实时记录 UPS 主要监测量的历史数据，并以曲线、报表等方式汇总，以便汇总报表打印，从而形成更为详细的机房设备维护记录（图 3-18）。

3）空调联动监控配置：针对机房的一台精密空调，配置空调监测通信控制模块，结合精密空调厂家开放的通信协议，实时监控空调的本体压缩机状态、风机状态、加热器状态、抽湿器状态、加湿器状态、报警等状态信息及精密空调回风温度、回风湿度、温度设定值、湿度设定值、温度设定偏移值、湿度设定偏移值，远程设定空调运行温湿度值等数据，联动控制空调开关机状态（图 3-19）。

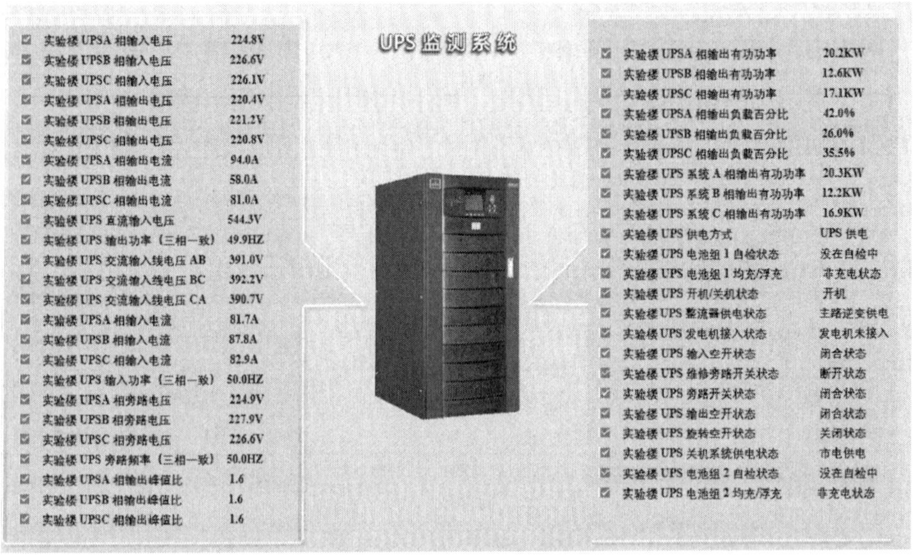

图 3-18　UPS 联动监控配置

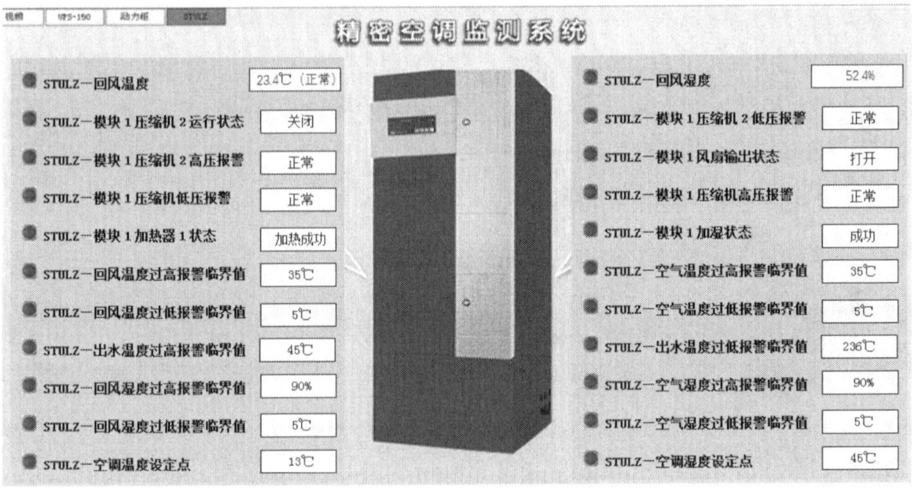

图 3-19　空调联动监控配置

4）温湿度监测配置：为机房配置 RZ-TH6L 温湿度传感器 8 套，分别配置于机房设备区及机柜过道；实时采集监测机房各温湿度采集点的温度与相对湿度，当机房内温湿度超出预警温度值或报警温度值的持续时间超出设定值，即按用户设定策略进行本地报警和手机短信报警，以免过高的温度危及设备安全、信息数据安全甚至成为火灾诱因（图 3-20）。

5）水浸监测配置：为机房配备线式不定位水浸传感器 1 套，对机房空调的周边、冷凝水管道及其他漏水隐患点进行实时的水浸监测，一旦空调的加湿水跑水、冰凝水跑水、管道水漏水等水浸状况发生，系统可立即报警，严禁水浸状况危及机房安全。水浸报警灵敏度可调，既可有效防止误报、频报，又可对必要水浸情况进行可靠报警。

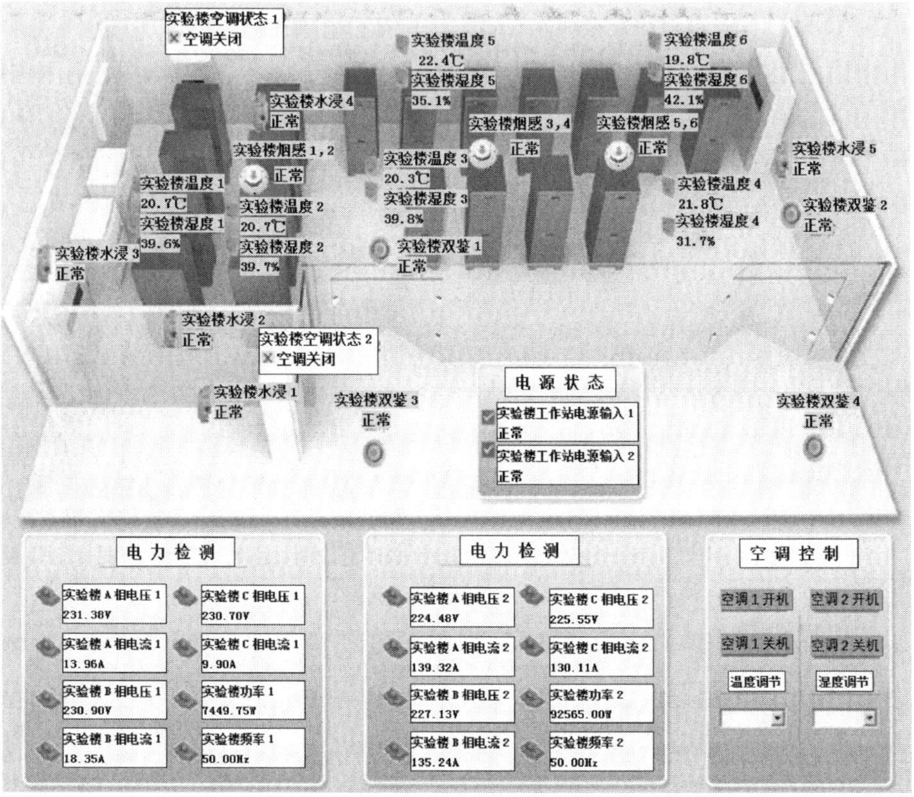

图 3-20　温湿度监测配置

6）消防联动监测：配置气体灭火联动通信模块组 1 套，结合厂家提供的干接点信号，实时对消防控制器的感烟探测器、感温探测器及实时的火警状态等进行监控，当有报警信息产生时系统会根据用户预设策略进行报警。

2. 机房安保监控

监控系统的作用是对机房及主要通道的事态、人流进行宏观有效的监控和管理，并对防火、防盗所发现的异常情况进行图像取证（图 3-21）。

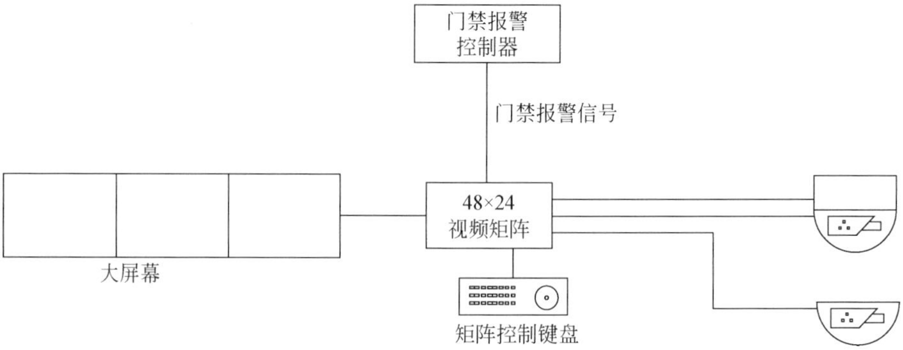

图 3-21　机房安保监控示意图

系统前端设备选用半球形摄像机用于机房内监控，后端使用液晶显示器作为显示设备，使用硬盘录像机作为记录设备（图 3-22）。

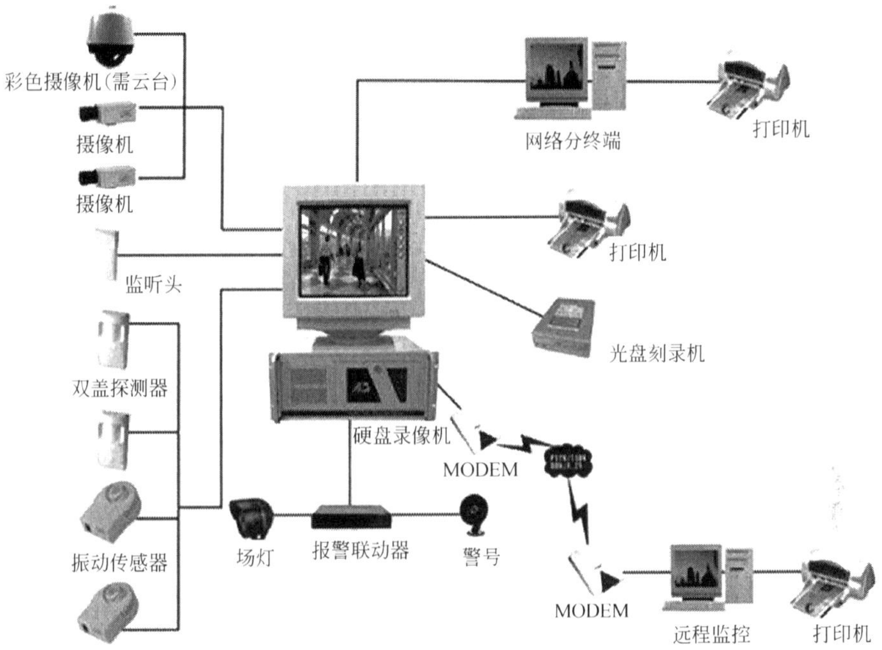

图 3-22　机房安保监控系统连接示意图

八、机房综合布线系统

（一）设计范围

（1）综合布线系统工程范围为数据中心机房内综合布线，布线产品采用 6 类非屏蔽网线。机房弱电布线为上布线式网状桥架实施，配电、电气线缆为下布线方式实施。

（2）每个机柜内有固定网络布线配线架，设备与网络配线架采用成品跳线连接，要求布线美观。

（3）工程的目标为实现一个高效智能化、管理自动化的现代化办公环境，实施后的综合布线系统将为用户提供实用的、灵活的、可扩展的模块化的介质通路。

（二）整体设计

综合布线系统的技术要求应符合最新的国际标准 ISO/IEC11801 及 TIA/EIA568 标准，充分保证计算机网络高速、可靠的信息传输要求。能在现在和将来适应技术的发展，所有插座端口都支持数据通信、语音和图像传递。能满足灵活的应用要求，即任一信息点都能够方便地任意连接计算机或电话。所有接插件都应是模块化的标准件，以方便将来有更大的发展时，容易将设备扩展进去。可支持以太网、高速以太网、令牌环网、ATM、FDDI、ISDN 等网络及应用。

遵循《建筑与建筑群综合布线工程设计规范》（GB/T50311—2000）与《建筑与建筑群

综合布线工程验收规范》(GB/T50312—2000)。

为确保通信质量、设备与人身安全，楼层配线需设置地线系统。各配线柜中安装接地排作为设备接地点，接入整栋大楼的地线系统。

计算机机房区域内采用花篮式桥架上走线，既美观又方便后期的维护。在具体施工时与其他专业人员协调，以达到合理充分利用空间的目的（图 3-23）。

图 3-23　花篮式桥架布线效果图

（三）设计原则

（1）先进性原则：布线系统的先进性能够保证数据信息传输基础设施的持久生命力；保证顺应网络系统的更新应用；保证图书馆局域网应用向全国广域网的扩展。

（2）可扩展性原则：在不破坏装修效果的前提下，不仅要满足现有需求，还必须充分考虑未来信息点与应用扩展的需要。

（3）可管理性原则：为方便将来对不同网络管理人员进行网络管理，应重视网络管理规划设计。

（4）可靠性原则：能够提供 24 小时不间断服务，同时在不影响整个网络服务的前提下进行安全维护和故障修复。

（5）兼容性原则：可以支持任何符合国际标准的不同厂商、不同类型的网络设备。

（6）综合考虑用户需求和网络设计的一般原则：布线系统的设计将以先进性、可扩展性、可管理性为主要指导思想，并兼顾其他设计原则，如实用性原则等。

（四）布线管理

1. 布线工程信息点按以下规则统一标号

配线架打接表格直接提供线缆打接顺序，一方面能指导正常的施工，协调任务分配，另一方面是作为最终核对器件搭配是否合理的重要依据和日后管理维护的参考。

所有标签必须采用计算机或打字机打印，色标必须符合 TIA/EIA 606 布线管理规范。

配线架上有明显颜色能区分水平内网数据信息点（红色）、外网信息点（蓝色）。另外，所有电缆在距末端 10～20cm 处将进行永久性色码标记。

2. 系统性能指标和测试方法

整个布线系统包括双绞线和光纤两种线路，每条线路都要用专用的测试仪进行测试。

（1）双绞线连接见图 3-24。

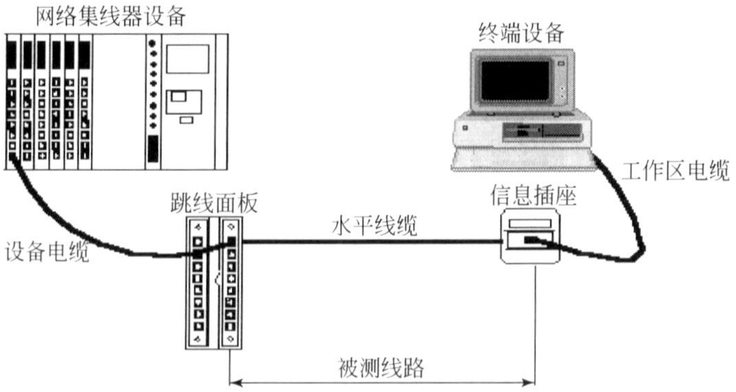

图 3-24　双绞线连接

（2）测试指标：双绞线线路的测试按照美国通信工业协会制定的 TSB67 标准进行测试。这一标准要求测试的指标包括：衰减和近端串扰两项指标。按照标准要求，在 0～100MHz 的频率区间内，每 1MHz 的区间内至少采样一次，标准要求的限值也不是一个常量而是一个公式，在不同的频率点有不同的值。测试仪内自动存储了各种标准的限值，它自动地逐项指标进行测试、比较，并报告结果。

九、机房网络规划

对于图书馆整体网络环境的设计，主要原则是：所有系统代表当今的先进水平，技术上成熟，并保证在若干年内不被淘汰；所有使用的产品和技术都必须在大型工程项目中经受过严格考验，可靠性良好。

（一）网络拓扑结构

图书馆网络拓扑结构见图 3-25。

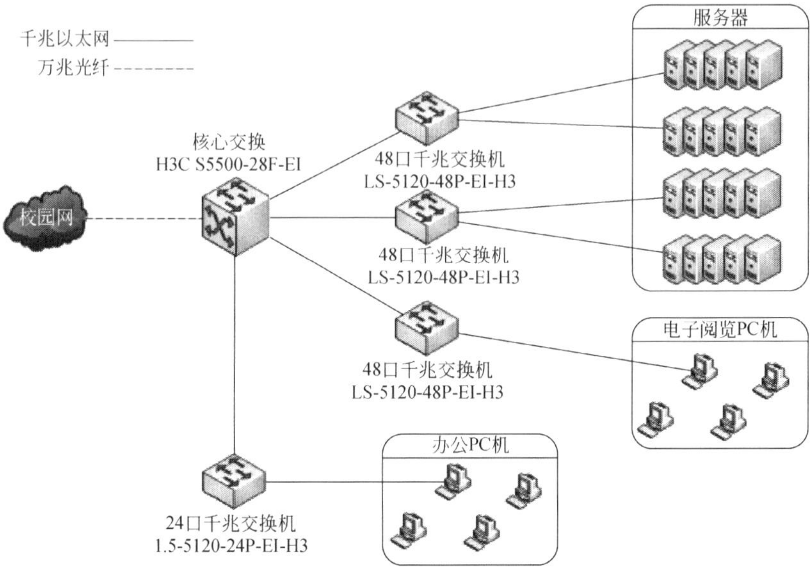

图 3-25　网络拓扑结构

（二）主要设备介绍

1. H3C S5500-28F-EI

H3C S5500-EI 系列交换机支持最多 4 个万兆扩展接口，支持 IPv4/IPv6 硬件双栈及线速转发，能够应对即将到来的 IPv6 时代。

H3C S5500-EI 系列以太网交换机目前包含以下型号：

（1）S5500-28C-EI：24 个 10/100/1000Base-T 以太网端口，4 个复用的 SFP 千兆端口（Combo），2 个扩展槽位。

（2）S5500-52C-EI：48 个 10/100/1000Base-T 以太网端口，4 个复用的 SFP 千兆端口（Combo），2 个扩展槽位。

（3）S5500-28C-PWR-EI：24 个 10/100/1000Base-T 以太网（PoE），4 个复用的 SFP 千兆端口（Combo），2 个扩展槽位。

（4）S5500-52C-PWR-EI：48 个 10/100/1000Base-T 以太网（PoE），4 个复用的 SFP 千兆端口（Combo），2 个扩展槽位。

（5）S5500-28F-EI：24 个 SFP 千兆端口，8 个复用的 10/100/1000Base-T 以太网端口（Combo），2 个扩展槽位（图 3-26）。

图 3-26　H3C S5500-28F-EI

H3C S5500-EI 系列交换机支持基于 MAC 地址划分 VLAN，很好地解决了移动办公的智能灵活管理；结合特有的基于全局和 VLAN 下发 ACL 策略，在简化用户配置的同时，也大幅节约了硬件资源。该系列交换机还支持 sFlow 功能，可以对出入方向的报文按比例随机抽样，灵活实现报文采集。

2. H3C S5120 系列

H3C S5120-EI 系列交换机提供 IPv6 转发功能及最多 4 个 10GE 扩展接口。通过 H3C 特有的 IRF（智能弹性架构）功能，用户能够简化对网络的管理。S5120-EI 系列千兆以太网交换机定位为企业网千兆接入，还可以用于数据中心服务器群的连接（图 3-27）。

S5120-24P-EI

S5120-48P-EI

S5120-28C-EI/S5120-28C-PWR-EI

S5120-52C-EI/S5120-52C-PWR-EI

图 3-27　H3C S5120 系列

H3C S5120-EI 系列以太网交换机目前包含如下型号：

（1）S5120-24P-EI：24 个 10/100/1000Base-T 以太网端口，4 个复用的 SFP 千兆端口（Combo）。

（2）S5120-48P-EI：48 个 10/100/1000Base-T 以太网端口，4 个复用的 SFP 千兆端口（Combo）。

（3）S5120-28C-EI：24 个 10/100/1000Base-T 以太网端口，4 个复用的 SFP 千兆端口（Combo），2 个扩展槽位。

（4）S5120-52C-EI：48 个 10/100/1000Base-T 以太网端口，4 个复用的 SFP 千兆端口（Combo），2 个扩展槽位。

（5）S5120-28C-PWR-EI：24 个 10/100/1000Base-T 以太网端口（PoE），4 个复用的 SFP 千兆端口（Combo），2 个扩展槽位。

（6）S5120-52C-PWR-EI：48 个 10/100/1000Base-T 以太网端口（PoE），4 个复用的 SFP 千兆端口（Combo），2 个扩展槽位。

第三节　图书馆数字化共享服务建设

一、数字化集中管理系统

（一）概述

考虑到图书馆以后将会有 40 台服务器，会有大量的日常服务器内业务维护、服务器管理、新业务上线操作，数字化集中管理系统采用数字化 KVM（虚拟机）将机房内服务器接入系统中，提供访问和控制服务器、网络设备及其他数据中心和分支办公室设备的功能。

MergePoint Unity 交换机在单个设备中结合了 KVM over IP 和串行控制台管理技术。这项结合为 IT 管理员提供了用于访问和控制服务器、网络设备及其他数据中心和分支办公室设备的完整远程管理解决方案。MergePoint Unity 交换机直接与物理 KVM、USB 和串行端口进行安全的远程带外连接，加强了通常通过网络接口卡完成的 IT 设备带内管理。这种统一的方法使得 IT 管理员能够更快速地诊断、重新配置或恢复设备，以符合服务水平协议和最大限度地减少停机时间。

（二）特性与优点

1. 改善远程管理和提高员工效率

（1）通过串行配置和（或）管理控制台减少了远程诊断/配置/修理/恢复服务器、网络设备和其他硬件所需的时间。

（2）配合带内工具可创造出更加完善的远程管理方案，便于远程访问服务器和网络设备。

（3）虚拟媒体功能实现了远程 USB 连接，可将 CD-ROM 和其他 USB 大容量存储设备直接映像到远程服务器以进行文件传输/复制、更新加载或新应用程序安装等。

（4）集成的串行设备支持可确保与 MPUIQ-SRL 模块相连设备的物理串行端口进行安全的 SSH 连接。Cisco 配置设置以电子模式连接到模块，无须任何额外的外部布线接头或特殊布线就能快速、直接地连接到 Cisco 配置端口。

2. 提高物理安全性

（1）提供远程智能卡/CAC 读卡器支持，可满足高级安全要求。通过 MergePoint Unity 交换机的虚拟媒体功能，可将智能卡读卡器从台式 PC 映像到远程服务器。

（2）满足了物理进入数据中心进行本地访问和控制的需要。MergePoint Unity 交换机使得远程用户能够在任何地点以物理方式直接连接到服务器及其他 IT 设备的 KVM、USB 和串行端口。

3. 增强控制能力

（1）电源管理设备（PDU）可直接连接到两个专用电源控制端口中的一个，使得管理员能通过 MergePoint Unity 交换机对正在访问的设备进行电源控制。远程访问与电源控制的集成使得管理员能在启动/关闭远程设备时立即看到结果。

（2）与 DSView4 管理软件的无缝集成可以扩展 MergePoint Unity 交换机的 KVM 和串行功能，从而为刀片、嵌入式服务处理器、虚拟服务器、第三方 KVM 设备及第三方电源产品提供支持。安装 DSView4 软件电源管理器后，还能查看详细的电源报告和电源消耗、容量及成本的历史趋势。

二、视听室

在迈向多媒体时代的今日，许多的图书馆致力于提升其视听服务的品质，以满足读者在资讯、文化、教育及休闲上的需求。近 5 年来，随着视听出版业的蓬勃发展，各级图书馆在视听服务上均有长足的发展，其中成效最为显著的便是国家及各省公共图书馆。有些较具规模且上轨道的高校图书馆，也渐次开展了视听服务。

图书馆视听服务的场所除了视听资料的存置与流通空间外，最重要的便是阅听视听资料的空间或场所。一般而言，此等资料阅听场所依其空间的大小及使用人数的多寡，可分为个人阅听区、小团体视听室（区）及大团体视听室等。

（1）个人阅听区多为开放的空间，其中规划布置了许多可供 1～2 人使用的视听卡座，读者可个人使用，或亲子、朋友共同阅听视听资料。此种个人阅听空间是图书馆提供视听服务最主要与必备的场所，如馆内空间充足，则另可考虑设小团体视听室或大团体视听室。

（2）小团体视听室为一种有隔音设备的独立小型空间，可供 3～5 人或 5～10 人同时使用。就中、大型的图书馆而言，如空间许可，可考虑设置。如空间不够，无法设立单独隔间的小团体视听室，可考虑在个人阅听区内或邻近的空间中，规划出供少数读者共同观看与聆听视听资料的区域，读者可头戴耳机聆听与观看。

整体而言，小团体视听室在需求上是较次要的空间。对于规模较小的图书馆（如乡镇图书馆）而言，由于整体空间较为不足，设置小团体视听室并不很合适，如果使用的人数不多，设置小团体视听室对于此类图书馆在空间利用上并不经济。

（3）大团体视听室为可容纳 50 人以上的多功能空间，视视听所服务对象的多寡而定。有些图书馆的大团体视听室为可容纳 100 人的较大场所，但是一般说来，中、小规模的图书馆能有可容纳 50 人左右的大团体视听室就已足够。多功能空间通常是图书馆在规划个别阅听空间之外，优先规划的视听服务场所。

图书馆在规划大团体视听室时，常因对于应注意的事项了解得不够清楚，或在设计上忽略了许多重要的因素，或未能充分与厂商沟通，而使所规划设计的场所不尽完善。下文围绕大团体视听室的规划与设计需注意的事项进行介绍，以期能对图书馆在规划设计大团体视听室上有所助益。

（一）图书馆视听室设计组成

视听室室内设计效果图见图 3-28。

图 3-28　视听室室内设计效果图

图书馆视听资料播放系统由控制中心主机、网络控制器、网络平台和显示设备（采用触摸屏）组成。

控制中心主机是高性能计算机，基于 Windows 操作系统，供管理员对网络控制器实施管理，如视听资料管理，编辑节目播出单，把节目单和节目内容传送到播放器上。控制主机可以实现对视听中心不同分区的多个网络控制器的远程、分布式实时管理，实现视频、音频、图片、控制信息、节目播出单的实时自动上载。同时，加装视频编辑软件后，管理控制主机还可进行音视频节目的编辑、文件格式转换等。

网络控制器支持多种音视频流格式、图像、文字和滚动字幕的播放。网络控制器自带硬盘，可以自动按节目播出单播放存放在硬盘中的节目内容，也可以实时播放来自于流媒体服务器的实时音视频流。节目内容可以在网络流量相对小的时段传输到网络控制器，从而充分利用网络带宽。

图书馆视听资料播放系统加上音视频前端设备和视频直播服务器，即可使播放系统具备直播功能，可以在办公室直接向全馆发送直播内容。宣传部门也可以通过网络，生动地宣传优秀事迹、传达上级领导的指示精神、组织学习文件，进行广泛的传播和宣传。

各级公共图书馆可以根据实际情况将视听中心规划为不同形式的使用区域，为读者创造一个休闲、娱乐、益智、增广见闻的优良、舒适的环境。

（二）系统功能

1. 素材管理

（1）视音频管理：导入视音频文件，编辑修改文件名、文件目录、文件属性，视音频文件预览，抓取视频关键帧。

（2）图片管理：支持图片 JPEG、PNG、GIF、BMP 文件格式，调用图片编辑工具。

（3）文字管理：在视频或图片中插入文字，文字信息可以多种方式显示，也可以插入图片格式的文字（图片文件）。文字管理还包括字幕定义、字幕效果设置，如文字大小、字体、边框、显示速度、背景颜色等。

（4）实时可视化编辑：编辑视频、音频、文字等信息，组合成一个动态的多媒体视频文件。

2. 传输管理

（1）即时传输：选择指定的节目和任务实时发送。

（2）定时传输：在规定的时间自动开始发送节目和任务文件。通过该功能，可以安排在网络不繁忙的时段发送大量的视频文件。

（3）分组传输：可将播放器分区、分组，同时将素材文件发送给一组控制器。

（4）传输状态显示：实时显示传输状态。

3. 节目表管理

（1）建立播放节目表：使用用户界面友好的操作功能将视频、图片、文字等文件组合成一个节目表。

（2）编辑节目表：用户可以方便地编辑节目表，如播出顺序、重复次数等。

（3）插入节目表模块：是指在节目表中插入另一个节目表。

（4）删除节目表：可以自由删除没有被应用的节目表。

4. 发送管理

（1）发送节目表：向指定的网络控制器或控制器组发送节目表，在进度条中可以查看发送状态，也可以中断发送。

（2）正常播放：各个网络控制器按照节目表顺序自动播放。

（3）即时播放：即时发送视频、音频、图片、文字素材及节目表，并可即时播放。

（4）设置默认节目表：对每一个网络控制器或控制器组，都可以设置开机自动播放默认节目表。

5. 终端管理

（1）创建网络控制播放组：建立并命名一个控制播放组，将网络控制器加入到组中，实现分组管理。

（2）设置控制播放组中网络控制器的优先级：当向网络控制播放组发送播出单与内容时，播放组中的各个网络控制器，按照在控制播放组中的顺序，逐个发送。可以修改网络控制器在控制播放组中的顺序。

（3）编辑控制播放组：在控制播放组设置中，可以修改控制播放组名、显示类型、删除控制播放组。

6. 高级配置

（1）一般设置：对播放控制环境、控制器的时间同步、语言选择、网络安全、播放模式等进行配置。网络控制器软件可以通过网络远程控制到每一个控制器或控制播放器组的开关机。

（2）网络控制器软件实现远程的升级：可以在控制中心对网络控制器进行远程的升级。

7. 日志信息

（1）节目表日志：查看标题、播放开始日期与时间、播放结束日期与时间、重复播放次数与播放记录。

（2）错误日志：显示日志日期与时间、类型（错误或警告）、播放器错误信息与次数。

三、桌面虚拟化

（一）需求分析

1. 传统模式的问题分析

（1）控制点分散：每一个前端计算单元即一个安全控制点。传统使用环境中，前端安全控制点相对分散，无法集中管控，对于日常运维、管理、容灾都造成了不便。

（2）数据离散：数据分散存储在控制点内，使用者可以任意拷贝控制点内的数据并做处理。控制点之间交互式的关系不利于数据的集中管控，同时控制点与后端服务器的数据传输也将为病毒、木马的扩散提供便利。

（3）网络隔离：因后端网络功能不同，如内网和外网需要物理隔离，内网上还有不同的数据管理网和办公网。传统的解决办法是在用户侧采用多终端方案，导致终端侧复杂，数据更为分散。

（4）单点个性化强：每一个安全控制点使用不同的硬件配置、软件种类，直接造成了控制点极强的个性化，同时繁多的软件种类造成了控制点的容灾、备份极其不易。

（5）故障率高：个人计算机质量标准一般为5×8小时，后端质量标准为7×24小时。同时，由于复杂的硬件及繁多的软件种类，任意一处出现故障都将导致控制点的损坏，乃至整个系统的崩溃。

（6）运维效率低：分散的控制点使得大部分运维工作时间浪费在往返故障点上。极强的个性化使得运维工作的繁杂性成几何倍数增加，大幅降低了运维工作的效率。

（7）能耗大：传统模式下控制点、存储单元体积大，相应的能耗及散热都成为“节能减排”的阻力。

桌面虚拟化完整地解决了数据、系统、应用、用户策略的后端集中管控和前端用户接入单元的物理隔离、逻辑隔离的安全需求，信息资产从架构层级上杜绝了泄露的风险。

2. 当前现状及需求

当前学校及教育机构，在建设信息化系统时，存在如下问题：

（1）资源分散，难以形成规模。

（2）资源不平衡，难以达到分配平衡。

（3）管理不同步，难以形成标准。

考虑到以上几点大原则问题，在信息化系统建设的过程中，总结出如下几点需求：

（1）降低成本：提高服务器的利用率，减少服务器的重复购买，同时整合资源，避免重复建设。

（2）提高数据中心的服务质量：保障教学的可持续性，保证教学资源的数据安全。

（3）快速应对变化的教学需求：准确合理地管理学校软硬件资产，并根据教学需要，实现软件的快速部署和更新。

根据以上问题及需求，针对电子教室的应用场景设计出了实用性解决方案，以解决现有问题。

（二）场景设计

1. 场景架构示意图（图 3-29）

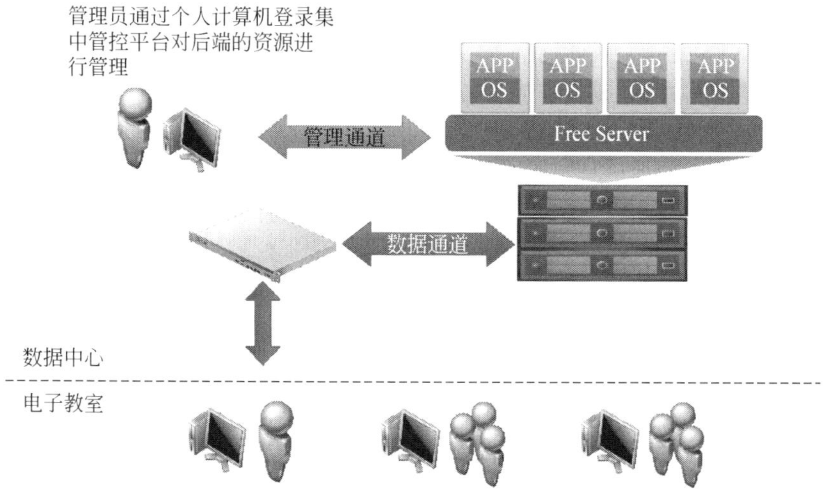

图 3-29　场景架构示意图

2. 规格参数及配置

虚拟机和服务器的规格参数及配置见表 3-12、表 3-13。

表 3-12　虚拟机规格配置一览表

规格参数	配置
CPU	2vCPU
内存	2G
硬盘	80GB
网卡	1GE
操作系统	Windows XP

表 3-13　服务器规格配置一览表

规格参数	配置
CPU	双路 8 核心，2.0 GHz
内存	80GB
硬盘	300GB×4，15K 转 SAS
网卡	GE 网卡×4
操作系统	京华科讯 FreeServer

每台服务器支撑 30 个虚拟机，根据需要额外增加硬盘进行虚拟机的备份。210 个虚拟机分别部署在 7 台服务器上，数据存储在网络存储中，额外添加 1 台服务器用于高可用性。根据电子教室的实际使用情况，避免学生频繁地进行 U 盘读取，可以每个教室额外增加 1～2 台虚拟机，专门用于数据存取，也可用于意外情况时学生上机使用。

（三）方案实现

流桌面虚拟化平台是在以 X86 PC 为标准的 IT 基础架构之上，针对大量分散的客户端集中管理的解决方案，在保证桌面运行速度、效能、软硬件兼容性及用户体验和习惯没有任何改变的前提下，实现有效提升企业对广泛使用的 PC 的管理效率，提高海量 PC 的可管理性、简化应用部署、提高灵活性和业务弹性、提高数据保护能力和安全性、提高资源利用率，同时还可以大幅降低维护成本和工作量。

1. 流桌面虚拟化产品特点

（1）云服务：操作系统、应用软件和用户数据。

（2）桌面操作系统统一部署和维护。

（3）桌面基础架构安全性保障。

（4）桌面应用集中管控，按需交付。

（5）桌面故障高速恢复。

（6）高可用性：虚拟桌面服务负载均衡和多机热备。

（7）本地计算资源+高承载云服务。

（8）轻松玩转 3D Studio Max、AutoCAD、MAYA 玛雅等大型图形化设计软件。

2. 核心软件简介

（1）Free View：桌面虚拟化套件，包括 Free View、vGateway、Connect Manager 组件。在 Free View 用户使用界面，终端用户可以直接登录接入网关，连接并控制虚拟机，可以同时登录多个虚拟机。vGateway 是虚拟接入网关，可保证用户的数据计算、存储及终端与服务器的隔离，可以自动切换网关接入不同的网络。Connect Manager 是桌面及用户的管理平台，以用户管理、桌面管理、会话管理为核心，实现完善、可靠的用户授权和桌面资源分配。

（2）Free Server：服务器虚拟化软件，它可以将物理服务器资源虚拟化成逻辑资源池，将资源逻辑划分给服务器上运行的虚拟机，使一台物理服务器虚拟化成若干个虚拟机服务器，保证和物理服务器有一样的体验效果。

（3）Free Terminal：终端管理系统软件，利用远程设备管控技术实现对终端设备的资产管理、软件管理、控制管理等。同时，可以针对 IP、MAC 地址、用户名对终端设备的外设进行细颗粒度的权限控制。

（4）Free Socket：端口映像系统软件，它可以将插在终端的外设设备（包括 USB 设备、串口设备、并口设备）的处理映像到远端桌面/虚拟机内，满足虚拟化、云计算环境中用户对各种外设的体验需求。

3. 功能实现

在终端用户侧，使用京华科讯瘦客户机（预装 Free OS 系统），通过 Free View 连接至 vGateway，获取桌面列表，对桌面系统进行 1∶1 的实时访问，并可根据需要同时连接多个桌面窗口（图 3-30、图 3-31）。

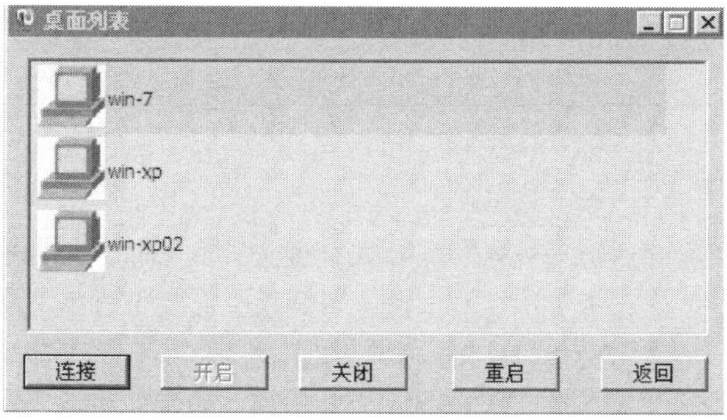

图 3-30　1∶3 桌面连接示意图

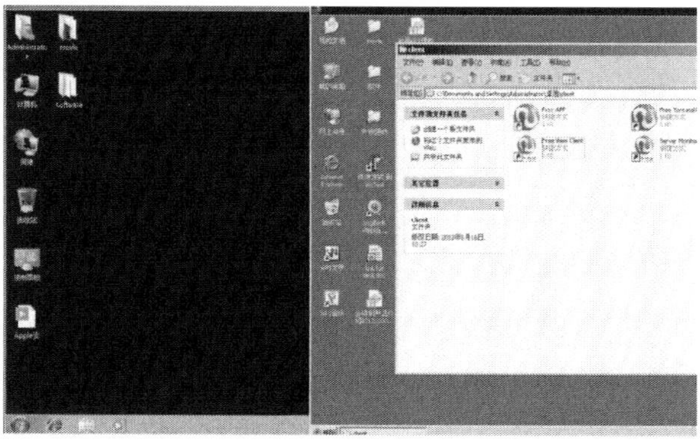

图 3-31　同时连接多个桌面示意图

在服务器侧，安装京华科讯 Free Server，生成多个虚拟机资源池，15 台 Free Server 组成服务器虚拟化集群，其中部署虚拟机少的一台用于备用服务器，在其他服务器虚拟机故障时，临时支撑故障虚拟机的服务，保证数据的安全性及高可用性，通过千兆交换机连接通信，保证网络效率。

整个系统通过集中管理平台，对接入终端、登录账户、权限、虚拟资源、物理资源进行统一调度、分配。所有管理均为界面化管理、B/S 架构，极大地减少了运维人员的工作量，提升了工作效率。

流桌面虚拟化平台总体功能：

（1）远程对受控终端设备开、关机。

（2）远程对受控终端进行操作。

（3）统一发布应用程序到受控终端。

（4）统一发布公告、通知到受控终端。

（5）统一更换受控终端系统桌面背景。

（6）对受控终端端口权限进行管控。

（7）支持对虚拟桌面远程管理。

（8）虚拟化桌面系统提供图形界面，支持本地管理。

（9）支持对虚拟桌面的生命周期管理。
（10）支持对虚拟桌面系统资源查询、调度。
（11）提供服务器网卡汇聚功能。
（12）支持虚拟桌面多网卡功能。
（13）支持对本地存储资源进行查询。
（14）支持存储路径选择。
（15）支持本地存储文件系统查询。
（16）支持对接入终端远程管理。
（17）支持远程对用户系统发布软件、公告等。
（18）支持对虚拟桌面系统资源调度。
（19）支持对接入终端设备进行资产管理。

（四）收益分析

（1）集中管控，安全可靠：对于所有的虚拟桌面、数据、账户、权限、接入设备等进行统一有效的集中式的管理，前端无存储保证了信息的安全可靠。

（2）降低运维成本：运维人员只需要通过集中管理平台对所有的资源进行管理，可减少人员投入、提升工作效率。

（3）降低能耗：PC 机功耗 100～150W，需要风冷处理；工控机能耗 30W，风冷/水冷处理；前端接入终端功耗＜10W，室温冷却即可。

（4）提升资源利用率：传统 PC 单台资源利用率不足 10%，虚拟化系统每台服务器支撑 60 个虚拟桌面，每台服务器资源利用率提升至 70%以上。

四、LED 显示屏系统

（一）需求分析

目前图书馆各项活动，如借还书流程、入库新书公示、学校重要指示公布等采用黑板展板公告于学生，信息发布暂缓，同时不便于图书馆的管理。采用 LED 显示屏系统可以即时醒目地将馆内各种信息传达给学生，提高管理效率的同时提高服务质量。

（二）系统介绍

LED 显示屏系统是一种显示文字、图像、二维或三维动画及电视、录像、VCD 等视频信号的理想的公众信息显示媒体，用于发布馆内图书信息、借还图书流程等，在提高学校图书馆形象和服务档次方面起到了良好的作用。

（三）显示屏

显示屏工作示意图见图 3-32。

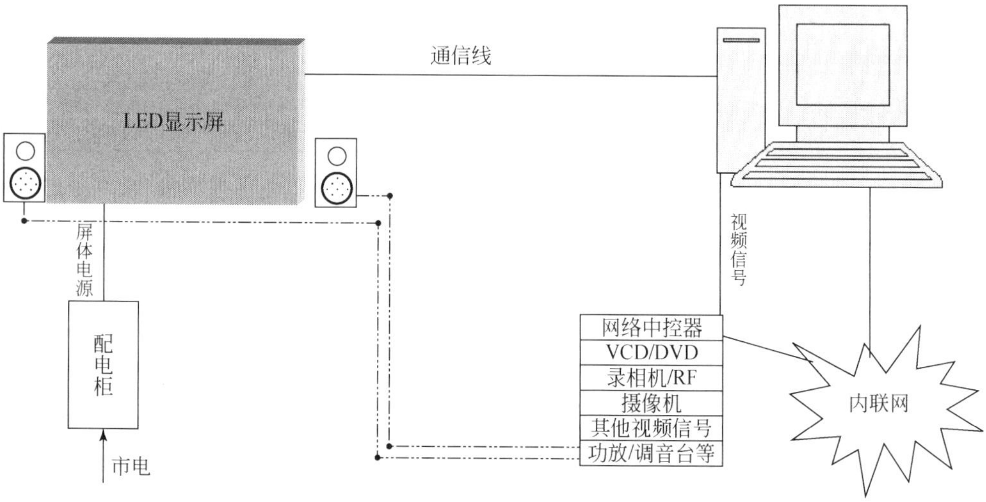

图 3-32 LED 显示屏工作示意图

（四）系统功能

LED 显示屏系统为一整套工程化、系统化的高技术产品，包括显示屏、控制器接口、计算机及外围设备、多种信号获取手段及完善的软件等部分，能实现视频、声音及其他信息的接收、存储、管理和最终的显示、播放，是一种全新的传播媒体。极高的换帧频率极大地提高了图像的稳定性。4096/16 384 级高的灰度级，图像还原更加逼真。

系统以计算机为处理和控制中心，LED 屏幕的显示内容与计算机屏幕窗口上的内容实时同步，使播放图文动画和视频成为可能，可以将电视、录像、影碟及计算机的内容作为播放的节目信息源。系统配备显示屏专业播放软件“LED 演播室”，支持多种文件格式，包括文本文件、Word 文件、所有图片文件（BMP/JPG/GIF/PCX……）及所有的动画文件（MPG/MPEG/MPV/MPA/AVI/VCD/SWF/RM/RA/RMJ/ASF……）。软件功能强大，可同时显示多个显示区域，用户界面友好直观，操作简单方便。

1. 视频播放功能

通过多媒体采集卡实现视音频同步，可以方便地将多种形式的视音频信息源引入计算机，播放至 LED 显示屏。详细功能如下：

（1）转播广播电视、卫星电视及有线电视信号。

（2）电视、录像、影碟等视频信号的即时播放（VCR、VCD、DVD、LD）。

（3）自制视频文件的播放，可支持 MPEG2、MPEG4、AVI、RM 等多种视频文件格式。

（4）支持 PAL、NTSC 等各种制式。

（5）完全视音频同步，并可在各种信号输入源间适时切换。

（6）在播放的同时有录像功能。

（7）具有文字叠加、透明显示功能。

2. 图片、文字播放功能

（1）支持多种文件格式，全面支持 Word 且能同时播放多个文字、图片文件。

（2）支持计算机系统内西文符号、特殊字符及安装的所有字库。

（3）多种显示方式，如上/下/左/右移、旋转、百叶、闭合、渐变等30多种。

（4）时事新闻、重要通知的编辑与播放。

（5）具有文字叠加、透明显示的功能。

3. 日期时间与计时天数显示功能

（1）同步显示当前日期、时间、星期，自定义模拟时钟。

（2）自动计算并显示正、倒计时，可分别换算为天、小时、分、秒，字体、大小、颜色可选并可以透明叠加。

4. 数据库及自定义表格显示功能

（1）支持ACCESS数据库。

（2）支持ODBC驱动数据库，自动远程连接数据库服务器，提取并显示数据库内数据。

（3）编辑自定义表格，简单方便且功能完善。轻松地编制利率表等多种表格。

5. 后台播放功能

在不影响计算机正常使用的情况下可以控制LED显示屏及播放内容的编辑与播放，在编辑时可切换到后台，方便实用。

（五）LED显示屏特点

（1）高换帧频率（≥300Hz）提高了图像的稳定性。

（2）高灰度级使常规真彩数据RGB由各8位（256级数据）分别扩展为12位，并通过局部控制扫描的方式，将12位数据量完全转换为2^{12}=4096个亮度档次，从而实现4096级灰度。

（3）通过人眼的视觉特性，根据白天及晚上环境中光的变化进行最高亮度及最低亮度值的改变（根据查色表），不论差值如何改变，在该亮度范围内可实现16 384级的灰度，从而极大地提高了图像显示的清晰度。红绿蓝可独立进行任意γ校正，显示屏可进行手动或自动亮度100级软件调节、硬件16级亮度调节。

（4）结构合理、组合简单，使显示屏体重量较低。

（5）工作电流合理，既不降低亮度，又提高了工作效率。

（6）数据分块处理，各块同步并行通信的方式，提高了通信的速度。

（7）远程通信使用千兆网高速数据通信芯片，采用光电隔离技术，从而极大地提高了防静电防雷击的性能。

（8）显示屏可通计算机网络系统进行远程控制。

（9）可监控显示屏内温度、湿度、烟雾，适时调节温湿度并有报警功能。

（六）显示屏的组成与性能

LED显示屏系统作为一整套工程化、系统化的高技术产品，以计算机为处理和控制中心，整体上可分为硬件和软件两大部分。

1. 硬件系统

显示屏的硬件系统由功能相对独立的几大模块组成。

（1）显示屏屏体：显示屏由许多显示单元模组组成，它们分成不同的区域接收数据分配和扫描单元传来的显示数据，以模块化结构显示。模块化结构设计方便安装、调试和维修。所有模组和显示模块亮度一致性好，而且每个像素点都可以更换。系统所使用的开关电源均需通过国际安全认证，屏幕背后保留有维修空间，方便屏幕的安装调试以及日后的维修维护等操作。在实像素基础上，采用虚拟像素技术，单位像素密度可提高 4 倍。

（2）显示屏控制系统

1）计算机屏幕控制机：控制其对应的显示屏的显示效果。可以自动运行一个不断循环的程序，根据编制的节目文件去服务取得相关的显示数据，也可以人工干预，产生屏幕上的显示效果。屏幕上的像素和屏幕控制机显示器相应区域上的像素一一对应，直接映像。

2）数据采集卡：从显示卡 DVI 数字接口提取数据，并进行第二级灰度非线性校正，运用图像增强、图像边缘增强、图像降噪处理、运动补偿、色坐标空间变换、色度调节等技术基本消除马赛克现象。同时，集成 100M 高性能通信模块将数据采集卡传送到扫描单元上。扫描接收板可抗 8kV 静电，在不使用任何中继的情况下超五类双绞线可通信 100m，单模光纤可实现 20km 的远距离通信。

3）数据分配和扫描单元：为模块化结构设计，它将显示数据按区域分配到显示屏上，并完成显示数据扫描。可实现多卡级联和多屏级联。

（3）视音频系统

1）完善的音频输入、输出控制器：可通过网络或使用手动控制面板实现各信号源之间的同步切换。

2）进口调音台：可对音源进行二次调节，并可监听音响，利于操作者调节音质使大功率放大也不失真。

3）大功率功放音箱：可实现完全声像同步。

（4）其他辅助控制系统

1）辅助监视系统：监视显示屏显示内容是否完好，如若发现显示屏有较大故障可及时关闭屏幕电源并通知维修，方便操作者使用。

2）辅助监听系统：监听显示屏外扩音源是否正确，以对声像不同步及时纠正。

3）显示屏电源开关系统：实现软件定时或手动开关显示屏电源。

4）显示屏温湿度控制系统：控制显示屏内温湿度，使屏体内温度保持在适宜工作的范围，保证显示屏正常工作。

5）烟感控制系统：当探测到显示屏内有烟雾产生时切断屏体电源并在控制计算机上报警。

6）亮度传感系统：根据外界光线强弱自动调节显示屏亮度，以使显示效果柔和，利于人眼长时间观看而不疲劳。

2. 软件系统

（1）操作系统：系统可运行在中英文 Windows98/me/2000/NT/XP 计算机网络操作系统上。

（2）控制软件“LED 演播室”：该软件操作简单，使用灵活方便。专为 LED 大屏幕制作各种播放节目，集成多种媒体对象，同时顺序加入节目单中。在节目制作过程中，可以实时观察显示效果，所做的修改也会立即反映到窗口中，制作非常直观、清晰。

（3）基本功能

1）播放文件的编辑制作与播放。

2）软件启动时用户的验证。

3）提供开放的网络接口，具有特定的访问端口，可设定访问用户名及密码。

4）执行定时指令，在有效的时间内完成定时切换演播文件、调节显示屏亮度等操作。

5）提供30多种显示方式。

6）软件运行错误自启动功能。

（4）屏幕调节功能

1）调节显示屏显示位置。

2）红、绿、蓝各分色调整显示屏亮度/对比度/颜色、虚拟/实像素模式、后台播放。

3）锁定/解锁显示屏内容。

4）开关显示屏电源。

（5）网络控制功能

1）远程更改显示屏显示内容、调整显示屏亮度/对比度/颜色、切换虚拟/实像素模式、后台播放、锁定/解锁显示屏内容、开关显示屏电源、定时指令表、显示/隐藏播放窗等功能。

2）远程监控当前显示屏播放内容。

3）在网络上可以实现一点对多点或多点对一点的适时控制。

4）远程获取显示屏屏体内温湿度及空调或通风设备的开关状态。

第四章 内蒙古医科大学数字图书馆管理系统建设

第一节 CDI CM 内容管理软件

CDI CM 内容管理软件是针对共享工程数字资源建设面临的问题进行开发的，该软件可以收集有价值的文本、图片、音频、视频等信息，进行元数据加工，提供高质量保存、管理及在线查询服务，是集数字资源加工、发布与调度功能于一体的资源建设管理与应用软件。

一、CDI CM 内容管理软件系统原理及功能

CDI CM 内容管理软件系统原理见图 4-1。

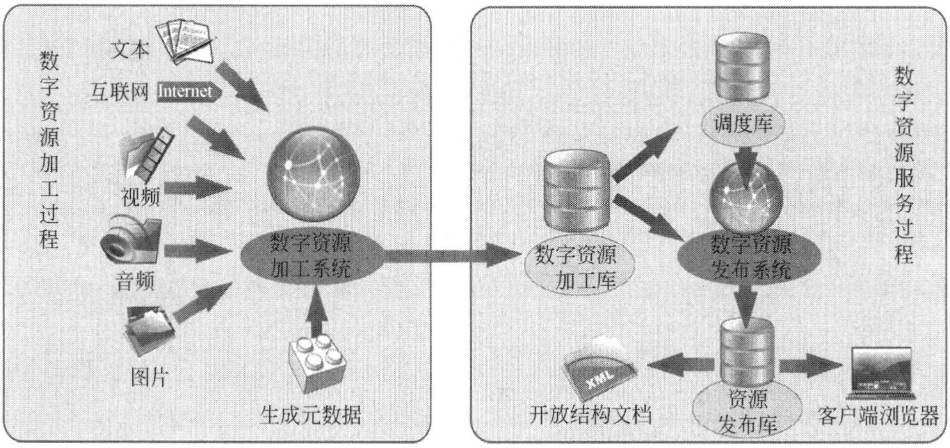

图 4-1 CDI CM 内容管理软件系统原理示意图

CDI CM 内容管理软件可以划分为三大模块：资源加工、资源调度和资源发布。工作过程可以划分为资源加工和资源服务过程。资源加工过程主要包括各种数字资源的收集、数字化加工（如纸质文献的数字化）以及元数据的生成和标引。资源服务过程包括资源调度、资源发布、资源交换（XML 格式）、资源检索和浏览。

CDI CM 内容管理软件操作流程清晰，主要分为两类操作界面：管理员界面和加工人员界面。操作流程：在管理员界面完成资源库构建、路径设置、查询设置、模板设置、页面设置等操作；在加工人员界面完成数字化加工、元数据标引、审核及发布操作。

二、CDI CM 内容管理软件的特点

CDI CM 内容管理软件是经过多项认证的一套成熟的资源建设软件，主要有以下特点：

1. 资源加工特点

（1）支持业界国际标准及CALIS标准，如DC、METS、OAI、OpenURL、OID、Unicode 4.0、共享工程数据规范等。

（2）底层数据支持XML格式。

（3）支持纸本文献的扫描光学字符识别（OCR）。

（4）支持国内外各种元数据标准及自定义方案，预设若干元数据方案。

（5）支持共享工程资源数据格式、MARC、XML、TPI、TRS、关系数据库等多种格式文件的导入、导出。

（6）支持自定义分类体系，自动生成若干导航树。

（7）支持规范文档及用户自定义词表，如中国图书馆分类法。

（8）支持所有格式文本、图片、音频、视频预览加工著录，对文件格式、数量、大小没有限制。

（9）同时支持全文检索（CM内置全文检索引擎）与元数据查询方式。

（10）结合CDI FS使用，无须文件导入即可实现对数据库、MS Word、PowerPoint、Excel、TXT、HTML、PDF等多种文件的全文检索。

（11）各种对象文件采用文件方式管理，用户可以直观操作，方便管理，系统访问效率高。

（12）支持MS Word、PowerPoint、Excel、TXT、HTML与PDF格式转换，并从中直接提取内容。

（13）支持资源库、数据、页面、字段等多种权限级别控制，与用户管理配合可以对内容级别进行精细控制。

（14）支持异地多单位分布式资源建设支持系统数据的备份与恢复。

（15）支持全面的日志统计，包括加工操作、用户访问等多种类型。

（16）支持实时数据预览操作。

（17）支持随书光盘加工。

（18）支持数据加工流程控制，审阅、锁定操作。

（19）支持表格类型数据著录与检索。

2. 数据发布特点

（1）全面采用XML/XSLT技术，动态生成数据，同时保证数据质量与页面显示效果。

（2）可以根据需要卸出静态网页数据。

（3）数据发布简要显示自定义排序用户界面。

（4）动态生成数据库间关联链接，支持大段文字中词语进行跨库链接。

（5）支持大段文字自动分页。

（6）按照时间、资源库、字段、操作人等多种方式组合发布数据。

（7）灵活的权限管理（IP，用户名\密码）与内部、外部用户访问策略。

（8）支持网络动态发布与光盘出版，实现资源共建共享。

（9）支持海量信息存储、DRM资源加密、版权保护。

（10）支持多个栏目节点动态发布，在有限资源库基础上，可以灵活组织配置，以多个网站、多个栏目形式发布。

（11）支持 OAI 元数据收割与 METS 对象数据收割，可以与国内外同类机构共享资源。

3. 内置全文检索特点

（1）基于 Java 平台，可以支持跨平台操作。

（2）对资源库中的字段内容进行高效率的全文检索，同时支持 TXT 格式对象文件的全文检索。

（3）支持各种高级检索语法，如多个关键词之间的“+”“-”“and”“or”关系等。

（4）满足高负载的模糊查询应用。

（5）支持多用户的并发使用。

（6）将匹配程度（相似度）比较高的结果排在前面。

（7）支持增量的索引（append），可以对于大量数据进行批量索引。

（8）支持中文、西文、阿拉伯文等多种语言。

三、CDI CMS 网站管理系统

CDI CMS 网站管理系统是针对中小型单位资源加工服务设计的轻量级应用软件。它是基于 Java 和浏览器技术的网站管理软件，可以完成网站文件管理、静态网页内容可视化创建和编写、模板选择编辑及动态信息嵌入。利用资源加工服务系统非技术人员可以方便快捷地生成网页，轻松调用 CDI CM 内容管理软件创建的强大资源库数据，快速建立图书馆内部局域网网站、外网网站。

系统采用 J2EE 架构来进行搭建，支持 Windows、Solaris、Linux 等操作系统，在 Java 运行环境之上利用应用服务中间件（支持 Tomcat、WebSphere、WebLogic、JBoss 等）来支撑门户系统平台的运行。后台支持多种类型的数据库，包括 MySQL、DB2、Oracle、Microsoft SQL Server、Sybase 等，在 Web 服务层利用 IIS、iPlanet 或者 Apache HTTP Server 来为用户提供信息服务。

（一）资源管理

整个系统本着够用、简单的原则，使用界面简单友好，形象化的操作指南及页面风格，方便使用者使用。

1. 多站点管理

本系统基于 B/S 方式，支持多个站点同时管理操作。后台用户可以同时对多个站点进行数据加工修改（图 4-2）。

2. 智能数据导入功能

目前，共享工程数字资源根据来源和形式主要分为网络导入（省级中心卸出资源）、卫星导入（国家中心发布资源）和移动介质导入及自建资源。自建资源通过系统的数据加工模块可以实现，网络导入、卫星导入和移动介质导入通过本系统的智能导入数据功能实现。

卫星数据是通过开启卫星服务之后自动由亚太六号卫星下发到本地系统的，所以就需要此功能有自动识别数据并完全快速导入的特点，采用共享工程 CDI CMS 网站管理系统的卫星导入功能能够完全满足这些需求，而且导入的资源能及时在前台页面显示，并在相应的最新资源区域内显示。

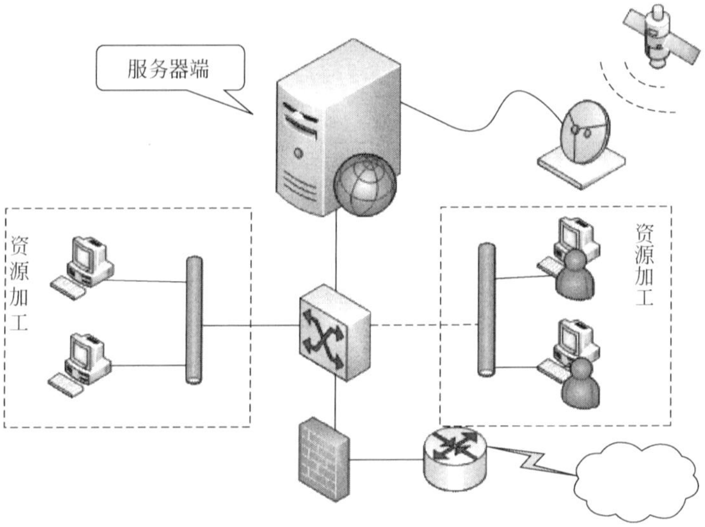

图 4-2　多站点管理示意图

网络资源在格式上遵守共享工程数据资源加工规范，同时由省中心经过详细编目著录形成数字图书馆资源库，内容通过元数据加工具备紧密的关联性，具有本地特色，符合本省群众需求。该资源通过网络直接导入市县支中心资源服务系统发布使用。

除了卫星导入数据，县级中心还有一种数据来源就是通过省级中心移动硬盘下发资源，这类资源和卫星导入资源、网络导入资源一样都需要导入到共享工程 CDI CMS 网站管理系统里并在前台页面展示，不同的是此类资源的分类更加多样化，而且有可能根据各省的具体情况不同而进行不同的分类，有时需要人工干预。系统的人工导入方式可以最大限度地满足多种可能性。

数据导入功能分为自动导入和手动导入两种方式，用户通常情况下会选用自动导入。自动导入可以完全实现无人工干预导入数据，而且通过下载卫星导入数据列表可以实时监控数据下载情况。手动导入主要是针对某些特定的导入策略设置的，选用此种方式导入一般是导入部分数据，如根据数据的优先级或数据分类或文件接收时间先后导入数据，都可以通过此功能实现。这里所说的手动操作主要是指指定数据的时候需要人工干预，导入的过程是完全智能化的，而且通过右侧的手动选择数据列表可以清晰地看到数据的导入情况。

3. 权限保护

系统可以对系统使用者及网站浏览者进行权限设置，不同级别的使用者或用户可以使用到不同级别的数据资源。通过对发布权限的设置，既满足够用的原则，操作又比较简单。

（二）资源加工

资源库管理灵活易操作。通过资源库管理，用户可以增减资源库、修改资源库的结构及字段属性、设置查询项及查询条件等。具体功能如下：

1. 支持多种格式数据

系统支持文本、图片、音频、视频等多种格式的数据。通过点击编辑区内的组建按钮，用户可以添加各种类型的对象文件。如果用户懂得计算机语言，还可以通过上传代码、添加按钮等操作使数据的表现形式更加个性化。

2. 丰富的元数据描述信息

使用者可以根据数据类型特点自定义数据描述信息，最大限度地展示信息特点。目前符合国际标准的是 15 项中文元数据，通过定义元数据项，可最小粒度地描述对象，使得保存和检索更为容易。

3. 文件上传功能

使用者可以将数据资源上传到服务器中作为数据资源储备，以供网站内容更新使用。通过一定的上传规则，为数据的备份和更新都提供了一定的操作依据。

4. 卫星导入、网络导入、自建资源及书目数据统一检索

CDI CMS 网站管理系统具有人性化的操作界面以及灵活的展现形式，而其独特之处在于可以通过系统的图书库直接链接到图书馆自动化系统，用户更新系统的图书库数据，在图书馆自动化系统中的数据也会同步更新，可以通过简易的方式将原本繁杂的系统之间的比对工作加以简化，极大地提高了工作效率，节省了工作时间。

使用者通过一个平台既可以浏览本地新闻、本地图书及视频、图片等内容，也可以直观地查询自己感兴趣的书目的借还情况，简化了系统之间多重的跨越，更加人性化，可以满足县支中心方便快捷地为本地用户提供服务的要求。

5. 数据交换接口

CDI CMS 网站管理系统预留的数据交换接口通过共享工程传送系统把部分重要数据上传给省级中心，同理，省级中心也可以通过共享工程传送系统直接将数据资源下发到各个县支中心。而且，共享工程传送系统通过网上授权机制为数据资源的安全性及时效性保驾护航，保证了数字资源安全、保密、有效和及时的传输。

6. 支持多种语言文字

系统内核支持藏文、维吾尔文、蒙文等各种少数民族文字，支持各种文字的加工、发布、保存、浏览及检索（注：少数民族文字检索需 SQL Server 2008 以上版本支持）。

（三）资源发布服务

具体功能如下：

1. 最新资源专栏

最新资源专栏是一个特定的最新动态版块，后台最新数据在此版块展示。此栏显示所有资源库的最新添加或更新数据。

2. 点击排行榜

根据用户的点击量提取点击率最高的数据，由此可知数据利用率。通过点击后台的参数设置，确认数据是否要统计点击率，然后在页面上就会显示点击率最高的数据。

3. 多种模板选择

系统基于多种优秀模板设计，可以自主快速地更换网站风格，同时可以选择某个特定栏目的风格。

4. 自定义栏目、版块

用户可以根据本网站需要增加栏目，对于网页版面可以自由增加版块，方便用户在接收和导入资源的基础上增加自己的内容，迅速快捷地制作网站。

第二节　CDI VRD 虚拟参考咨询系统

一、概述

随着信息高速公路的迅速发展，虚拟参考咨询服务将逐渐成为网站服务的特色之一。CDI 虚拟参考咨询台（virtual reference desk，VRD）可以帮助各种形式的网站迅速建立虚拟咨询服务台，系统在 Web 服务层利用 JBoss 来对用户提供信息服务。利用系统可以一年 365 天，每天 24 小时为浏览网站的访问者提供实时帮助服务，还可以方便快速地建立自己的知识库，以供访问者检索查询。网站访问者只需点击一个按钮就可以与网站工作人员直接沟通，咨询人员可以给用户提供实时交谈、同步浏览、音视频对话，提供链接、图片、电子白板、推送网页等服务，帮助访问者及时解决各种问题（图 4-3）。

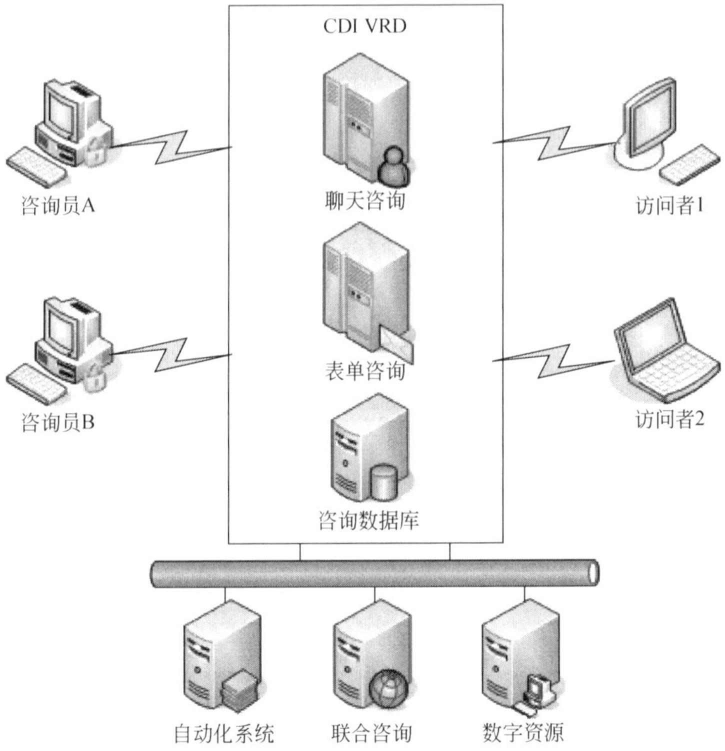

图 4-3　CDI VRD 虚拟参考咨询系统原理示意图

为什么要使用 CDI VRD？

（1）作为用户，不论是什么性质的网站，都需要与客户进行沟通，客户会有不同问题需要咨询，CDI VRD 为双方提供了交流平台，达到各自目的，不仅可提高网站信誉，也增加了商机。

（2）CDI VRD 不受时间的限制，可以全天开放，客户可以随时随地上网进行咨询、检索所需信息、请求帮助。

（3）CDI VRD 的交流方式是通过网络对话实现的，可以是同步的交流（实时对话），也可以是不同步的沟通（表单提交）。操作十分便捷，用户与咨询员都不需要进行专门培训，就可以使用。

（4）CDI VRD 采用当前国内外最先进的网络交流技术，包括推送技术的实现，E-mail 的自动转发功能。

二、功能划分

CDI VRD 虚拟参考咨询系统包含如下功能模块：

（1）实时参考咨询模块。

（2）表单咨询模块。

（3）咨询人员管理模块。

（4）用户管理模块。

（5）资源管理模块。

（6）统计分析模块。

（7）系统基本参数设置模块。

第三节　CDI CAIM 教学管理系统

一、概述

CDI CAIM 教学管理平台是独立开发出来的一套集课程学习、在线测试、在线作业、在线答疑等各项功能为一体的自主学习平台，现已在内蒙古医科大学图书馆使用，并得到了学生的好评。

二、功能模块

CDI CAIM 教学管理平台详细功能模块见表 4-1。

表 4-1　详细功能模块一览表

ID	模块名称	NO	名称
1	创建作业	1	输入作业信息
		2	选择章节添加作业内容
		3	组织题目
		4	确认作业设置
2	教师查看作业	5	浏览作业题目
		6	编辑作业题目
		7	删除作业题目

续表

ID	模块名称	NO	名称
3	教师作业操作	8	查看作业摘要信息
		9	查看诊断信息
		10	编辑作业
		11	打印包含答案的作业
		12	以学生视角查看作业
		13	删除作业
		14	复制作业
4	学生查看作业	15	查看所有布置的作业
5	学生做作业	16	作业提交后查看作业
		17	做题目
		18	举一反三
		19	查看例题
		20	查看解题步骤
		21	查看网络课件
		22	学生上传附件作业
6	教师查看学生成绩	23	查看所有学生的成绩
		24	按某次作业查看所有学生得分列表
		25	按某次作业查看所有题目完成情况的统计分析
7	教师编辑成绩	26	可以改变各次作业的权重，但总和为100%的计分题目
8	教师成绩导入/导出	27	全部成绩信息可以导出到Excel中供教师自行取舍信息列
		28	支持线下成绩批量导入（提供Excel模板）
9	学生成绩查看	29	按日期查看作业和正确率、分数、做题的日期
		30	查看单次作业信息，包括问题数、得分数、不正确数
		31	查看个人该课程整体成绩的得分情况，以及如何得出该成绩的各项指标信息及计算方法
10	教师学习进度查看	32	查看所有学生对教材各章节的掌握度（百分比），根据掌握度的要求，突出显示未掌握的章节
		33	查看单个学生的学习计划，即要掌握的指定章节中所涉及的题目及未掌握的需要再学习的题目（包括做题正确数、已做的题数、题目数等信息）
11	教师学习进度制定	34	为学习进度制定掌握程度（百分比）

续表

ID	模块名称	NO	名称
12	学生学习进度查看	35	按章节查看个人各个章节的掌握程度、做过的题目数和其中做题正确的个数，以及章节包含的题目数
13	MathML 显示 Flash	36	能够显示中文内容
		37	设置背景颜色及字体颜色、字体大小
		38	按填空样式显示括号、方框、下划线等信息
		39	动态显示工具栏信息，需要通过 XML 定制工具栏内容及模板数据
		40	获取传入的 MathML 数据，显示公式信息
		41	返回公式高度、宽度值，方便页面显示
		42	返回 MathML 内容
		43	数学公式维护
14	试题显示 Flash	44	能够显示中文内容
		45	设置背景颜色及字体颜色、字体大小
		46	按填空样式显示括号、方框、下划线等信息
		47	动态显示工具栏信息，需要通过 XML 定制工具栏内容及模板数据
		48	获取传入的 MathML 数据，显示公式信息
		49	返回公式高度、宽度值，方便页面显示
		50	返回 MathML 内容
		51	数学公式维护
		52	试题分步答题功能
		53	答题提示功能
		54	试题判解功能
		55	答题日志记录功能

第四节　CDI VR 虚拟现实技术

一、概述

传统网站模式仅包含二维图像，用户与界面无法进行交互，缺少临场感与交互性。虚拟现实技术、Web3D 技术的出现，打破了这一限制，运用 VR 技术可以实现 Immersion（沉浸感）、Interaction（交互性）、Imagination（构想）的功能。

网络三维技术的出现最早可追溯到 VRML（virtual reality modeling language），即虚拟

现实建模语言。此外，Web3D 技术有很多，包括 VRML、Cult3D、Atmosphere、Viewpoint 等技术。Viewpoint 技术由 Viewpoint Lab 公司推出，不需要其他硬件加速器，可以和用户发生交互操作，通过事件来触发一个交互过程。它的主要运作市场是产品的宣传和电子商务领域。Atmosphere 是由 Adobe 公司推出的一个通过互联网连接多用户的三维在线聊天工具，其扩展性较差，只能在 Adobe 的服务器上使用。Cult3D 由 Cvcore 公司推出，基于 Java 内核，利用 Java 可以添加交互和扩展，目前 Cult3D 已成为网络 3D 的佼佼者，在电子商务、艺术展览等方面都有广泛的应用。

VRML 是一种在网络上非常流行的语言，使网页产生虚拟现实（Virtual Reality）的立体动画效果，通过节点来进行三维描述，节点中又包括域和事件，可以说是域和事件组成节点，节点集合在一起便创造了虚拟现实的世界，因此，又可以把 VRML 语言称为虚拟现实标记语言。VRML 可以通过网络在电脑上逼真地还原现实生活中存在的或将要存在的环境及物体，支持光线、材质、语音和声效，具有很强的真实感和交互性。随着互联网三维技术不断发展，制定该标准的国际化组织 VRML 协会（VRML Consortium）在 1998 年将它的名字改为 Web3D 协会（Web3D Consortium）。此后，Web3D 这一专用缩写开始在互联网上出现，同时出现了一个新的标准：Extensible 3D（X3D）。X3D 是 Web3D 协会制定的下一代 VRML97 标准，它与 VRML97 向后兼容。人们在网络上传输三维模型，可以把 Web 当成一个连续的三维空间来创建并浏览。Web3D 技术已出现在图书馆、文物、医疗、建筑、交通、教育、娱乐、商业等各种行业的网站上。它的出现是互联网跨入未来三维立体世界的重要一步。

在我国的互联网应用上，Web3D 技术还处于发展阶段，CDI VR 虚拟数字图书馆将 3D 与数据库相互结合，产生动态存储和生成 3D 图像，不仅可以实现批量网络三维数据的存储与管理，还可以对构建大型 Web3D 数字图书馆、数字博物馆、虚拟社区等网络数据进行处理。

二、系统架构

VRML 是与因特网结合，用来描述三维交互虚拟世界的建模语言，可用来创建虚拟现实的对象、场景和展示模型等。

VRML 用文本信息描述三维场景，在网络传输过程中，由服务器提供 VRML 格式的文件，然后客户端通过网络下载该文件，通过本地浏览器对 VRML 格式的文件进行解析，从而实现了平台无关性（图 4-4）。

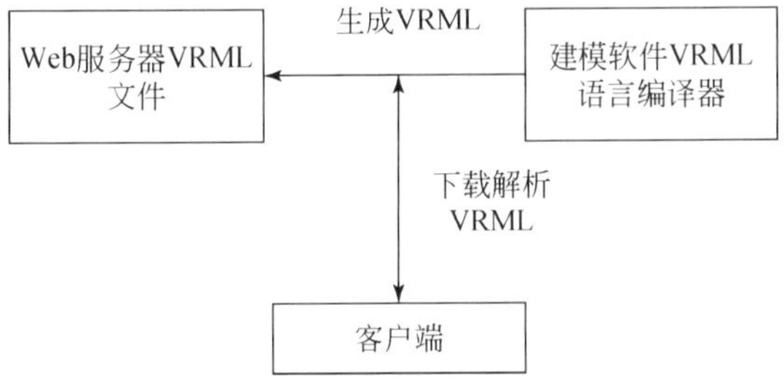

图 4-4　VRML 语言文件的流通过程

三、功能特点

（1）三维交互漫游。当用户进入展馆中以后，就能自由操纵，随意地在展馆中漫游探索，并保证软件运行流畅。

（2）小地图快速导航模块。通过对小地图的点击，移动到实际场景的对应地点上。小地图可以随时隐藏或者显示。

（3）属性查询，解说。当浏览者走进图书馆，系统会自动显示附近位置的设备名称标签。将鼠标移到标签上则会显示图文并茂的简介框，点击简介框中的详细链接即可打开相应的网页、视频、Flash 动画和全景等多媒体素材，能够全方位地展现设备，加上互动操作，可以使浏览者从各个角度逼真地看到所感兴趣的设备细节。

（4）将三维场景与二维网页有机结合起来进行浏览。为图书馆留下一个接口，可以自由进行修改和调整。

（5）虚拟图书馆导览能够在触摸屏上直接使用（在屏幕的右上角需有一个导航器，可以进行上下左右移动及旋转）。

（6）虚拟图书馆能在 iPAD 中应用，可以进行手势操作，同时支持 Android 系统平板电脑。

（7）高精度模型交互多媒体模块。对重点区域用户可以通过点击调入高精度的模型，交互浏览高精度模型，进行细致的观察，详细了解阅览室相关介绍。

（8）当漫游进入阅览室时，可以点击对应书架跳转到图书馆 RFID 排架系统，显示对应的图书信息，并可随时退出排架系统回到虚拟现实系统中。

（9）高真实画质，同时拥有实时材质编辑功能，可以对材质的各项属性进行调整，如颜色、高光、贴图、UV 等，以达到优化的效果。

（10）全方位、立体性，360°浏览。

（11）传播形式多样化、信息的多样性。

（12）热点导航，操作简单方便。

（13）自动漫游和人工漫游自如切换。

（14）强大的互动效果。支持多种浏览模式，包括行走、飞行、静物观察、摄像机动画，用户不需要定义很复杂的参数即可实现不同方式的浏览。在运行过程中，控制模式可通过热区、热键来进行切换。行走模式中，默认开启碰撞检测即可实现游戏般的漫游。用户可以用鼠标、键盘、事件触发、定时触发、脚本流程来与三维场景中的物体或属性进行各种方式的互动。

第五节　CDI Mobile 移动终端

一、概述

CDI 移动数字图书馆是在对数字图书馆领域进行了深入分析和定位的基础上，根据 IOS、Android 两大流行移动系统的特点开发出来的独立应用程序（APP）。它是将 CM 内容管理软件发布出来的数据放入移动系统中，将互动多媒体技术、三维动画技术与网络技术巧妙结合起来的一种全新的宣传展示形式。它以平板电脑为载体，借助文字、图片、三维动画、数码特效、互动多媒体、背景音乐、配音等具体表现方式，形成全方位的互动立体宣传体系，以图文并茂、生动形象的动态形式表现于受众。无论何时何地，用户都可以通过平板电脑和网络进行现场式交互体验。

二、功能特点

CDI移动数字图书馆正是针对目前的数字图书馆建设多以传统的网站建设为主的现实而开发出来的移动平台解决方案。

1. 随时随地方便快捷的展示

借助移动设备轻便便携的特性，随时随地可以利用 Wi-Fi 或 3G 网络连接服务器进行展示。既可以使用设备单独展示，也可以方便地进行投影。

2. 丰富多样的互动模式

CDI移动数字图书馆与传统网站式数字图书馆的区别就在于其传播信息的能力不再受到“传统网站”固有特性的限制，用户了解信息的过程也不再是被动参与。它并不是简单地在移动设备上进行网页浏览，而是结合平板电脑触摸屏特有的点选、双击、拖曳、甩尾、轻扫、捏开、捏接近、触摸并按住、摇晃等丰富的互动手段，将各种不同媒体、不同格式的信息有序合理地组织在一起，通过直观互动参与的方式，将信息最有效地传达给用户，最大化用户的浏览欲望。

3. 多种格式高清视音频图片展示与输出

（1）支持多种高质量视频格式。

（2）H.264 视频，高达 1080p，每秒 30 帧。

（3）High Profile level 4.1 和 AAC-LC 音频，高达 160kbps，48kHz，立体声音频。

（4）Motion JPEG（M-JPEG），高达 35Mbps，1280×720 像素。

（5）支持 1080p 高清 HDMI 转换输出，即使投影放大也不会降低显示质量。

三、主要优势

（1）借助平板电脑的良好浏览体验，结合多种媒体表现元素，提升展示形象和宣传效果，有效抓住用户眼球。

（2）采用先进的互动技术，吸引用户主动参与其中进行信息交换，将信息最有效地传达给用户。

（3）可投放应用程序于网上供用户下载。用户足不出户即可获得全方位的展示。

（4）轻松实现超大容量信息的全面展示。内容更新方便快捷，生动形象、触手可及。

（5）制作成本低、传播成本低、修改成本低。

（6）取代传统纸质画册，绿色低碳环保。

四、适用范围

CDI 移动终端适用于图书馆、博物馆、高校等单位的图片资料库、视音频多媒体库、公司宣传画册、产品目录画册、艺术品展示导购、摄影作品及各行业服务项目展示等方面。

它具备直观、快速、简单、方便、重点突出但又不错过细节等特点，支持多种手势控制，符合平板电脑的分辨率和显示习惯，并且不需借助移动端浏览器访问；还能够播放标清、高清等多种视频，对电子图书、有声图书进行阅读，对数字图书馆、OPAC 等系统进行查询检索。

下　篇

智慧图书馆的建设与未来

第五章　智慧图书馆的理论研究

智能化是继工业化、电气化、信息化之后，世界科技革命的又一次新突破。利用智能基础，建设智能城市，是当今世界城市发展的趋势和特征，也是国家战略规划的重要方向。当前，各行各业正朝着万物互联的智能化方向快速发展与变革，图书馆作为信息密集型行业，也必将融入智能化的潮流与趋势之中。纵观图书馆的发展史，其主要经历了从传统纸本、物理图书馆到复合图书馆、数字图书馆、移动图书馆的转变。伴随着智慧时代的到来，图书馆必将进一步转变为智慧图书馆，成为未来图书馆发展的主导模式。智慧图书馆将是图书馆发展的一场新的革命。

第一节　智慧图书馆方法论

一、智能的定义

狭义的智能，是指生物所具有的基于神经器官（物质基础）的一种高级的综合能力，包含感知、知识、记忆、理解、联想、情感、逻辑、辨别、计算、分析、判断、文化、中庸、包容、决定等多种能力。广义的智能是由智力系统、知识系统、方法与技能系统、非智力系统、观念与思想系统、审美与评价系统等多个子系统构成的复杂体系孕育出的能力。“智能”一词在中外有不同的源流。在中国，“智能”一词出自《墨子·尚贤中》：“若使之治国家，则此使不智能者治国家也，国家之乱既可得而知已。”《孟子·公孙丑上》中“虽有智能，不如乘势”。

“智能”也是梵语“般若”（pra jna）的意译，在佛教中解释为认识世界、把握真理的最高能力，能洞察一切，如同烛光照物。智能的古英语“smeortan”源于西日耳曼语支，与德文中的“激痛”有所关联，在古英语中原是“引发剧烈疼痛”的意思，现在用得最多的义项是智能。1972 年，“smart”一词首次被解释为“智能型的并具备独立工作的技术设备”。根据牛津英语语料库统计，此后“smart”成为与“card”（卡）搭配最多的词语。从中外“智能”词源的起始演变分析，“智能”主要有两层含义：一是对事物认知的识见，二是对事物应用的能力。智能可以是就个人而言，或者就团队机构而言，也可以就城市、国家乃至世界而言。

二、智慧图书馆的定义

（一）智慧图书馆的起源

智慧图书馆的理论研究与实体建设从国外开始逐步兴起。2001 年澳大利亚昆士兰州立图书馆开始研究智慧图书馆与智能社区的关系。同年，美国图书馆协会（ALA）发行智慧图书馆通讯，密切关注智慧图书馆领域的发展热点及趋势。2002 年，新加坡盛港社区开始启用智慧图书馆；2003 年，新加坡国家图书馆在第 69 届国际图书馆协会联盟（IFLA）年会中发表文章，阐述用 RFID 技术解决读者借还书的问题。2003 年，芬兰奥卢大学的 Markus Aittola 在一篇题为“智慧图书馆——位置感知的移动图书馆服务”的文章中用“不受时空限制，能够感知的移动图书馆服务，可以通过连接无线互联网帮助用户查找图书馆中的图书和其他类型资料”对智慧图书馆进行了简单的描述，这是国际范围内首篇对“智慧图书馆”进行理论研究的文章，但并未引起业界共鸣。2004 年，Mark C. Miller 在一次会议上指出，智慧图书馆就是软件质量工程（software quality engineering）、科学计算在图书馆中的实践应用，可以尽量降低用户和图书馆开发人员出错的可能性，并最大限度地提高他们辨别和纠正错误的能力。

直至 2009 年国际商业机器公司（IBM）提出以物联网为技术支撑的智慧地球（smarter planet）这一新颖概念，才真正引发了社会各界对于“智慧”概念的关注，掀起了人们对“智慧”概念研究的热潮。此后这一概念纷纷与各个领域相结合。智慧地球的理念是把新一代的 IT 技术充分运用到各行各业中，即把传感器装备到人们生活中的各种物体当中，并且连接起来，形成物联网，通过超级计算机和云计算将物联网整合起来，实现网上数字地球与人类社会和物理系统的整合。在此基础上，人类可以以更加精细和动态的方式管理生产和生活，从而达到智慧状态。在智慧地球的基础上，又相继出现了智慧城市、智慧图书馆、智慧农业、智慧旅游等概念。智慧图书馆自智慧地球概念提出后才被人们所熟知。在迈向 21 世纪第 2 个 10 年的时期，计算机技术得到了更深入的发展，与此同时，国外学者对智慧图书馆的认识也不断扩展和更新。例如，Mohd Kamir Yusof 认为，智慧图书馆就是一个引入近场通信（near field communication，NFC）技术且基于机器人的图书馆管理系统。所谓的“智慧”，意味着图书馆用户可以使用集成了 NFC 技术的移动设备完成任何相关的图书馆事务。与目前广泛使用的 RFID 或条形码技术相比，这种方法更智能，更先进。Younghee Noh 则从更加广泛的层面对未来的图书馆 4.0 进行解读，把这种广义的图书馆 4.0 认为是未来智慧图书馆的新形态，其特征可以用智慧图书馆、情境感知技术、开放资源、大数据、云服务、增强现实、最新显示、创客空间和图书馆馆员 4.0 这些关键词来描述。

相比于国外，智慧图书馆的概念在国内产生不到 20 年。1999 年，台湾的林文睿从超智慧型大楼管理系统（intelligent facilities management system，IFMS）的角度介绍了智慧型图书馆建筑的概念与实践。陈鸿鹄从智能建筑的角度进行定义，认为智慧图书馆是把智能技术运用在图书馆建设之中形成的一种现代化建筑，是智能建筑与高度自动化管理的数字图书馆的有机结合和创新。严栋则从感知计算的角度进行定义，认为“智慧图书馆=图书馆+物联网+云计算+智慧化设备，它通过物联网来实现智能化的服务和管理”。董晓霞等认为，智慧图书馆是感知智慧化和数字图书馆服务智慧化的结合，是对现有数字图书馆服务的优化。有学者从数字图书馆服务的角度对智慧图书馆进行定义，指出智慧图书馆是充分利用 ICT（information communication technology）技术，不仅可能实现各种信息的电算化，还可远程进行阅览图书等资料、预约座位等操作的数字图书馆。此后，王世伟在 2011 年中国图书馆学会年会上对智慧图书馆进行了较为深入的解读，认为数字化、网络化和智能化是智慧图书馆的技术基础，人与物的互通相联是智慧图书馆的核心要素，以人为本、绿色发展、方便读者则是智慧图书馆的灵魂与精髓；智慧图书馆的外在特征是泛在，内在特征是以人为本的可持续发展。2012 年王世伟对智慧图书馆的概念重新进行了解读，指出所谓智慧图书馆，就是以数字化、网络化、智能化的现代信息技术为基础，以互联、高效、便利为主要特征，以绿色发展和数字惠民为本质追求，是现代图书馆创新发展的理念与实践。梁光德提出要将知识服务升级为智慧服务。傅荣贤认为，将图书馆学的研究对象转向智慧之学。黄幼菲认为公共智慧服务是图书馆知识服务的高级阶段。陈进指出智慧图书馆是一个智慧协同体和有机体，它有效地将资源、服务、技术、馆员和用户（五要素）集成在一起，在基于物联网和大数据为核心智能技术的支撑下，通过智慧型馆员团队的组织，向（高素质）用户提供发现式和感知化的按需服务。

总体来看，国内外学者关于智慧图书馆的认识经历了从局部到整体的过程，其涵盖的范畴不断扩展，涉及的技术和理念也越来越先进。如果说从纸本化的物理图书馆走到数字化、网络化的数字图书馆和移动图书馆是图书馆发展的第一次重大转型，那么再从数字图书馆、移动图书馆走向智能化和智慧化的智慧图书馆，则是图书馆发展的第二次重大转型。初景利认为，智慧图书馆是数字图书馆、移动图书馆、第三代图书馆和新型图书馆的核心内涵，是驱动图书馆未来发展的主体动力要素，是图书馆的新定位、新形象、新能力，是未来图书馆的主导模式与最高形态。

（二）智慧图书馆的发展

1. 智慧图书馆是一个演进的过程

从图书馆发展史来看，图书馆经过了早期的神庙图书室等古代图书馆，以藏书楼等为代表的近代图书馆，以数字图书馆为代表的现代图书馆的发展阶段。现代信息技术的发展特别是物联网、云计算等信息技术的出现与应用，推动着现代图书馆从 20 世纪初开始向智慧图书馆方向演进与发展。

总结近 30 年来图书馆学研究轨迹可以得出，对图书馆理论研究的不断深入正是图书馆学范式研究不断前进演变的过程。随着现代信息技术突破性的发展，以图书管理收藏为主的传统图书馆学范式已经被颠覆，主张以用户为中心，图书馆学从管理收藏转向数字化信息资源传递的认知过程，解决了传统图书馆仅以图书整理为目的、重经验、轻服务的诸多弊端。从传统图书馆学到数字图书馆学范式的转变是第一次范式转变。随着图书馆数字技术的发展与应用不断地向纵深推进，数字图书馆学范式逐渐呈现新的趋势，首先是从数字化到数据化的延伸和扩展；其次是大数据和云端应用所带来的强大效应引起了智慧图书馆的发展；此外还有 Web 2.0 之后所带来的全方位网络的大众体验。这种趋势是将图书馆学从数字化信息资源传递转向自动化和智慧化的体验过程，智慧图书馆学研究将会是未来图书馆学的新范式，这是图书馆学的第二次范式转变。图书馆学范式的这两次转变，例证了图书馆服务理念和服务创新的演变历程，以及在更新的服务理念下图书馆服务模式与方法的转变：在以用户为中心的服务过程中提高个性化和人性化服务方式，实现从图书资料管理向知识信息传递的社会大众服务功能的嬗变。智慧图书馆的演进过程如图 5-1 所示。

2. 智慧图书馆与智慧图书馆、数字图书馆的关系

在智慧图书馆的定义中，我们会发现一些与之相关的概念，例如智慧图书馆、数字图书馆等。它们与智慧图书馆之间虽然有着一定的联系，但是也存在明显的区别。

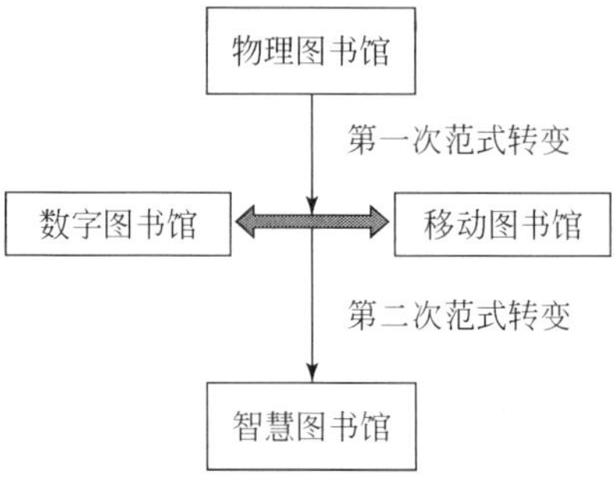

图 5-1　智慧图书馆演进的过程

（1）智慧图书馆与智能图书馆：张洁、李瑾认为，21 世纪的图书馆应建成智能大厦，智能图书馆是把智能技术运用在图书馆新馆舍建设之中形成的一种现代化建筑，它是高新技术（计算机、多媒体、现代通信、智能保安、环境监控等）与建筑艺术的有机结合。这是我国较早的关于智能图书馆的研究文章。陈鸿鹄于 2006 年发表的“智能图书馆设计思想及结构初探”一文认为，智能图书馆（intelligent library，IL）是把智能技术运用在图书馆建设之中形成的一种现代化建筑，是智能建筑与高度自动化管理的数字图书馆的有机结合和创新，是在两者共同发展的基础上产生的，它应同时具备两者的设计思想、基本要求、特征和功能。

智能图书馆是以 RFID 等智能感知技术为支撑，能够实现图书的自助借还、盘点、查找、定位、顺架、分拣等一系列工作的图书馆。智能图书馆和智慧图书馆都是对传统图书馆的创新，都能够达到提高图书馆服务效率这一目标，但区别在于智能图书馆的技术基础是智能感知技术，而智慧图书馆不仅使用智能感知技术，还主要以物联网、云计算等技术为支撑。智能图书馆的重点是从建筑和技术领域构建，而智慧图书馆是不受空间、时间限制的，其核心是以人为本，实现人与物的互通相联。因此，智慧图书馆是比智能图书馆更深层次的图书馆形态。智能图书馆是智慧图书馆的基础，智慧图书馆是智能图书馆的目标。有观点认为：智能化是智慧的第一步，智慧是智能化的演进。物联网为从智能图书馆转变为智慧图书馆提供了桥梁。

（2）智慧图书馆与数字图书馆：对于数字图书馆，刘炜的定义为“数字图书馆是社会信息基础机构中信息资源的基本组织形式，这一形式满足分布式面向对象的信息查询的需要”。智慧图书馆与数字图书馆的联系主要体现在两者都实现了图书馆的数字化、虚拟化、信息化，打破了传统图书馆的时空限制。数字图书馆所采用的信息技术为智慧图书馆提供了前提和基础，但是智慧图书馆的构建将会更多地使用到物联网技术、云计算及智慧化设备等。从这一点我们可以看出，智慧图书馆是比数字图书馆更高一级的图书馆形态，是数字图书馆的未来发展趋势。在提供服务方面，近几年数字图书馆更多地关注用户体验，致力于推广个性化的信息服务模式，而智慧图书馆的核心就是以人为本的智慧型服务，两者的服务理念是一脉相承的，只是智慧图书馆在服务方面更贴近用户，更具智慧化。虽然两者之间存在着密切的联系，但是区别也是很明显的，主要体现在数据采集方式、信息关联性、信息存储与处理、系统分层构架、使用方式等方面。

智慧图书馆是数字图书馆服务功能的延伸拓展，是自动化发展到智慧化的高级实现，是数字图书馆的高级范式。根据数字图书馆与智慧图书馆研究范式的分析比较，得出两种范式在各方面的区别，见表 5-1。

表 5-1　数字图书馆与智慧图书馆研究范式的比较

	数字图书馆范式	智慧图书馆范式
基本特征	信息资源共享、数字信息技术、人性化服务	互联共享、大数据分析、绿色发展、智慧化服务
内容关注	关注数字信息资源的开发与利用，为用户提供知识服务	关注大数据信息系统的建立、数据智能分析与处理，为用户提供全面感知的智慧化服务
研究方法	可用性、有效性评价体系，信息的管理	统计物理、智能仿真、数据可用性检验
学习方式	参与式学习	全方位浸入式学习
研究视角	信息资源的整合、共享、分析和信息服务	多方关联的学科交叉、公民科学、公众文化服务
构建模型	数字信息模型、知识服务模型	数据科学模型、智慧服务模型
时空属性	数字虚拟空间（时空有限性）	虚实结合智慧感知空间（时空无限性）
馆藏资源	以数字信息资源为主	纸质文献+数字资源+智慧资源
核心技术	互联网、数据库、多媒体等数字信息技术	物联网、云计算、RFID、普适计算等智能技术
体验感知	视觉体验、听觉体验，部分感知	视、听、触、嗅等综合体验，全面感知
发展重点	嵌入式协作化服务、移动信息服务	大数据信息构建、智能数据的分析与处理
应用形态	移动信息服务、个性化功能推广、数字信息推荐服务	数据信息分析、遥感科学、智能商务、智慧化人性服务
服务模式	较为主动化、个性化的信息服务	更具人性化的自动感知性智慧服务
关键词描述	信息数字化	泛在智能化

三、智慧图书馆发展的必然性

（一）智能技术驱动图书馆向智慧化方向发展

当前，以物联网、大数据和人工智能等为代表的新兴技术成为国内外 IT 等领域讨论和研究的热门话题，互联互通与智能化成为不可阻挡的社会潮流。在图书馆行业中，用户不以图书馆馆员作为中介直接获取信息已成为图书馆在 21 世纪面临的最大挑战，而其中最具破坏性的技术就是“物联网”（internet of things）。

技术驱动创新发展，通过不断调整发展策略以适应快速变化的新技术环境，已成为包括图书馆在内的各行业发展的必然选择，也成为各行业率先实现变革和转型的重要推动力和契机。英国国家图书馆战略规划中曾指出，我们所处的环境在过去的 20 年里发生的变化超过了过去 200 年的变化，特别是技术发展的驱动，这种变化正逐渐改变着传统学术研究对物理图书馆作为重要信息源满足研究需要的依赖，而走向复杂的有多种选择的网络。Scott Nicholson 也曾断言：图书馆界过去 5 年的变化确实超过了前面 100 年的变化，而未来 5 年的变化将使过去 5 年的变化变得微不足道。物联网和人工智能等新兴“破坏性”技术的发展和普及正驱使图书馆发生颠覆性变化，其中最值得关注的是智慧化。

（二）智慧图书馆是社会发展的需要

自 IBM 提出智慧地球概念并发布《智慧地球赢在中国》计划书以来，智慧城市、智慧政府、智慧社会、智慧社区、智慧校园乃至智慧快递等各个领域的“智慧化”正在快速地从概念走向现实，并引起政府和全社会的高度重视。2017 年，党的十九大报告明确提出建设“智慧社会”，要“推动互联网、大数据、人工智能和实体经济深度融合”。在教育领域，教育部《教育信息化“十三五”规划》提出，到 2020 年末高等院校要基本实现智慧校园的建设目标。作为社会机体的有机组成部分，不论是智慧城市、智慧校园还是智慧图书馆，必须也必然要适应国家宏观战略布局，纳入国家智慧化战略体系。因此，图书馆需要加快谋划，加快向智能化、智慧化方向转型，不断提升信息和知识服务的能力，从而在服务“智慧城市”“智慧社区”“智慧校园”等方面更好地发挥应有的作用。

（三）用户需求转变与图书馆价值实现

图书馆总是依附于用户而存在，用户需求是图书馆存在的基础与发展的动力。当所有的信息需求都能通过互联网和智能终端得到满足时，当传统图书馆不能再满足用户深层次的需要时，用户是否还需要图书馆？图书馆是否还有存在的必要？在面临环境和技术的冲击时，关于图书馆的存亡之争是一个受到拷问的问题。图书馆的出路一定是变革与转型。纵观图书馆的转型和发展史，继传统图书馆向数字图书馆转型之后，在智能技术的催生下，图书馆必将发生新的重大变革，那就是图书馆走向智慧图书馆，图书馆服务走向智慧服务。

未被珍视的价值是没有价值的。单纯提供图书和其他信息资源的服务已经无法从用户那里获得更多的价值认可。在信息技术发生革命性变化，人工智能和大数据等计算机技术深入发展，用户需求转向更加个性化和深层次的知识需求时，图书馆必须引入新的技术来提升自己的活力和生命力，这就是融入智慧化发展方向，将图书馆作为一个互联的结构体，实现人与人的互联、机构与机构的互联、数据与数据的互联，适应不断变化的环境和用户需求，从而获得用户和社会的认可并实现自身价值。

社会和公众不是不需要图书馆，而是需要与传统图书馆不一样的图书馆，需要图书馆走向新形态,实现新功能。用户是否需要图书馆，取决于图书馆具有什么样的能力。传统图书馆需要且必然会走向智慧图书馆，其建设和发展已经具备了一定的技术基础和社会需求。智慧图书馆不是概念炒作，不是“噱头”，不是“忽悠”，而是图书馆当前发展的现实需要，是图书馆未来发展的新战略。图书馆需要走向智慧图书馆，图书馆服务也一定要走向智慧服务。

第二节　智慧图书馆的特征研究

一、智慧图书馆的外在特征

（一）数字化是智慧图书馆的技术前提

未来公共图书馆纸质资源的增长会越来越少，数字资源将逐渐成为主要的知识资源载体，以数字资源为基础的虚拟图书馆将逐渐从专家的预测和局部的现象发展成为整体的图书馆服务与管理的主要表现形态。21 世纪的第 1 个 10 年，全球电子书的销量开始逐渐超过纸质图书，这是图书馆数字化发展的重要信息。1997 年中国开始了数字图书馆试验工作，2001 年国务院批准国家数字图书馆工程立项，先后投入了巨额资金，用于建设世界上最大的中文数字信息保存基地，构建支持数字资源采集、加工、保存、服务的技术支撑平台，通过国家骨干通信网向全国和全球提供高质量的以中文数字信息为主的服务，建设世界上最大的中文数字信息服务基地，构建以国家图书馆为服务中心，以中国各大图书馆为服务节点的数字资源传递和服务体系。截至 2010 年 9 月，国家数字图书馆数字资源保有量已达 480 个 TB，包括文本、图像、音频、视频、网络资源等多种类型。同时，县级数字图书馆推广计划已使中国 2940 个县级图书馆初步具备了数字图书馆的服务能力。英国国家图书馆 2011 年 6 月 20 日在伦敦召开新闻发布会，公布了该馆与 Google 达成的历史文献数字化协议，协议内容包括将 25 万册最早可以追溯到 18 世纪的历史文献在数年内全面数字化。英国国家图书馆馆长达梅·琳内·布尔德利表示：该馆的前辈们就曾设想让所有人都能够获取知识，而如今的这一计划正是让所有人都能够随时随地获取知识。我们的目标是提供这些历史材料的永久性访问权，并且希望借助我们的藏书和 Google 的技术来实现这一目标。数字图书馆的发展将不断夯实书书相联的智慧图书馆的发展基础。

（二）网络化是智慧图书馆的信息基础

网络已成为未来公共图书馆服务的重要载体和空间，被称为第四代媒体的互联网媒体正在与物理空间和社会空间一起成为公共图书馆服务的三大空间。网络化的发展趋势使公共图书馆的远程服务量不断增加。公共图书馆通过互联网、手机等信息手段和载体，可以开展不受时空限制的网上书目检索、参考咨询、文献提供和各类信息的获取及视听欣赏。据国际电信联盟分析，至 2010 年底，全球互联网用户人数超过 20 亿，手机用户达到 53 亿，3G 注册用户达到 9.4 亿。有着“互联网女皇”之称的玛丽·米克尔（Mary Meeker）2018 年 5 月在美国加利福尼亚州帕洛斯韦尔德举办的 Code 大会上发布了 2018 年的互联网趋势报告，2017 年全球网络用户已超过全球人口的一半以上，尚未接入互联网的人口变得越来越少。截至 2010 年底，中国网民已达 4.57 亿，手机网民达 3.03 亿，均居世界首位。2017 年 3 月中国台湾《联合报》报道，全球手机用户将突破 50 亿人，到 2020 年，全球手机用户将增至 57 亿人，占世界人口的 3/4；2017 年，美国成年人每天在数字媒体上花费 5.9 小时，高于前一年的 5.6 小时，其中约 3.3 小时用于手机。在信息化的技术环境下，网络化与数字化的融合以及电信网、广电网和互联网的三网融合，使公共图书馆的服务发生了泛在化的变化，即任何读者在任何时间、任何地点通过任意信息传播载体都可以获取其所需要的信息。由于公共图书馆的计算机数量不断增加、更多的读者通过网络查阅数字文献及通过手机接收图书馆的各类移动服务、图书馆的宽带速度不断加快、图书馆的网上信息日益丰富，图书馆网络化进程的发展前景不可估量，网上服务量将成倍增长，网络空间的地位将更加重要。这些正是智慧图书馆发展的前提。

（三）集群化是智慧图书馆的管理特征

图书馆的集群化综合服务平台可以实现知识与信息的共建性整合、集约式显示、便捷性获取、无障碍转换、跨时空传递等，从而使公共图书馆向智慧型图书馆转型。图书馆的集群化发展趋势将表现为以下三大特征。

1. 整合

通过整合，可以集地区图书馆文献信息，汇全国各类图书馆知识库群，聚全球自然人文智慧。公共图书馆及各类图书馆系统都有着数量众多的特色文献和数字资源，但相当数量的信息处于沉睡状态，既不互通互联，也不共建共享，获取很不便捷。这就需要打破行业条块“老死不相往来”的格局，将各自馆藏和馆建的信息资源加以联通，打通行业条块和馆际之间的信息壁垒，畅通地区与国家间的信息信道。通过整合使知识资源的视角从点拓展到条线、块面和区域，使服务和管理也从孤立的点转移聚焦于条线的交流、块面的联系和区域的互动，这些正是新形势下促进图书馆服务创新所必须具备的信息服务环境。

2. 集群

集群的概念是由美国哈佛大学迈克尔·波特教授于 20 世纪 90 年代初首次提出的，图书馆的服务与管理集群是图书馆服务和管理转型发展的有效工具。通过服务与管理集群，图书馆的规模效应凸显，协同联盟共享拓展，知识内容更为丰富，传递成本大大降低，服务品质显著提升，从而使广大的读者受益。例如，上海原本条块分割、相互独立的市区县图书馆、街镇图书馆以及大学图书馆和专业图书馆，在一城、一网、一卡、一系统的创新理念指导下，经过 2000～2010 年 10 年的创新驱动和整合发展，其一卡通读者持证率和网上服务率成倍上升，形成了全球最大的城市图书馆单一集群系统。可见，强大的集群将推进创新并优化服务。

3. 协同

协同服务将为公共图书馆的未来发展注入活力。协同服务体系在国内外图书馆界已成为一种共识，并成为图书馆日益明显的发展趋势。这种协同服务体系有行业协同、地区协同、国家协同、全球协同等各种形态。例如，中国“国家科技文献信息资源与服务平台”在全国科技信息文献系统、国家图书馆系统、中国科学院文献情报系统、高等院校图书与信息系统、国家专利文献系统等之间进行了协同信息服务，成为国家科技基础条件五大平台之一。这种将分散趋向集约、将异构趋向统一、将自治趋向分布的信息协同服务机制，需要在顶层设计层面予以整体规划和推进，从而克服布局分散和重复建设的弊端。这正是智慧图书馆的管理使命所在。

二、智慧图书馆的内在特点

智慧图书馆是实现图书馆科学发展的全面方案，互联、高效和便利正是实现这一方案的三大路径和目标定位。

互联：是指通过全面感知、立体互联和深度协同，将智能技术渗透融入图书馆服务与管理的各个领域、各项业务、各个流程和各个细节，实现图书馆科学发展的创新转型。

高效：是指通过节能低碳、灵敏便捷和整合集群，将智慧管理融入图书馆的一线服务与二线保障，将资源节约、环境友好的可持续发展理念导入图书馆的前台与后台、硬件与软件，在书书相联、书人相联和人人相联的基础上为读者节约时间，更加方便快捷地处理各类事物，提升整合集群后的规模效应和效能，实现图书馆发展中各项资源的效益最大化、效率最高化、效能最优化。

便利：是指在全面立体感知基础上形成的无线泛在环境，任何读者在任何地点通过任意方式获取所需要的知识信息并进行相应的信息互联，使图书馆服务成为随身、随处、随时、随意的服务；而互联集成的技术使原本单独、复杂、异地的服务整合成就近一体化的简化方案，并形成虚实、内外和个性的互动，这正是智慧图书馆人本理念的体现。

智慧图书馆的互联、高效、便利三大特点之间是互相联系的。互联是智慧图书馆的基础，是高效和便利特点所依托的技术支撑，也是智慧图书馆区别于数字图书馆和复合型图书馆的主要方面。高效是智慧图书馆的核心，是互联基础上服务与管理的进一步应用，也是智慧图书馆绿色发展和数字惠民本质追求的重要体现。便利是智慧图书馆的宗旨，是互联、高效特点的落脚点，也是智慧图书馆科学发展人本理念的精髓所在。需要提出的是，智慧图书馆的三大特点及所折射出的许多理念，有的以往已经出现过，但在新的发展环境下，通过智慧图书馆这些理念进行了整合与提升，在智能技术的支持下被赋予了新的内容和生命。如果说智慧城市可以带来更高的生活质量、更具竞争力的商务环境和更大的投资吸引力，则智慧图书馆可以带来更高的服务质量、更具吸引力的学习休闲环境和更高品质的管理，并通过智慧图书馆培养更多的智慧公众。

智慧图书馆的发展新模式将提高图书馆广大读者和馆员学习与工作的自由度，将提高时间和资源的利用效率，也将推动图书馆在日新月异的信息技术发展环境下创新驱动和转型发展。

（一）智慧图书馆是互联的图书馆

作为智慧图书馆的基础，数字化、网络化和智能化技术是智慧图书馆的外在特征，该技术的具体表现就是对图书馆人和物的全面感知；在感知基础上跨时空的立体互联；在信息共享基础上的深度协同。

1. 全面感知的图书馆

全面感知不是部分或局部的感知，而是信息感知的全覆盖，把单本（种）文献的信息孤岛和读者、馆员的个体信息连成一片，将碎片化的信息串联成互联化的信息，从而实现读者与馆员、前台与后台之间的智能联接。全面感知是建立在数字化、网络化和智能化的技术基础之上的。美国芝加哥大学的曼索托图书馆每年新增书籍约 15 万册，运用智能技术，该馆建立了机器人堆叠书库管理系统，对所收藏的 350 万册书籍进行了全面感知。这种新型堆叠管理技术跳出了传统图书馆普遍采用的杜威十进制图书分类法，转而以书籍的书名和尺寸进行分类。尽管这种按书籍尺寸排列的方法在全球个别图书馆中曾经被使用过，但运用智能机器人来操作还颇具新颖性；使用这种智慧的方法管理书籍后书库的占地面积仅为常规书库的 1/7。图书馆不仅需要感知馆内的文献信息，还需要将感知的触角伸向社会的方方面面。2012 年 5 月底图书馆服务宣传周期间，上海图书馆与盛大文学合作，网络文学在公共图书馆“登堂入室”，面向广大读者开展了数字网络阅读服务。美国华盛顿州西雅图市图书馆在多媒体文献全面感知的基础上实现了读者服务的实时数据显示管理，图书、DVD、CD 等各类文献的读者实时服务数据通过大屏幕分类显示，一目了然。挪威国家图书馆的汽车图书馆也是在信息全面互联感知基础上实现了汽车图书馆内外人的互动及文献借阅和音乐欣赏等多样化服务。这些都是全面感知的案例。

2. 立体互联的图书馆

立体互联是图书馆跨部门、跨行业、跨城区乃至跨国界的全面立体互联；是图书馆物理空间的楼楼相联、层层相联、区区相联、室室相联、桌桌相联、机机相联、屏屏相联、藏阅相联的互联；是图书馆文献的书书相联、网网相联、库库相联，是图书馆服务主体馆员间的互联；是图书馆服务客体读者间的互联，也是主体馆员与客体读者间的人人互联；是人机交互的互联，也是互联网、广电网和电信网的三网融合的互联。以图书馆的信息立体互联安全保障系统为例，该系统需要在图书馆内外进行全天候实时信息监控，防火、防水、防盗、防突发安全事故发生；对图书馆在不同空间的建筑进行统一的安全监控；对进入图书馆的人员所携带的物品进行安全识别；对借阅和复制等文献等进行检验；对图书馆内外区域进行身份感应，设置不同的感应门禁，授予不同人员以不同的权限；对进入善本书库、机房等重地人员进行出入的信息识别等，通过立体的信息感知进行严密而有效的安全防范。

法国国家图书馆在多前年就已建立起图书馆座位预订信息管理系统。随着大学图书馆座位供需矛盾的出现，这种座位预订信息管理系统在中国的大学图书馆中开始出现。继厦门大学之后，南京医科大学江宁图书馆在 2012 年 5 月推出了图书馆座位管理系统，在图书馆座位电子显示屏上，读者可以像在电影院选座位一样，通过可视化界面，方便灵活地选择自己喜欢的座位；可以预约图书馆座位，实现人（读者）与物（座位）之间的立体互联，从而达到高效使用座位资源并营造良好阅读氛围的效果。目前国内很多高校图书馆都建立了图书馆座位预订信息管理系统。

3. 共享协同的图书馆

互联的图书馆需要有信息共享的基础和环境，突破体制和机制的障碍，实现信息互联共享基础上的深度协同。这种共享协同的创新实践在图书馆服务与管理中是可以大有作为的。例如，在各图书馆之间可以创建个人诚信信息系统，各个图书馆的读者诚信记录可以实现同城联网、全省联网乃至全国联网，这就需要运用智慧图书馆建设的协同理念，在信息技术的支持下创建图书馆诚信协同机制，并逐步建立起图书馆读者诚信网。图书馆各区域空间的服务与管理可以借用社会管理中的网格管理理念和方法，将图书馆服务空间划分为若干服务管理网格，将共享协同管理在特定的网格空间中实现，及时就近为读者提供全方位和一体化的服务，使读者的问题和期望在某一服务点位上得到一揽子解决和满足，为读者节约时间，使读者服务更加方便快捷、管理更加主动到位。

（二）智慧图书馆是高效的图书馆

高效的图书馆是节能低碳的图书馆，是灵敏便捷的图书馆，也是整合集群的图书馆。智慧图书馆表面上看在相当程度上是数字化、网络化和智能化的技术问题，但从深层次的角度观察，智慧图书馆实际上是一个服务问题、管理问题和环境问题，是一个图书馆的发展战略问题，也是未来图书馆的发展模式问题。

1. 节能低碳的图书馆

绿色发展是当代全球发展的趋势和聚焦点，也是智慧图书馆的灵魂，而节能低碳正是绿色发展的重要途径和方法。节能低碳的图书馆与智慧公众有密切的联系，许多方面需要读者与馆员转变阅读与工作方式，增强绿色发展的理念并付诸实践，从身边的事情做起，从一件件小事做起。2011 年 12 月，上海交通大学图书馆与美国国家仪器公司 NI（National Instruments）合作，针对传统中央空调忽冷忽热的现象，发动大学生共同设计了国内首个高校图书馆室内“环境监测与节能系统”，通过对空气温度的区域即时感应做出相应的温度调控，体现出了智慧图书馆在节能低碳发展中的理念创新与实践创新。就图书馆建筑设计而言，应尽可能设计大平面建筑，以减少电梯的使用，如 2010 年前后上海援建的四川省都江堰市图书馆就是类似的建筑。这一建筑利用旧厂房改建而成，整个建筑呈三层平面展开，既方便读者，又相对节约了图书馆建筑中垂直交通的能源。而近年来新建成的台北市立图书馆北投分馆正是以绿色为其设计、管理和服务的主要特征。该图书馆坐落于居民区旁的树林绿化丛中，整个建筑多采用木结构，以产生冬暖夏凉的效果。建筑顶部有太阳能板以生产清洁能源，并专门设计了雨水利用的坡度与管道，用于馆内的卫生间用水等方面，在图书馆建筑外的玻璃幕墙上，进行了绿色图书馆的主题宣传。这一图书馆“绿建筑”发展的全新案例为我们建设节能低碳的图书馆提供了成功的经验和有益的启示。

图书馆是用纸大户，若在工作中减少用纸，对读者倡导数字网络的文献保存与传递方式以减少复印用纸，将有很大的节能空间。据测算，每节约 10 张 A4 纸，可节约 1 度电，每节约 3000 张 A4 纸，可少砍伐 1 棵 20 年树龄的树，如此，图书馆通过节约用纸即可在无形中为绿色发展做出不少贡献。图书馆还可以通过使用感应电梯、感应用水、节能照明、雨水利用等方法来节约能源，也可以通过讲座、展览等服务特色，倡导低碳伦理，包括节俭、责任、公正、和谐等原则。

2. 灵敏便捷的图书馆

智慧图书馆就是要实现图书馆服务与管理各要素间的整合转型，体现图书馆反应的即时性和适时性，使图书馆复杂的神经系统在面临千变万化的动态发展情况下能够做到“耳聪目明”并快速反应，藉以提高图书馆管理的灵敏度；在智能技术的帮助下做到图书馆应急管理中的第一时间发现、第一时间处置、第一时间解决、第一时间公布，提升图书馆的管理效率。随着 20 世纪末至 21 世纪初图书馆大型建筑一个个拔地而起，图书馆的电梯数量越来越多，电梯故障也时有发生。通过智能技术的物联网，可以实时监控电梯运行，让每台电梯自己成为“安全员”，使电梯运行故障得到及时发现并处置。而同城（乡）一卡通服务体系的构建，也使图书馆信息系统的负载越来越大，系统故障不能完全避免；而一旦体量巨大的信息系统遭遇“短路”，就会给全系统的总分馆服务带来很大的影响，这就需要运用信息应急系统来缓解系统可能发生的突发故障，处惊不乱。例如，采用备用系统或替代方案等，并进行各图书馆相关人员的应急演练，以体现智慧图书馆信息管理系统的灵敏便捷、快速反应。

3. 整合集群的图书馆

智慧图书馆将实现跨系统的应用集成、跨部门的信息共享、跨网络的融合互通，以形成可操作、可控制、可监管、可共享的互联平台和集约发展，包括馆藏特色文献平台、全媒体数据库平台、人财物信息统计公开平台、读者服务数据统计平台、法规制度政策平台等，为读者和业界提供一体化和全方位的管理与服务，这正是智慧图书馆追求的整合集群管理的理想形态。

“同城一卡通”是 20 世纪初以来图书馆整合集群的典型案例，这种突破行政区划和城市中的分级财政而实现的跨区域的全城（乡）一卡通用，使图书馆公共文化服务体系实现了质的飞跃，使原本一个个独立的图书馆资源整合为集群共享的图书馆，使图书馆的设施资源、文献资源及人力资源的效能走向了最优化。近 10 年来，网上讲座与网上展览整合集群联盟的形成与发展，也使得这两项发展迅速的图书馆新的核心业务发挥出更大的效益，使东中西部图书馆的特色资源得到了互相支持和共同发展，尤其是使广大中西部地区和东北地区的读者享受到了原本难以得到的东部地区图书馆的讲座服务和展览服务，也使东部地区得到了颇具特色的中西部地区和东北地区的讲座与展览资源。

（三）智慧图书馆是便利的图书馆

智慧图书馆将给读者和馆员的学习和工作带来巨大的变化，通过信息技术的引领、图书馆管理方式的转型以及读者信息素养的提升，智慧图书馆将给广大读者带来便捷利民的实惠，成为无线泛在的图书馆、就近一体的图书馆、个性互动的图书馆。

1. 无线泛在的图书馆

2001 年，韩国首尔提出了“泛在城市”计划，以构建城市内随时随地网络接入和服务接入的城市信息环境；2004 年，美国费城市政府在世界上第一个提出“无线费城”规划，以实现城市内宽带无线网络覆盖。泛在城市和无线城市给无线泛在的图书馆创造了良好的信息环境。中国信息环境的发展也为无线泛在图书馆创造了巨大的潜在用户。据 2012 年 5 月召开的 2012 世界电信和信息社会日大会上透露的信息，2009 年初启动商业运营以来，中国 3G 用户已达到 1.52 亿，手机网民超过 3 亿。截至 2012 年 3 月底，中国电话用户总数达到了 13.03 亿，其中移动电话用户数达到了 10.19 亿；宽带用户达到了 1.58 亿，互联网网民规模超过了 5.2 亿。2016 年 1 月 22 日，中国互联网信息中心（CNNIC）发布了第 37 次互联网统计报告。该报告指出，截至 2015 年 12 月，中国的互联网普及率已经达到 50.3%，中国上网居民人数已经过半，达到了 6.88 亿，其中有 90.1%的网民使用手机上网。2018 年中国工业和信息化部发布的数据显示，截至 2018 年一季度，中国 4G 用户总数达 10.5 亿户，4G 用户总数占移动电话用户总数的 72.2%。2018 年世界电信和信息社会日中国移动副总经理李正茂表示，中国移动 2016 年成立的 5G 创新中心，已有 127 家企业加入，智能驾驶企业、机器人公司、芯片公司等以人工智能技术为核心的企业占到一半。移动互联网已深入到包括图书馆服务在内的电子商务、媒体传播、信息服务、生活娱乐等几乎所有社会生活领域。无线数字图书馆正在成为越来越多图书馆的服务方式。有线宽带城域网、无线宽带城域网、移动数字电视网、移动多媒体网的多网融合立体型基础网络架构正在一些城市中形成，并陆续应用于文化服务等领域。来自中国移动的数据显示，截至 2012 年 4 月底，全国已有 30 个省 302 个城市的无线城市门户上线推广，在这 302 个城市中，无线城市已上线 16 000 余个应用，环比增长 10.4%，累计独立用户超过 1700 万。据 GSMA 移动智库与中国信息通信研究院发布的名为《移动运营商与数字转型》的最新报告显示，到 2020 年，中国机器对机器（M2M）市场的连接总数将达到 10 亿。目前，全球“无线城市”已达 1500 个。通过无线城市的建设，图书馆已经并将不断构建起“图书馆总在我身边”的学习阅读环境，让读者通过手机和多媒体信息载体实现时时可读、处处可读、人人可读的学习休闲环境，即大多数文献都能够合理使用信息技术或在数字化环境中利用；大多数读者能够熟练运用信息技术进行文献查询和信息咨询，进行自主学习、探索研究并解决阅读中的问题；大多数的图书馆服务方式能够提供跨时空的服务路径，让读者可以得到个性化、可选择、互动型的服务。深圳图书馆倡导实践的城市街区 24 小时图书馆及台北地区的多个无人自助式图书馆就被誉为智慧图书馆的一种泛在式的创新服务。

2. 就近一体的图书馆

智慧图书馆的精髓是以人为本理念下的数字惠民，就是要让读者能够就近实现同一空间一体化的阅读学习解决方案，享受智慧图书馆带来的身边的服务，以体现智慧图书馆便民、利民的本质追求。

手机图书馆或掌上图书馆成为就近一体图书馆的生动体现。上海图书馆的手机图书馆自 2003 年策划、2004 年试点、2005 年正式推出以来，2007 年和 2012 年又先后进行了功能提升，实现了上图信息、书目检索、读者服务、微博分享、移动阅读、你问我答和分馆导航等多项功能的整合。重庆图书馆的手机图书馆功能也包括了丰富的内容，如书目查询、我的图书馆、重图新闻、重图电子书、入馆指南、读者互动、阅读通、讲座预告、使用说明等。中国国家图书馆的“掌上国图”则以其独特丰富的内容形成了服务的特色。移动通信在图书馆中的广泛应用，使 21 世纪初提出的“我的图书馆”的创新理念真正落到了实处。

通过信息技术的整合，世界上的一些大学图书馆已实现了同一阅览空间的印本阅读、数字阅读、电子传输、数字下载、按需印制等一体化服务方案，避免了读者以往服务中在楼层上下奔波；同时也让读者穿越了私人研究工作空间与图书馆阅读学习空间的传统隔离，可以更自由、更自主、更节约、更方便、更泛在地利用图书馆。

3. 个性互动的图书馆

智慧图书馆是服务质量更高的图书馆，这种高质量的服务品质，体现在智能化程度更高的个性化的服务以及读者参与互动式、自主式的服务与管理。2010 年上海世博会举办期间，上海图书馆与普陀区图书馆合作，在世博园区中设置了图书自助漂流亭，这种自助漂流亭可以进行网上信息查询、参考咨询、文献传递，也可以 24 小时自助借还印本图书。还有不少图书馆开展了“讲座队信通”服务，即读者预约图书馆讲座，只需提供手机号码即可进入网上排队系统，系统以短信及时告知读者预约是否成功。图书馆的微博分享、你问我答、网上知识竞赛、电话预约、网上联合知识导航站、参考外借远地预约就近取书、微信公众号互动等都体现了个性互动的服务。这种个性互动的服务都是借助于日益发展的数字化、网络化和智能化的技术进行的。智慧图书馆的发展体现了以人为本的理念：智慧图书馆的发展是为了读者，图书馆的创新转型要让读者得实惠，图书馆提高服务品质要让读者共同参与，智慧图书馆的发展成果要与读者共享。智慧图书馆的发展秉持如下的价值观：更智慧的图书馆、更优良的服务与管理。

第三节　智慧图书馆的构成要素与核心要素

智慧图书馆是智慧化的综合体，由智能技术、智慧馆员和图书馆业务与管理系统这 3 个主体要素相互融合发展而成，是智能技术和智慧馆员作用于图书馆业务与管理体系所形成的智慧系统。其中，智能技术是实现智慧服务的途径和手段，包括物联网和智能代理等关键技术；馆员及其智慧是图书馆开展智慧服务和智慧管理的核心；优化的业务与管理是智慧图书馆发挥作用的基础条件。智能技术应用到图书馆业务与管理的各个环节和流程时，构成了包含智能楼宇管理、智能定位系统、智能采访、智能图书推荐、智能信息检索、智能信息咨询和智能情报分析等在内的智慧图书馆，而当智慧馆员与智能系统相结合将服务提供给用户时，智慧服务应运而生（图 5-2）。智慧图书馆建设的关键在于技术装备和技术手段，这些技术是实现智慧图书馆管理和服务的前提。智慧图书馆研究的几个关键技术包括：Saas 系统、物联网、RFID 技术、ZigBee 技术、可穿戴技术、数据挖掘技术、3D 虚拟现实技术、Beacon 技术、人工智能技术。

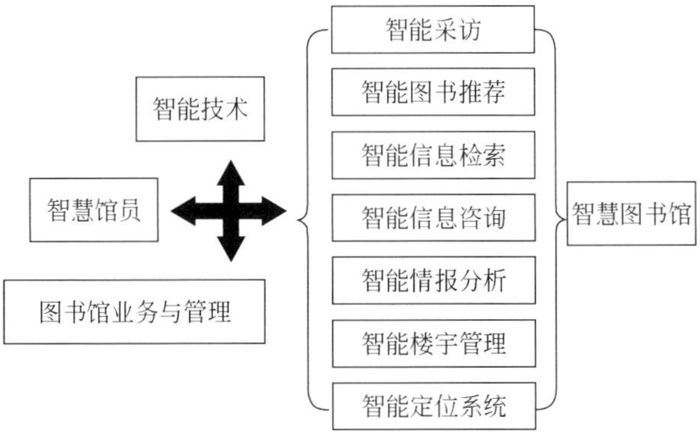

图 5-2　智慧图书馆的构成要素

一、智能技术

（一）Saas 系统

图书馆一切硬件设施的铺设与建造都是为了让软件服务能够更好地开展，因此软件服务才是智慧图书馆的本质核心。Saas 系统是“soft as a service”的简称，它是进入 21 世纪以来针对快速多变的软件开发需求而衍生出的一种软件应用模式。Saas 系统的工作原理就是用户依据自身的需求向厂商订购软件服务，厂商将研发成功的软件、数据库统一部署在自己的服务器上，用户只需要通过互联网连接到服务器上便可直接使用该软件，且软件和服务器的维护与管理全部都由厂商负责，用户不用费心参与，从而节省了自身培养操作与维护人员，以及购买数据库和软件的成本（图 5-3）。B.W. Min 认为 Saas 系统实际上是一

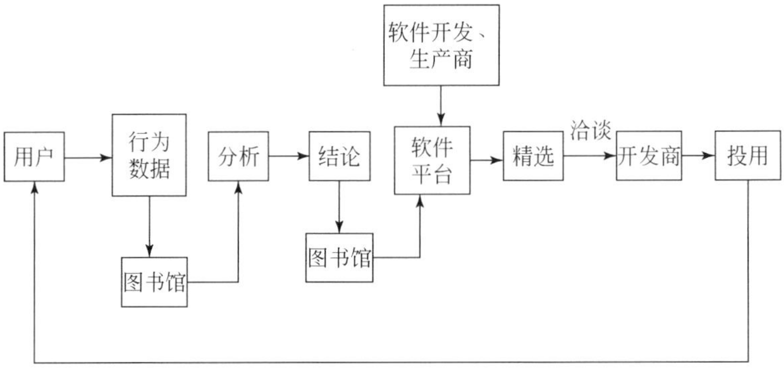

图 5-3　Saas 系统

种多租户的软件租赁服务。以往的图书馆软件开发模式是馆内自筹技术人员开发或者是直接从生产商处购买，生产商会对后续维护与升级服务额外收费，这会加大图书馆的经济负担。而图书馆采用 Saas 软件开发系统，以联盟共生的方式推动智慧图书馆的建设，智慧联盟各成员馆可以组成一个多租户群，对于图书馆建设和发展中需要用到的共同的软件服务实行多租户的 Saas 系统，共同与软件开发商洽谈协商，"只租不买"，减少了费用的消耗，并根据实际情况选择合适的数据存储模式，互利共生，共同发展。

（二）物联网

物联网的概念最早是在 1999 年美国召开的移动计算和网络国际会议上被提出的，经过几年的发展和完善，于 2005 年由国际电信联盟（ITU）在《ITU 互联网报告 2005：物联网》中被正式提出。物联网概念的核心思想是借助于 RFID 等各种传感设备，将物理世界中的各种实体与信息世界互联互通，并通过对传感设备功能的升级和拓展，实现信息世界中的指令能够直接对物理世界各种联网设施进行管理和控制，形成一个更大范围的统一系统。

关于物联网的学术定义是：具有自我标识、感知和智能的物理实体基于标准的通信协议进行连接，构成物理世界和信息空间之间融合的信息系统。目前，国内外都掀起了研究物联网的热潮。"智慧地球"的概念一经提出，便受到了全世界的关注。美国将其上升至国家战略层面。在我国，2009 年 8 月温家宝总理视察无锡时提出要尽快建立中国的传感信息中心，或者叫"感知中国"中心。从此，掀开了我国研究物联网的新篇章，各种科技力量对物联网技术也开始用全新的角度和眼光予以审视。在国外，物联网更多地被冠以信息物理系统（CPS）进行研究，虽然目前也有一些学者在研究物联网和 CPS 的区别，甚至区分是物联网包括 CPS，还是 CPS 包括物联网。但总体而言，目前主流的研究者基本将物联网和 CPS 视为对等的研究对象。物联网技术发展的前提是对相关技术进行标准化，我国自 2005 年开始，在物联网方面已经制定了 24 项国家标准和 14 项行业标准，在国际标准化组织（IEC）的指导下对传感器和智能传感器技术进行了标准的制定，无线组网技术的标准主要参考的是 IEEE802.15 规范。虽然在物联网领域还有很多标准有待制定，但是从目前的发展势头来看，物联网标准化工作正朝着积极、统一的方向发展。当前，我国还处在物联网技术的应用初期，研究的方向主要有射频标识（RFID）与传感节点技术、组网与协同处理技术、应用软件与系统集成、体制体系及标准符合性测试等。

（三）RFID 技术

RFID 是一种非接触式的自动识别技术，主要通过射频信号自动识别目标对象并获取相关数据。作为物联网的核心感知技术，RFID 技术并不是孤立的，它可以通过与互联网、通信等技术的结合，实现全球范围内的信息共享。RFID 技术更多的得到了广大图书馆的青睐。台北市立图书馆于 2010 年采用 RFID 技术，通过电子闸门和自助借还机的协助，迈出了无人值守的智慧图书馆建设的重要一步。RFID 技术在图书馆的应用多以 RFID 标签的形式，RFID 标签主要分为低频段、高频段、超高频段和微波频段。在图书馆领域常用的是优点较为突出的高频段和超高频段两种，可以帮助图书馆很好地实现部分智慧化功能，如 24 小时全天候自助还书、图书的自动分拣、排架和顺架，以及快速盘点馆藏资源、更高安全系数的智能门禁等。在国内有关智慧图书馆技术的研究中，RFID 被众多学者提及，多位学者都对 RFID 技术在智慧图书馆中的应用进行论述，并根据分析存在的问题提出了相应的建议。由此我们可以推断，RFID 技术是智慧图书馆的核心技术，但它并不等同于智慧图书馆。

RFID 技术在智慧图书馆中非常具有潜力，它是图书馆具有智慧性的前提。RFID 具有以下四种功能价值：

（1）图书馆最宝贵的资源在于它储藏的海量文献。在分类法的帮助下，馆员们只能将图书按大类进行管理，无法具体到某一本书，但若采用 RFID 标签，这一局面将会彻底改变。前期馆员们只需将书本信息输入 RFID 标签，再把标签植入到书本中，那么日后读者或者馆员查阅时只需要在图书馆系统中键入书名，显示屏上便能快速显示该书的方位、路径，便于查找（图 5-4）。同理，由于 RFID 技术使得图书能够被快速定位，它在跟踪外借图书、追踪物流、防止图书失窃上也能发挥卓越的作用。

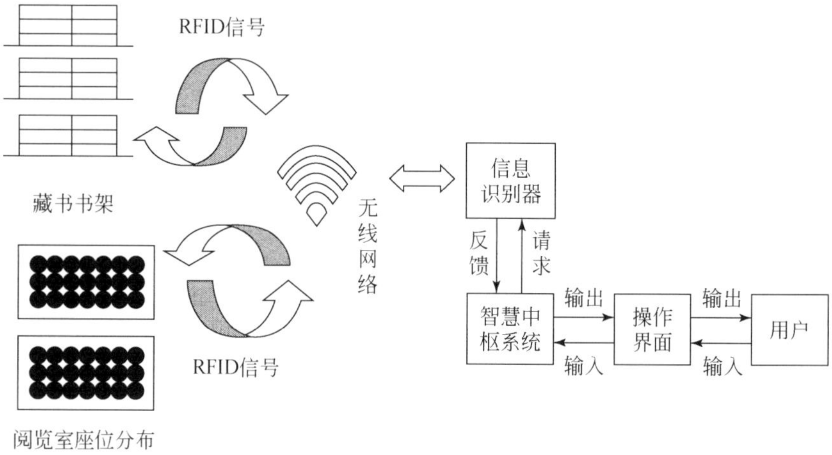

图 5-4　RFID 运作机制

（2）RFID 在图书馆中的另一项重要的功用体现在预约阅览室座位上。经过改良的（植入重量传感器）带有射频标签的座位可以通过馆内覆盖的无线网络将自身是否空闲的信息发送给控制中心，中心接收后会把这些信息汇总，以图像的形式呈现在馆内阅览室显示屏上，读者也可以根据手机客户端 APP 查阅，并在线免费预约（图 5-4），根据自己的喜好可以预约到具体的书桌及具体时间段，逾期的预约系统会在保留 20～30 分钟后自动取消。对于恶意预约的行为则严厉禁止，通过扣减个人图书馆信用积分、减少其借阅数量、限制预约等做到违者必究。RFID 在图书馆照明采光、防火、通风、安全认证等方面的应用上也有着巨大的价值，在此不再一一列举。

（3）RFID 的广泛运用，可以把图书馆打造成物联网中的一部分，实现馆馆相连、馆人相连、馆物相连和物物相连。在建设智慧图书馆时要多加运用 RFID 技术，但该技术的运用，尤其是对人的标签植入会牵连到隐私权的问题，所以要有后续的技术和法律支撑，杜绝隐私泄露的问题。这需要政府早日出台相关法律，保障用户权益，为智慧图书馆建设提供法律保障。

（4）RFID 标签的普及会促进 NFC 的广泛运用。NFC 又称近距离无线通信，是一种短距离的高频无线通信技术，允许电子设备之间进行非接触式点对点数据传输（在 10cm 内）交换数据。这种技术由 RFID 演变而来，并向下兼容 RFID。它在图书馆也获得了越来越广泛的应用。

（四）ZigBee 技术

ZigBee 是一种自组网的双向无线通信技术，具有低成本、低功耗、低速率、低复杂度等特点。远距离身份识别、环境监控及无线网络定位等方面是 ZigBee 较为突出的优势，但是与 RFID 系统相比，其在近距离通信及精准身份识别系统等方面的价格和性能则处于弱势。ZigBee 与 RFID 之间存在明显的优势互补，将两者结合起来，可应用于图书馆的感知网应用系统设计，有利于确保所获取数据的准确性及完整性。

（五）可穿戴技术

可穿戴技术是一种嵌入式的新兴技术，将物联网、多媒体、RFID、可穿戴设备、传感器等泛在网络技术嵌入到人们日常的衣着和随身物品中，从而实现人机智能交互。可穿戴设备依托云计算和大数据，打造人、环境和网络的无缝连接，使捕捉到的用户信息更加准确、真实。作为智慧图书馆建设的助推器，可穿戴技术在图书馆中的应用包括对读者进行多功能导航，提高弱势群体对图书馆的利用率，实现用户个性化知识服务，充分体现了智慧图书馆以人为中心的理念。

（六）数据挖掘技术

数据挖掘是在大数据背景下产生的一种新兴技术。运用数据挖掘算法，如 KNN 算法、支持向量机、决策树、朴素贝叶斯算法等，可在大量数据中搜索出具有利用价值的数据，并将其转换为有用的信息和知识应用于各领域。智慧图书馆运用数据挖掘技术可以将图书馆中海量的知识资源动态串联起来，满足用户个性化需求，在智慧图书馆用户行为、知识发展趋势、用户群变化、图书馆发展等预测领域，都具有绝对优势和良好的发展前景。

智慧图书馆通过着力发展数据挖掘技术至少会赢得三方面的成功：

（1）向用户推送信息，提供个性化业务。智慧图书馆的服务应当做到满足用户的个性化需求，这包括两个方面的内容：①对用户自身的推送；②对相同偏好用户群的推送。每位智慧图书馆的用户都会用自己的个人信息注册图书馆账号以方便接受服务，那么用户的学历、性别、年龄、检索历史、借阅情况等结构化、半结构化和非结构化信息都会被记录在图书馆服务器上。系统采用数据挖掘技术对这些信息进行分析，判断用户偏好，当有满足用户偏好的书目上新或者被归还时，系统可以自动向用户推送这些消息，吸引用户注意。对于相同偏好用户群的数据挖掘和分析则可以帮助图书馆向该群体推荐恰当的书目，使“一人独占”变成“群体共享”，方便大家交流和推荐优秀书籍。此外，系统可以对将来新注册的用户，根据他们注册时提供的年龄、专业、性别等信息进行预判，直接推送相关书籍，帮助用户节省检索时间与精力。

（2）提供“组合阅读”的功能。在数据挖掘技术的帮助下，系统可以计算出不同图书间微小却又紧密的联系，方便图书馆对图书重新分类排架，使图书具有“1+1＞2”的组合功能。例如，将烹饪类的图书与养生方面的书籍搭配上架，效果会更优。

（3）可将图书馆的各类结构化、半结构化、非结构化资源合并分析，各图书馆间也能充分进行信息沟通。因此，在用户行为、知识发展趋势、用户群变化、图书馆发展等预测领域，数据挖掘技术具有显著优势。

（七）“3D”虚拟技术

“虚拟”一词最早出现在计算机领域，被用来扩大内存、帮助 CPU 运算，这也就解释了起初的虚拟技术为何大多是以“2D”形式呈现。伴随着社会的发展，“3D”虚拟技术被提上了研究日程，但是，“3D”虚拟技术提高的仅仅是画面的立体感和逼真度，只有嵌入了人工智能的“3D”才能造就互动的“虚拟物”。智慧图书馆“3D”虚拟的实质是用户与具有人工智能的智慧中枢间的交流，虚拟物其实是人工智能的“代言”（图 5-5）。此外，要为读者营造逼真的“3D”环境，使书中的场景和知识可视化。因目前虚拟技术成本较高，故智慧图书馆在前期建设中只需要在馆中开辟一个专门用作“3D”虚拟演示的空间即可，后期可逐步扩展。来访者可以通过手机 APP、智慧图书馆网站或到馆预约体验。来访者应当被事先告知，为了维护设备安全和馆内秩序，体验过程在法律允许的范围内会被监控和记录。

“3D”技术得以运用的前提是大量馆员事先对海量图书知识资源进行扫码和编码，将其转换成动画、视频、音频等信息存储在数据库中，这是一项长期工程，需要各智慧图书馆间相互协作才能完成。

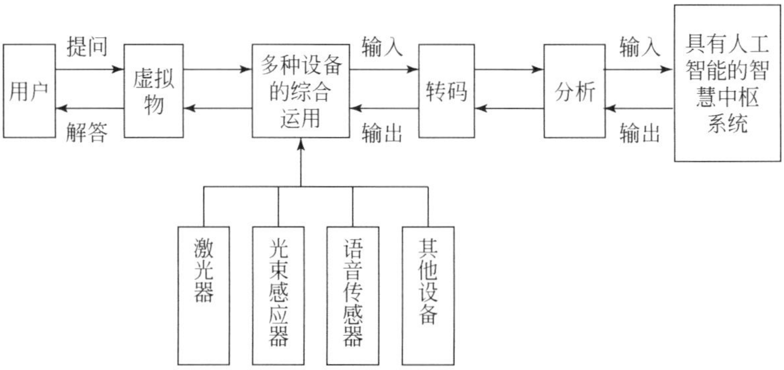

图 5-5　“3D”虚拟技术的工作原理

（八）Beacon 技术

2013 年 6 月，苹果公司发布了 iBeacon 协议，是一种基于低耗能蓝牙技术（bluetooth low energy，BLE）的信标。Beacon 技术是利用 BLE 的特性使 Beacon 信息基站和能感应 Beacon 信号的智能设备实现数据感知，其最大的特点是能够创建基于位置的情景式服务体验，在图书馆应用的效果是服务方式随读者情境变化，即时提供适用的服务体验。可以说，Beacon 技术为智慧图书馆服务带来了新的应用方案。

1. Beacon 服务系统

Beacon 服务系统由 Beacon 设备、手机终端、服务器 3 部分组成（图 5-6）。技术原理是手机终端进入 Beacon 设备可接收范围内时，会接收到 Beacon 设备发射出的位置信息，再上传到服务器，经服务器分析信息后，将处理指令传输到手机终端。与标签式定位不同，Beacon 技术实现位置导航采用的是三角定位，这就需要更多的 Beacon 设备来增加部署密度。通常的导航需要靠多个信源来插串位置，因此要使用多个 Beacon。当使用一个 Beacon 时可以定位读者在它的附近，而如果用 3 个 Beacon，就可以准确地知道读者的具体位置。Beacon 的服务主要是通过开发专用 APP 或集成到原有 APP 中来提供，开发专用 APP 可以利用 Beacon 实现多种服务但开发成本高，集成到原有 APP 的方法可以节省成本但可实现的服务功能有限。开发模式下的图书馆微信平台经认证后可以搭建 Beacon 应用平台，实现类似“摇一摇周边”的简单应用服务。

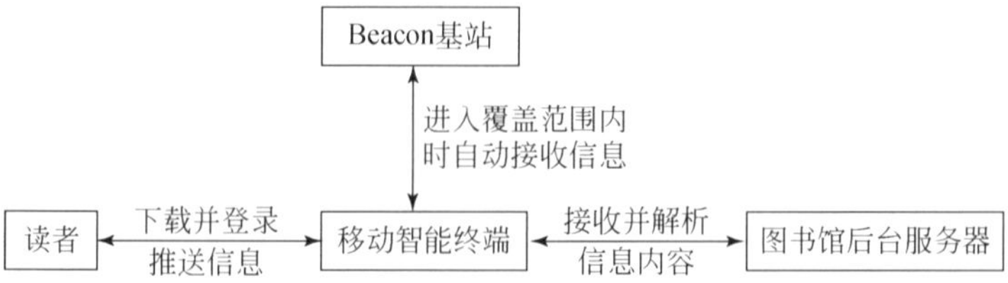

图 5-6 Beacon 应用流程

Beacon 技术在国外一些大型博物馆已经获得应用，目前正应用于一些大型图书馆。例如，美国加利福尼亚州的奥兰治郡公共图书馆及日本名古屋大学中央图书馆均部署了 Beacon 设备，用于向读者提供馆藏定位、馆内 3D 导航、图书馆活动预告等服务。Beacon 基站在获取用户情景信息方面普遍适用，可以与 Wi-Fi、NFC 结合使用，共同获取用户的位置、轨迹、用户行为等情景信息。

2. Beacon 设备在图书馆信息服务中的应用

（1）入馆读者信息推送：在图书馆入口处安装 Beacon 设备，当读者接近图书馆入口时，Beacon 设备自动阅读读者手机上的 APP 或读者一卡通并向读者发送信息，内容可以是读者的个性化信息，如读者已借阅图书信息、预约研修室信息、座位预约信息等，还可以包括图书馆读者培训信息、图书馆开展活动信息等。

（2）馆内 3D 导航服务：目前一些国内外大学图书馆已经实现了基于 Beacon 设备的图书馆内 3D 导航服务应用。当读者进入图书馆后，应用手机上的 APP 输入图书馆元素信息，图书馆服务后台将采用 Beacon、RFID 等技术，自动为读者提供所查信息定位导引服务，在读者的手机上显示 3D 导引地图，让读者随时随地从所在位置获取自己需要的信息资源，从而节省读者的查找时间。

（3）读者所在位置信息服务：Beacon 技术最广泛的应用方向是场景化信息推送，该项功能已经在国内外一些大型博物馆及图书馆得到了应用。它能很方便地为读者提供所在位置的信息服务，如当读者停顿或徘徊在某一书架区域时，还能向读者推送该区域的新到书刊信息，同时根据该读者以往的借阅记录推荐在架书刊信息等。

（九）人工智能技术

人工智能技术是时下最热门的先进技术之一，模拟人类大脑来进行运作，其中包含多个领域的技术，如智能机器人、语音识别、机器学习平台、生物特征识别技术等，与智慧图书馆的建设理念较为契合。2018 年全国两会，总理政府工作报告再次提及“人工智能”，将“实施大数据发展行动，加强新一代人工智能研发应用”作为政府工作的建议。近两年国家政府及有关部门也从战略层面确立了人工智能发展战略目标，促进开展人工智能前沿技术研究，并相继推出了《机器人产业发展规划（2016—2020 年）》《促进新一代人工智能产业发展三年行动计划（2018—2020 年）》《新一代人工智能发展规划》等一系列政策规划。未来人工智能技术将成为推动产业服务转型升级、提高人民生活水平的主要动力，深刻改变人类社会生活，改变世界。图书馆作为公共服务的重要机构，其发展都伴随着科学技术的创新与突破，互联网的问世、物联网的发展、人工智能的兴起，都是图书馆从传统图书馆向智慧图书馆跨越的推动力。目前国内还没有学者发表人工智能技术在智慧图书馆应用方面的研究成果，但这并不代表智慧图书馆的未来建设中运用不到人工智能。随着近两年国内人工智能技术的快速发展，各科创公司对人工智能的研发力度不断加大，我们推断人工智能技术将会成为智慧图书馆技术体系的重要一员，甚至成为核心技术，而人工智能技术与图书馆的融合也可能会成为未来学者研究的热点。

1. 国外图书馆智能机器人服务研究现状

如今人工智能方兴未艾，人工智能技术在图书馆中的应用将为图书馆的发展带来新的机遇，其中智能机器人技术越来越成为促进图书馆信息服务转型升级的关键技术，是图书馆信息服务向智慧化迈进的重要手段。智能机器人入驻图书馆是大势所趋，图书馆信息服务也将离不开智能机器人的辅助。国内外对智能机器人技术在图书馆信息服务中的应用都有诸多积极的探索。在国外，图书馆机器人的研究探讨开始较早，经验丰富且先进，多集中于实际应用与技术开发，并越来越注重智能化发展，图书馆机器人已广泛应用于图书馆智能立体书库、图书搬运与盘点、图书自动存取、图书扫描与远程阅览、智能咨询、特殊人群服务等图书馆服务中。早在 1987 年 J. Kountz 就讨论了图书馆机器人的初始形态——自动存取系统（automated storage and retrieval system，ASRS）技术在图书馆中应用的可行性，随后基于 ASRS 的智能立体书库在欧美等发达国家图书馆被广泛应用。德国洪堡大学图书馆和日本大阪市立大学采用自动导引车（AGV）构建的图书搬运机器人系统实现了图书的搬运和放置等图书馆自动化工作。美国约翰·霍普金斯大学开发研制的异地图书存取机器人系统（CAPM）和西班牙卡斯捷罗大学综合多传感信息的图书馆存取机器人系统（UJI）还应用于图书自动存取、扫描和远程阅览等图书馆服务。之后的图书馆机器人融入了更多物联网、人工智能等元素，尤其是基于 RFID 的盘点机器人和智能咨询聊天机器人。例如，新加坡科技研究局（A＊STAR）资讯通信研究院的研究人员设计的 AuRoss（自动机器书架扫描）机器人，通过扫描书上的 RFID 标签来报告丢失或放错位置的书籍；内布拉斯加大学林肯分校图书馆的聊天机器人通过挖掘分析聊天记录优化回答数据库，为用户提供更具有针对性的答案；Jin Shaokun 提出了一种可以通过与用户之间的对话来实现语法规则库自动更新的聊天机器人系统。针对老幼病残群体，Lin W.和 Yueh H.P.对儿童用户与图书馆机器人之间的互动关系及人机距离进行评估和探索，记录分析了参与者在面对不同外观机器人时对机器人的态度以完善图书馆智能机器人，使其提供更好的辅助服务，不断完善图书馆的智慧信息服务。

2. 图书馆智能机器人技术的实际应用探索

自 2010 年以来，随着新一代图书馆信息技术的迅速发展，智能机器人技术在图书馆信息服务中的应用和技术研究逐步兴起，其中高校图书馆虚拟机器人服务的发展最为迅速。我国图书馆智能机器人技术的实际应用探索始于高校图书馆虚拟咨询机器人的开发与应用。2011 年，清华大学图书馆率先基于开源软件 A.L.I.C.E 开发出了实时智能聊天机器人“小图”；上海交通大学图书馆提出基于 Bot Platform 开源平台构建了图书馆智能化 IM 机器人服务模型，并尝试设计和实现 7×24 小时 IM 机器人实时咨询服务。两校相继推出虚拟咨询机器人后，重庆文理学院图书馆也基于 AIMLBot 智能机器人软件，通过对机器人的中文知识库进行分词和索引检索实现了图书馆实时虚拟参考咨询机器人服务。众多高校图书馆纷纷开发应用虚拟咨询机器人，这也引发了学界对于 Lib3.0 环境下的虚拟图书馆馆员的讨论。

近 5 年图书馆虚拟咨询机器人技术仍发展活跃，随着移动端社交软件的广泛应用，咨询机器人的应用平台开始基于飞信、MSN、微信平台、移动端 APP 等开展，东南大学图书馆、哈尔滨工业大学图书馆、深圳图书馆、上海闵行区图书馆纷纷基于不同的平台开发完善图书馆智能咨询机器人，针对读者需求提出设计方案，详细介绍系统架构和功能模块，并在实际应用中取得了良好的效果。图书馆智能机器人技术除了广泛应用于虚拟咨询机器人的服务模式构建，在图书馆盘点机器人、咨询机器人、移动机器人这样的实体机器人的建设上也有较多实际应用的探索。王展妮等从图书馆监控的角度，提出了一种动态交互的融合自主漫游及远程监控的图书馆移动智能监控站系统模型，填补了国内移动机器人的监控功能应用研究空白；南京大学图书馆基于超高频 RFID 技术研制开发了智能图书盘点机器人，图书盘点机器人可以自动快速地识别到图书的信息及图书所在书架的位置信息，减轻馆员的上架负担，实现了图书馆利用机器人管理图书的服务，还有南京大学智慧图书馆的研发产品——咨询服务机器人“图宝”，不仅可以提供咨询服务，还能迎宾引路、识别信息和进行简单的中英文交流。智能咨询机器人的落地化应用探索效果甚佳，这是智能机器人技术在国内图书馆应用中的重大创新突破。实体机器人在图书馆与书店中的应用逐渐成为一种趋势，近年来上海图书馆、湖北省图书馆、杭州新华书店、北京图书大厦等纷纷引进机器人，服务读者并吸引读者。

除了上面所提到的几种技术外，还有一些应用于智慧图书馆构建的技术，如 Wi-Fi、NFC 等室内定位技术、二维码技术，都在智慧图书馆研究中引起了人们的关注，并将在智慧图书馆的建设中应用。但任何一种技术都不能在智慧图书馆建设中独立存在，都需要与其他技术相配合，才能更好地实现图书馆的智慧化服务。

二、智慧图书馆的核心要素

（一）广泛互联的图书馆

智慧城市通过以移动技术为代表的物联网、云计算等新一代信息技术应用实现全面感知、泛在互联、普适计算与融合应用，图书馆这一文化载体为这些新技术的创新应用提供了文化实践的平台。物联网的本质是信息技术支持下跨时空的物物相联，云计算的本质则是大数据环境下泛在便捷的网络访问和个性化服务，这就为智慧图书馆创造了广阔的互联空间。智慧图书馆可以将图书馆、网络、数据库、物体及广大读者统一在智能的网格中，联为一体。智慧图书馆的“互联性”就是“万物互联”在图书馆的体现，也是万物互联环境下智慧图书馆构建的基础。

1. 馆际互联的图书馆

王世伟指出在书书相联、书人相联基础上建立起馆馆相联的图书馆是智慧图书馆的追求。智慧图书馆“互联性”“互联”是智慧图书馆最本质的特征，也是构建智慧图书馆的关键。馆际间的互联性更多地体现在馆际合作上，包括图书馆间的通信、图书资料的互借共享、图书馆在线联盟服务等。2012 年 4 月，南京航空航天大学、南京理工大学、南京农业大学、南京林业大学和南京体育学院 5 所高校成立了“南京城东高校图书馆联合体”，实现了资源统一检索和图书通借通还服务，近 3000 万册书刊已面向五校师生资源共享，使原本各自独立封闭的知识孤岛实现了互联共享。联合体拥有 826 万余册中外文纸质书刊、2100 万余册电子书刊、170 种专题数据库，体现了文献的丰富性和多样性。由上海市、浙江省和江苏省 153 所高校图书馆组成的“长江三角洲高校图书馆联盟”，引入 O2O 电商模式，打造国内第一个纸本资源线下共享、上门服务模式。通过地区间的共享联盟，馆际互联的图书馆突破了时间空间的限制，激活了单个馆的馆藏文献，延伸了单个馆馆员的服务效能，扩大了广大读者的服务选项。

2. 数据库与数据库之间互联的图书馆

在知识互联和跨学科的环境下，只有实现本馆内的库库相联和各图书馆间的库库相联乃至与社会各机构和全球各机构的库库相联，才是实现图书馆智慧发展的重要管理和服务理念。当今数字化环境渐渐成熟，读者逐步享受在线数据库所提供的快速查询与获取信息等服务，但却面临一个问题：尽管目前有许多在线数据库可供使用，但使用者往往不知自己所要找寻的信息在哪一个数据库中。因此，如何集成目前各个数据库的检索功能，提供一个简单灵活的检索接口已成为当前智慧化图书馆的研究重点之一。数据与数据之间的互联性主要体现在数据库之间的互联互通，各种类型的数据库能够兼容、集成整合，最常见的就是跨库检索。国家科技图书文献中心和国家科技数字图书馆共同组建“开放获取资源跨库检索系统”，目前其运行效果也受到各界的好评。

3. 人物相联的图书馆

人与物之间的互联性主要体现于人与机器、各类设施的互联。一方面，用户能够更方便更有效地使用图书馆设备，满足自身的信息需求，如武汉大学图书馆采用电子阅览器为读者提供馆内资源导航服务；另一方面，图书馆能够利用各种机器设备为用户提供服务，包括座位预订、信息推送等，如清华大学 2012 年推出的名为“小图”的图书馆机器人具备自动学习功能，提供在线解答、书籍搜索等服务，其作用是更好地协助图书馆为用户服务。一些图书馆还开展了“讲座通道”服务，即读者能够根据自己的阅读需要来预约读书讲座。有了数字化、网络化和智能化的基础建设，图书馆如同一台便捷式电脑随时可以打开使用，读者可以在任何方便的时间与知识和信息进行对话；智慧图书馆给读者带来时间上更多的选择，读者可以感受到图书馆的随时的存在和即时的利用。在上海世博会举办期间，上海图书馆和多个图书馆合作，在上海世博园区内设置了图书自助漂流亭，在自主漂流亭上，读者能够根据自己的需要在网络上查询各类信息，实现文献资料的传递和共享。

4. 人人互联的图书馆

智慧图书馆中人与人之间的互联性包括馆员之间的互联性、用户之间的互联性，以及馆员与用户之间的互联性。馆员间应经常相互交流，用户之间可以通过图书馆官网上的读者在线论坛进行交流，参与和分享图书馆活动。馆员与用户之间的互联体现在图书馆员可以通过各种渠道为用户提供各种服务，如在线咨询服务、学科服务等；用户可以对服务进行反馈，提出自己的意见或建议，实现双向交流。微博、微信、微视频等新媒体工具创新阅读资源的传播方式，阅读资源的传播不再是单向传播，而是增加了互动性。读者还可以通过互动平台分享阅读心得和感悟，以达到在短时间传播阅读资源的目的，阅读内容在读者之间可以直接分享和交流。以主流阅读 APP 掌阅、Kindle 为例，用户可以在海量的阅读资源中选择自己感兴趣的内容进行略读、选读或细读，并通过好友分享、读书笔记、好书共读等方式与其他读者进行互动，提高阅读效率和影响力。很多图书馆开通微信公众号作为读者服务的平台。王梦涵对上海市本科高校图书馆微信公众号开通及认证情况做了调查，结果显示在调查的 38 所高校图书馆中，已有 30 所图书馆开通微信公众号，主要利用微信公众号进行文章的推送、微活动、虚拟咨询、数字资源推广等服务。伴随微博影响力的逐步扩大，国内多家图书馆开通并认证微博，图书馆官方微博成为与用户建立良好交互关系的平台。图书馆微博的类型一般为“图书推荐”“新书推荐”“原创微博”“转发并评论”和“通知公告”5 种。新媒体平台的出现，进一步拉近了图书馆与广大读者之间的距离，使图书馆与读者间的信息桥梁变得更加通畅并形成了互动的形态。在智慧图书馆的发展阶段，由于移动互联网的产生和发展，信息创建、处理、传输和搜索变得十分便捷，信息制造与发布的主体已不仅仅局限于图书馆馆员，广大读者也加入了信息数据创造者行列，各个图书馆与读者间的信息流动更快、更直接。

（二）融合共享的图书馆

融合共享是智慧图书馆的重要特征之一，它通过智能技术实现。融合与共享将为图书馆事业的发展注入新的活力。

1. 传统与数字融合的图书馆

传统图书馆和数字图书馆并存的形式称作复合图书馆，也称混合图书馆，是从传统图书馆到数字图书馆的一个过渡阶段。在复合图书馆中，信息资源、信息载体、技术方法、服务规范、服务对象、服务手段、服务设施、服务产品等都是复合的。信息化时代，图书馆只有将数字信息载体与纸质信息载体有机结合融为一体形成一个全新的复合型图书馆，才能为读者提供各种信息服务，从而加快图书馆现代化、智能化、智慧化建设。

2. 多样融合的图书馆

随着信息技术、新媒体技术和网络技术的快速发展和普及应用，新时代图书馆是充分融合和包容的多样化图书馆。图书馆中存在多样化的阅读方式：包括纸本阅读、电子阅读、新媒体阅读、真人阅读、有声阅读、互动阅读、艺术阅读等方式；同样存在多样化的文化空间：阅读空间、研修空间、创客空间、多媒体视听空间、艺术修养空间（音乐戏剧欣赏）、休闲交际空间、娱乐空间、网络空间、社交新媒体空间、学习共享空间等。

美国图书馆协会（ALA）的未来图书馆中心于 2015 年发布的题为《趋势》（Trend）

的研究报告中详细阐述了美国社会、政治、经济、技术、教育、人口和环境的发展趋势及其将对图书馆产生的影响，未来的图书馆将成为一个为每个公民免费开放的社区共同空间，该空间可以增强读者之间以及读者与技术、资源的互动，是一个多样融合的空间。

3. 三网融合的图书馆

电信网、广播电视网、互联网在向宽带通信网、数字电视网、下一代互联网演进过程中，正形成技术、内容和服务的融合。2012 亚太新媒体高峰论坛在济南举行，论坛的主题为“融媒体，新技术，新资本，微世界”，体现出以前瞻的视角聚焦新媒体融合的现实与未来。2012 中国互联网大会的主题是“开放·诚信·融合——迎接移动互联新时代”。以上信息充分说明了“融合”正成为当代信息技术发展的一个最重要的趋势。

2018 年，对我国国民倾向的阅读形式的研究发现，有 40.2%的国民倾向于“手机阅读”，比 2017 年的 35.1%上升了 5.1 个百分点；有 12.8%的国民更倾向于“网络在线阅读”。比达咨询发布的《2014 年度中国手机 APP 用户调查报告》显示：2014 年中国手机 APP 用户中有 44.8%的用户每天使用手机时长达 5 小时以上，每天使用手机时长 3 至 5 小时的用户也有 21.7%。此外，57%的用户在手机上安装 APP 的数量在 11 到 30 个之间，也有 8. 3%的用户安装 APP 的数量在 50 个以上。由于智能手机的便捷性，再加上 4G 网络的普及，用户使用 APP 的时长以及安装的 APP 数量越来越多。移动数据的需求爆炸式增长，现有移动通信系统难以满足未来需求促使了 5G 系统的诞生。2019 年 6 月 6 日，工信部正式向中国电信、中国移动、中国联通、中国广电发放 5G 商用牌照，中国正式进入 5G 商用元年。2019 年 10 月 31 日，三大运营商公布 5G 商用套餐，并于 11 月 1 日正式上线 5G 商用套餐。5G 的逐渐普及将促进短阅读的普及，以及通过虚拟现实、语音控制技术更容易访问图书馆的数字资源。

越来越多的图书馆开发专门的移动资源指南，将移动技术整合到自身的服务中，以促进专业移动图书馆 APP 的应用。2008 年，国家图书馆推出了名为“掌上国图”的手机应用软件，该平台创新地把手机 WAP 与短信服务结合。2011 年底，清华大学图书馆推出基于 Android 系统的图书馆客户端，开始利用 APP 提供馆藏书目查询、个人借阅信息查询等读者服务和多库电子资源、数据库检索等电子资源检索服务。EDUCAUSE 分析与研究中心（ECAR）发布的 2014 大学生信息技术研究报告显示，86%的大学生拥有智能手机，近一半的大学生拥有平板，很多学生出于学术目的来使用移动设备。

4. 校地融合的图书馆

图书馆生存在一个相互依赖的时代。各类型图书馆联盟逐步兴起和不断发展，推动了高校和区域共建共享图书馆的步伐。2000 年英国图书馆和信息委员会发表了《发展学习型社区》的报告，报告指出社区或一定地域内的大学图书馆和公共图书馆应该通力合作为用户提供更好的服务。校地融合型图书馆是指由地方政府和高校共同出资兴建，共同使用，可同时满足高校读者和社会读者需求的一种新型办馆模式。国外校地融合型图书馆的实践起步于 20 世纪 70 年代，国内则起步于 20 世纪 90 年代，这种新兴信息实体是地方政府和高校共同打造的学习中心、文献信息中心和文化休闲中心。其定位主要是高校与地方政府或高校图书馆与地方公共图书馆双方紧密合作，共建共享共用共管。它兼有高校图书馆和公共图书馆两重性，既要服务校内师生，为教学科研提供资源和服务，又要向社会全面开放，服务市民，为市民提供继续教育、信息服务和文化休闲的场所。从资源、技术、服务三大要素来看，资源建设与整合是共建共享的基础，技术是共建共享和可持续发展的保障，而服务既是共建共享的目的，也是检验资源建设水平和技术能力的最终途径。因此，创新高校和区域图书馆用户服务，实现校地融合型图书馆服务效能 1+1>2 的目标，直接影响着其是否能够持续发展。美国科利奇希尔图书馆是由科罗拉多州的威斯敏斯特公共图书馆和前程社区学院图书馆联合共建共享的图书馆。英国伍斯特市的伍斯特大学图书馆、伍斯特郡公共图书馆、伍斯特郡档案馆和当地商业协会共建了图书馆。1997 年 10 月，我国第一家校地共建型图书馆——严济慈图书馆正式对外开放。2001 年，聊城市政府和聊城大学共同投资兴建了聊城大学图书馆。2014 年 2 月由宁波市北仑区政府和宁波职业技术学院共建“北仑图书馆”，在“统分结合、资源共享、合作共赢”的合作原则下，正式对外开放。校地融合图书馆更加注重资源共建共享，服务对象和范围更加广泛，打破了条块分割的管理模式，使得图书馆管理方式能够更好地融合，为文献信息资源的共建与共享扫清行政管理障碍，提升图书馆利用率。

5. 跨界融合的图书馆

跨界融合是当前环境中图书馆创新服务、拓展业务的有效发展路径之一。跨界即跨行业、机构界限开展活动或提供服务，相互渗透、互相合作。姜进将“不同领域、不同行业、不同意识形态之间的跨越交融，进而产生的新模式、新业态和新风格”这一过程视为跨界融合。跨界融合是智慧图书馆集群协同的重要特点。在信息技术的支持下，跨界融合正成为全球图书馆事业发展的一个特点。跨界融合已经并将继续体现在图书馆阅读和文献提供等各项业务之中。美国图书馆在开展跨界融合进程中有诸多较为成功的典范。康奈尔大学图书馆与出版社跨界融合，开展“学术出版与传播、数字工具开发”等新型业务。西肯塔基大学图书馆与书店跨界融合，不仅为用户提供舒适的阅读环境，而且还以自身的实际行动成为阅读推广的主要倡导者，巴诺书店的存在，较大程度上影响了美国人的阅读习惯，并且成为积极寻求与各类致力于高等教育、文化、艺术等领域发展的营利性及非营利性组织合作的典范。智能化技术促使图书馆产生了全新的服务和管理模式，在当前各类跨界合作形式的基础上，今后图书馆的跨界合作还应该伴随着物联网的深度合作以及其他人工智能技术的应用，打造出信息传播更便利、信息检索更高效、阅读推广方式更全面的现代化智能跨界合作图书馆。

Gartner 发布的《2017 年十大战略技术趋势》《2017 年新兴科技技术成熟度曲线》中，都认为人机物深度融合是未来信息技术的最主要发展方向，与之相匹配的人机物三元智能计算是技术应用与发展的主导性技术，图书馆也不例外。它的主要技术特征是万物智能互联互通，将人工智能、数字孪生、虚拟和增强现实等技术从传统信息空间或物理世界的一元计算模式延伸到人类社会（人←→用户）、虚拟信息空间（机←→互联网）、现实物理世界（物←→图书馆）的三元世界，从而形成人、机、物三元智能计算。人机物深度融合的智能技术能扩大图书馆的技术应用与发展动能，加快服务创新步伐。过去二十年，信息技术是图书馆管理与服务创新的重要驱动力，创造了数字图书馆、移动和微信图书馆、社交媒体等技术革新形式、资源建设模式，以及与之对应的服务创新模式，让用户可以共建共享共用人机物深度融合环境所提供的软硬件设施资源、信息资源和网络服务资源。未来 2～10 年与信息技术飞速发展相匹配的智能软硬件设备、芯片、系统、环境和模式也将进入全新发展阶段，使得图书馆未来的技术应用与发展能延续和增强信息技术发展动能，并在软硬件核心技术、数字技术平台等方面弥补其发展短板，进而加快其服务创新发展步伐。

第四节 智慧图书馆的转型与发展构想

一、智慧图书馆发展过程中需要解决的问题

（一）图书馆的功能定位

图书馆作为重要的信息和知识服务机构，是社会文化服务体系的重要组成部分，也是一个国家和城市文化软实力的重要体现，承担着文化传播、科学交流、社会服务和专业教育等多重功能。智慧图书馆是图书馆在智慧城市、智慧校园理念下的新形态，它作为智慧城市、智慧校园建设的重要环节，首先要在保证图书馆原有的基本性质和功能定位不变的情况下，不断地拓展自身的价值和功能作用，为智慧城市、智慧校园的建设和发展提供更加全面且高效快捷的知识信息服务，充分发挥其在智慧城市、智慧校园中独特的功能。同时，还要注意在社区和校园等不同生态环境下，其功能定位应有所差别和侧重。增强智慧图书馆与智慧城市、智慧校园的互动效应，让智慧图书馆嵌入智慧城市、智慧校园的每一个“细胞”，成为智慧城市、智慧校园生活的一部分，成为社区民众的一种生活方式；促进智慧图书馆与智慧城市、智慧校园的共生建设，借力智慧城市、智慧校园提升图书馆的服务能力，从而更好地促进城市、校园的智慧化升级。

（二）走向智慧图书馆的需求、目标、模式与路径

社会需要和用户需求是促进图书馆创新发展的引擎和驱动力，向智慧图书馆的转变必须要着眼于社会需要与用户需求，调查和分析图书馆在当前及可预见未来环境下的社会需要和用户需求，确立图书馆发展的长远规划和愿景，立足高起点，将智慧图书馆作为图书馆新一轮转型的长期目标。同时，应该明确当前向智慧图书馆的升级还处于起步和试验阶段，从数字化和智能化向智慧化转变、从概念落地为实体、从刻板的技术模型实现有温度的人性化服务还有很长的路要走，人力、经济和技术等成本也需要考虑在内。因此，以什么样的方式和途径实现这种过渡和转变还需不断地探索。

（三）图书馆整体发展与技术架构之间的有机衔接

智慧图书馆的发展不是对技术的盲目追捧，不是有越多的技术“武装”，服务效果就越好。如果过度强调技术的简单应用，过多关注图书馆工作的简单技术转换，而不考虑图书馆整体的功能价值提升和用户体验与服务效果，就会偏离智慧图书馆的核心价值和意义。因此，智慧图书馆在实践发展过程中，要考虑图书馆当前的实际发展状况，如经济实力和信息化水平、馆员素质和服务能力、用户对服务的利用能力和水平等，使技术能力与图书馆的当前需求和长远发展能够有效匹配，使技术在图书馆新的功能定位和智慧图书馆建设需求的指导下，更好地服务和支撑智慧图书馆的发展。

（四）图书馆业务体系重构与人员配置

在多元复杂的环境下，受新兴技术的广泛渗透，智慧图书馆在部门和业务体系的设置上必然会受到影响。如何进行业务布局直接关系到图书馆工作的开展，进而影响服务的提供。因此，在向智慧图书馆转型的过程中，必须建立与智慧图书馆发展架构和智慧服务相适应的业务体系，根据现有的工作重点和服务内容及方式对业务架构、业务内容和业务流程等重新进行构建，并在智慧图书馆发展的不同阶段，对业务体系进行及时的调整。与此同时，服务内容和业务体系的变化，也必然对馆员队伍的建设提出更高的要求，业务内容的拓展和升级将需要更加多样化的复合型人才。当智能技术被引入并成为图书馆运行的关键环节时，组织内部就需要有专门的人员来配置、管理和运营图书馆的技术系统，熟悉各项技术和整个系统。除技术人员外，不同学科结构的专业化人才也需要及时进行补充和配置，从而使图书馆更好地适应时代发展的需要，使其服务效果实现最大化。

（五）图书馆服务能力的转变

"图书馆存在的价值体现在服务及其效益上"，向智慧图书馆转变的过程中图书馆需要不断提升服务能力，从事务向智慧转变，从人力密集型服务向知识密集型服务转变。要将先进的智能技术同馆员的学科专长和情报能力结合起来，重新布局和构建新型能力体系，建立包括学科馆员、数据馆员、交流馆员、OA 馆员、出版馆员、智库专家和智慧馆员等专业人才在内的新型人才队伍。在此基础上，构建以文献服务和学科服务为基础，以数字图书馆和移动图书馆服务为核心，以数据管理服务、出版服务、智库服务为新能力的全谱段服务体系，并不断向智慧服务拓展和延伸，为用户提供从发现问题到解决问题的全过程服务，将知识和智慧成果通过更加人性化的服务方式呈现给用户。

二、智慧图书馆发展与转型策略

（一）加强战略规划与业务布局

智慧图书馆发展起步时间不长，还处于偏概念化和探索阶段，因此图书馆向智慧化的转型应该统筹规划设计，实施分步走的战略。例如，可以从技术发展和技术接入的角度，按照采用 RFID 的伪智慧阶段、采用多种传感器并实现精准服务的弱智慧阶段、采用人工智能和机器学习等相关技术并实现智能响应的强智慧阶段、基于超级人工智能并自动提供"类人"智慧服务的超智慧阶段的渐进式发展路径，制定长远的发展战略和规划，并基于不同阶段智慧图书馆的发展特点进行新的业务布局。

（二）加强对图书馆馆员技术能力的培养

图书馆向智慧化型的转变对馆员的能力和素质提出了更高的要求，技术能力将成为图书馆馆员的基本能力。馆员是图书馆的核心，没有智慧的图书馆馆员就没有智慧图书馆。只有智能技术和智能设备，没有理解智能技术并会利用这些技术进行服务的图书馆馆员，图书馆就无法实现真正的技术对接，那么图书馆就不能实现真正意义上的智慧化，也就难以转变为智慧图书馆。因此，图书馆应重视馆员的技术能力，通过设置馆员准入机制、制定培训制度，设置培训课程及讲座、论坛和建立激励制度鼓励馆员自主学习等途径，进一步培养和提升馆员利用智能技术为用户提供服务的能力。

（三）加强对用户技术能力的培养

图书馆的最终价值是通过对于用户的作用效果来体现的。用户的自身状况是影响图书馆用户满意度的主要因素之一，包括用户对利用图书馆的认识、利用图书馆服务技能的掌握程度等。智慧图书馆是基于新技术而发展起来的，智能技术贯穿了图书馆智慧服务的整个过程，而多数用户对新技术和新环境并不熟悉，缺乏一定的技术素养和数据素养，更无法自主地利用这些技术获得所需要的服务。因此，图书馆应与用户建立有效的沟通，通过线上和线下的多种交流和学习方式，使用户紧跟并适应图书馆的最新发展，培养用户利用图书馆设施和服务的能力，并增强用户的信息素养、数据素养、数字素养、技术素养教育，帮助用户更好地利用图书馆。

（四）增强智能技术的敏感性

科技是智慧形成的重要保障，是推动社会发展的关键力量。向智慧图书馆的转型是随着智能技术的升级不断发展和演变的，智能技术是智慧图书馆产生和发展的基础。图书馆要积极适应快速变化的技术环境和需求环境，尽可能地感知、发现并及时引入智能技术，加快图书馆智慧化建设的进程。要建立研究团队、技术研发团队、应用推广团队，加强技术的预警判断和在图书馆中的应用转化，学习和借鉴国内外先进的智慧图书馆建设经验，与技术公司开展有效的合作，融入智慧城市、智慧校园的规划与建设过程之中，增强建设智慧图书馆的主观能动性，占据智慧图书馆建设与发展的主动权，加快从传统图书馆、数字图书馆向智慧图书馆转型变革的进程，增强图书馆的竞争力和生存能力。

（五）构建文献元数据资产管理体系

文献资产管理是图书馆服务的基础，更是图书馆实现智慧化服务的关键。智慧图书馆的建设发展离不开对自身资源的精准掌控，并且随着大数据时代的到来，图书馆利用大数据挖掘海量数字资产中潜在价值的需求越来越迫切，图书馆对元数据的质量要求也越来越高，越来越细。因此，要体现智慧图书馆的“智慧化”理念，构建精准化的文献元数据资产管理体系迫在眉睫，以改变图书馆“有资源无数据”的窘境，使图书馆真正意义上成为资源的所有者，而不是使用者。构建文献元数据资产管理体系，首先要实现对图书馆纸质、电子资源的元数据的收割，采用以“数据库商提供为主+图书馆自主提取为辅”的方式，形成属于自己的元数据仓储，打破数据库商对数字资源的垄断，夺回图书馆在数字资产管理方面的话语权；其次是将收割的元数据进行清洗、梳理及整合，规范各文献元数据资产的字段，对整理好的元数据按文献类型分类并进行馆藏编号，将文献资源转化为图书馆自有的资源；最后是文献元数据资产的管理，通过对文献总资产的管理、文献资产更新量的管理以及对文献资产的统计管理，实现文献元数据资产管理体系的构建，为智慧图书馆的建设、发展打下坚实的文献资源保障基础。

（六）构建智慧图书馆精、细、准服务机制

智慧图书馆的服务不同于以往的图书馆服务，要充分体现读者服务的智慧化，就应做到将图书馆的服务对象精确化、将图书馆的文献资源精细化及将图书馆的读者服务精准化。因此，图书馆需要构建智慧图书馆精、细、准的服务机制，但不是盲目的构建，而是在响应全校师生的需求，在充分调研、分析及评估各师生具体需求与建议的基础上进行构建。智慧图书馆精、细、准的服务主要体现在以下三个方面：一是将图书馆的服务精确到对每位用户、读者的服务上，以“个人”为单位提供图书馆服务。例如，提供智慧化的个人图书馆系统架构，读者可自行搭建个人图书馆，随意设置图书馆界面风格，并根据自身阅读喜好添加、收藏及管理文献资源。图书馆后台会记录每个读者的阅读行为。二是将智慧图书馆的服务细化到资源的每篇、每段甚至每句话上进行推送，使用户、读者获取最想要的资源。例如，创建学院数字图书馆、专业数字图书馆及专题数字图书馆，将图书馆文献资源服务细化到不同学院、不同专业及个人。三是将智慧图书馆的资源服务准确推送到每位用户、读者的身边。例如，图书馆通过后台的读者行为数据挖掘读者潜在的阅读兴趣，将满足每位用户、读者的个性化资源推送到相应读者的个人图书馆系统中，使每位用户、读者都能享受到智慧图书馆的精、细、准服务。

（七）重视智慧图书馆服务联盟，共推图书馆转型发展

新型图书馆服务联盟是新一代图书馆系统的一大特征，图书馆必须“抱团取暖”，共建规范、统一的服务联盟，扩大辐射范围，增加信息资源储备，丰富服务类型，提高用户使用体验，重塑图书馆在信息领域不可替代的价值。图书馆服务联盟是图书馆行业发展的必然方向，也是目前智慧图书馆前进的新方向。智慧图书馆服务联盟可采取“智慧图书馆服务联盟为主，与第三方服务商合作为辅”的方式。一是以智慧图书馆服务联盟为主。各高校图书馆应该以智慧图书馆的建设为契机，形成智慧图书馆服务联盟，搭建智慧图书馆的资源共享平台，使联盟内的智慧图书馆用户、读者共建共享智慧图书馆的发展成果，这样才能确保图书馆转型得更全面彻底。智慧图书馆服务联盟第一次工作会议的召开，为智慧图书馆服务联盟的发展、壮大起了很好的示范带头作用。二是以与第三方服务商的合作为辅。很多图书馆需要借助系统商或数据库来实现图书馆的转型，但应该适度地与第三方服务商合作，保留图书馆在建设智慧图书馆中的主导权。重庆大学图书馆和维普资讯有限公司合作开发的新一代智慧图书馆系统，实现了图书馆与系统开发商的双赢局面，值得借鉴。

第六章　智慧图书馆的实践研究

国内外的很多图书馆和科创企业在智慧图书馆实践的路上付出了巨大的努力，并取得了一定成果。

第一节　国内图书馆的实践

一、宁波大学图书馆：智慧图书馆 APP

宁波大学的智慧图书馆 APP 包含图书目录查询、微书阅读、图书转借、书店借书，以及线上借阅下单、线下图书配送等功能模块（图 6-1）。

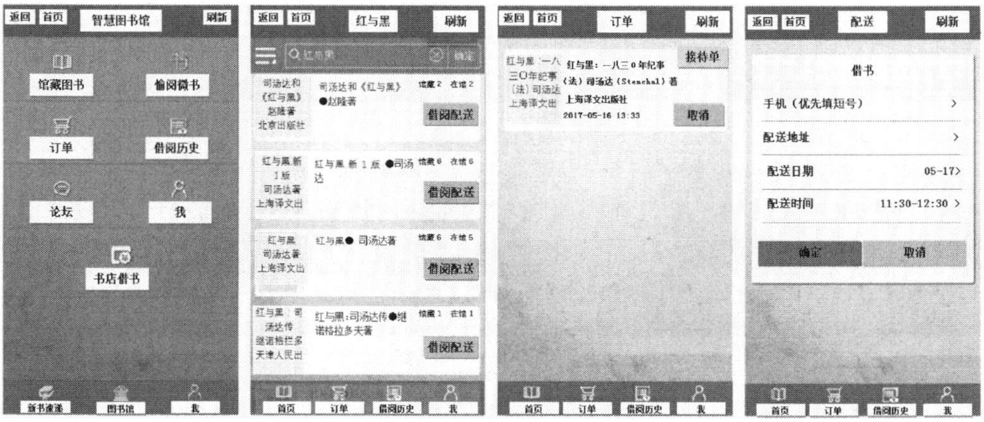

图 6-1　功能模块与业务

图书目录查询：提供检索与分类浏览功能，与图书馆 OPAC 系统、网上书店（豆瓣读书等）书目数据相关联，对数据进行实时更新。包含借阅状态、馆藏信息、图书目录、微书导读、图书评论、荐购等信息。

微书阅读：微书是指以文字的方式提炼原著的内容，并适当多媒体化，为读者提供相关图书的导读内容。通过“愉阅微书”模块，用户可以直接查阅图书馆微书进行听、阅，也可以通过馆藏目录查询图书，在导读页中进行微书阅读。

图书转借：是传统图书馆借阅服务线上线下融合的体现，是指用户借阅图书后不必还回图书馆，而是直接在借阅者之间通过“转借”方式实现用户之间的相互借阅。

图书配送：经过馆藏查询，如果某一图书可以外借，用户可以点击“借阅配送”，选择配送地点（目前仅限校内）、配送时间并填写联系电话等，图书馆将会安排工作人员在规定的时间内将图书配送到用户手中。

书店借书：图书馆与多家实体书店签约实行线下“荐购”，用户在书店通过智慧图书馆系统扫码完成“荐购”并当场提取图书，而图书的相关信息则进入与智慧图书馆相关联的采购系统中，视同图书馆已采购图书。

宁波大学通过智慧图书馆 APP，对“互联网＋”图书馆传统借阅服务升级进行了初步探索与实践。

二、清华大学图书馆

（一）智能小车

2018 年 4 月 29 日，在清华大学图书馆北馆（李文正馆）北门举行了图书馆通还智能小车的启用仪式（图 6-2、图 6-3）。智能小车将智能汽车的自动驾驶技术和图书馆的日常业务工作有效结合起来，提升了图书馆日常工作的智能化水平。无人驾驶智能小车由清华大学汽车系、汽车系学生创业企业智行者公司与图书馆合作开发，搭载智能驾驶操作系统，基于人工智能算法开展环境感知认知、路径决策规划，将用于清华大学日常的图书通还任务，代替人工送还图书。2018 年 3 月智能小车完成带书测试，后经多次调整测试，目前已具备正常运行能力。智能小车搭载智能驾驶操作系统，实现了校内不同图书馆之间通还图书的无人运输。

图 6-2　智能小车启用仪式

图 6-3　智能小车无人运输

（二）智能聊天机器人“小图”

从纸质阅读到电子书阅读，再到手机阅读甚至是云阅读，随着人们阅读方式的演进，满足人们阅读需求的各种服务应运而生。清华大学图书馆拥有具有自我学习功能的机器人“小图”（图 6-4）。它具有智能聊天的功能，外形酷似《机器人瓦力》中的伊娃。“小图”最初的设计目的是代替人工咨询方式，通过采用人工智能技术自动回复读者的问题，提供 7 天 24 小时的不间断咨询服务，可以在多个不同平台上部署。

在参考咨询服务中引入人工智能，“小图”是图书馆界在线咨询服务的一种全新方式。“小图”在咨询服务领域（包括图书馆在线咨询服务在内的所有咨询服务）理念先进，为很多大型企业所借鉴，推动了人工智能问答机器人的发展。虚拟实时咨询模式新尝试——图书馆智能聊天机器人“小图”，具有逗闷子、图书馆知识问答、查询馆藏图书、查询百度百科、自我学习和训练等功能。设计“小图”的初衷是服务于学校图书馆，为网友和在校学生进行在线答疑等。由于具有学习功能，“小图”曾被网友“教坏”多次，被过滤了不少“脏词”后重新上岗。

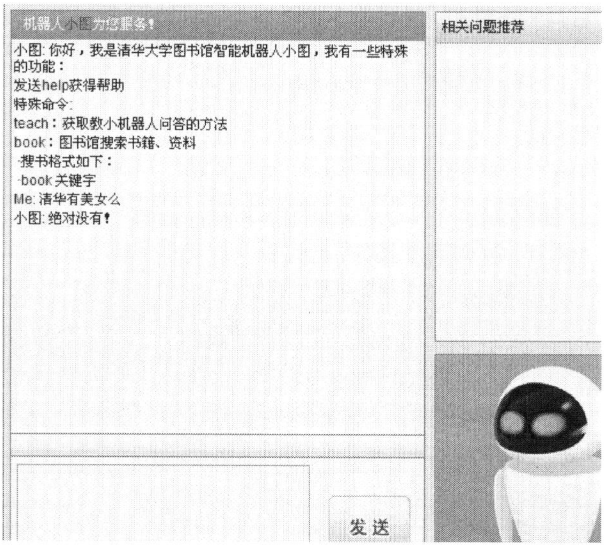

图 6-4　机器人“小图”

三、南京大学图书馆

（一）智慧图书馆一期

2012 年 5 月 20 日南京大学图书馆智慧图书馆服务系统开通仪式在仙林图书馆举行，其间提出了智慧图书馆服务系统架构，即阶段设想（图 6-5)。未来将构建智慧型服务体系，包括实体场馆的建设和改造（物质层面是基础)、信息服务平台的建设（技术层面是关键)、智慧型服务的建设（服务层面是核心)。

其中，Find+知识发现平台是南京大学智慧图书馆创新服务之一，是由全球知名的美国 EBSCO 公司和南京大学数图技术实验室（乐致安公司）联合研发，利用 EDS 平台授权提供的国外出版商合法元数据和先进的外文多语种搜索技术，结合本地化服务功能，搭建的国内领先的知识发现平台，致力于为国内图书馆用户提供高质量、低成本的学术资源发现和共享服务。Find+知识发现平台具有如下特点：高质量的学术搜索引擎技术；体验最佳的检索结果相关性排序；强大的全文检索能力；复杂的高级检索功能；强大的二次文献融合能力；地化的全文链接；智能原文传递服务；统一身份认证服务；多网络组合创新服务；合乎知识产权的元数据。Find+知识发现平台拥有 7 亿多条外文学术资源和超过 100 000 种期刊资源。

（二）智慧图书馆二期：“图宝”机器人

南京大学图书馆自 2012 年 5 月发布智慧图书馆一期以来，经过多年的研究与开发，在智能机器人等研究方向上取得了一定的成绩。2017 年 5 月 18 日上午，由南京大学计算

门户层	Portal+ Mobi+ Find+
用户应用层	我的书架 Book+ OPAC+ 期刊订阅 期刊导航 Subject+ 参考咨询 互动问答 问卷调查 科技查新 E-Research Pad+
馆员应用层	ERM电子资源管理 知识库管理 文献传递 分析和报表
数字资源服务层	数字资源加工 数字资源校对 数字资源发布 生产管理系统 本校专家库 机构知识库 关联数据加工 特色资源库
基础数据层	大数据：各类数据资源

图 6-5 南京大学图书馆智慧图书馆服务系统架构（阶段设想）

机科学与技术系、计算机软件新技术国家重点实验室陈力军教授课题组研发的智慧图书馆二期（智能机器人）在南京大学杜厦图书馆正式发布。

目前，国内外图书管理系统大多采用“安全磁条+条形码”的技术手段，尽管可以为读者提供图书的基本信息和所在位置，但仍有很多读者遇到过找书难的问题。南京大学智慧图书馆融合了超高频 RFID、互联网、物联网、人工智能等技术，可对整个图书馆藏书进行自动化盘点，检查是否存在错架图书、藏书和丢失等现象，实时更新图书位置信息，告知读者所需图书在书架的哪一层以及在该层的具体位置，极大地节约了读者查找书籍的时间。该产品不仅在国内属于首创，在国际上也处于领先水平。

图档博机器人“图宝”（图 6-6）是智慧图书馆的馆员，具备引导、图书查询、简单交互咨询等功能。在“图宝”身边，读者可以和它进行简单的交流，“图宝”也可以根据指示做出调节音量、移动位置、唱歌等反应。正式投入使用后，“图宝”可以在服务过程中掌握业务应对技巧和行业知识库，同时与图书馆系统形成无缝对接，为读者提供图书信息，成长为智慧化资深机器人馆员。

此外，智慧图书馆还推出了安全门禁系统。该系统采用无线通信方式将两个独立的门禁模块连接起来，省去了线路连接，便于安装。门禁上方设有专门显示区域，可及时显示通过门禁但未正常借出的书籍信息，便于管理。

（三）NLSP 实验项目

南京大学图书馆基于新一代系统的智慧，建设了智慧图书馆服务平台（图 6-7）。平台可以实现统一资源管理、重新设计的一体化工作流程、数据中心数据的协作共享、多种格式的元数据编目、云架构部署、多租户模式、包含电子资源的采购流程及绑定资源发现服务。图书馆通过多种方案的构建与实施，构建新平台，采用纸质资源管理系统+电子资源管理系统+发现服务的模式，可以在现阶段实现绝大部分的下一代图书馆系统的主要功能。

图 6-6　机器人“图宝”

图 6-7　智慧图书馆服务平台界面

四、重庆大学图书馆：智图系统（智慧门户）

重庆大学图书馆自主研发的图书馆集成系统图书馆 2.0-智慧图书馆，于 2016 年 12 月 16 日正式启用了数字资源管理的智慧门户。

系统实现了更高效的管理电子资源“副本”、盘点各类全文库的元数据资产批次、冗余度查重控制、数据分类分组、数据上线服务权限控制、数据使用量统计等功能，整合纸质及数字资源的文献元管理数据 14 309 万条。

智慧门户以图书馆用户数据和资源数据为核心来解决图书馆智慧化服务的有效性问题。通过对用户行为数据的分析和预测，激活图书馆馆藏纸质资源和数据资源的元数据在图书馆各项个性化服务中的作用。

五、国家科学图书馆：智慧中心

国家科学图书馆是国内较早开始重视发挥图书馆物理空间作用的专业图书馆，从2006年建设并投入运营的信息共享空间（IC）到2010年建设的学习共享空间（LC），都是充分利用图书馆的物理空间进行服务模式转变的探索和尝试。2012年，国家科学图书馆提出“区域服务一线”的战略规划，吹响了为地方科技和地方经济服务的号角。在区域服务一线战略的指引下，图书馆在原有信息共享空间和学习共享空间的基础上，根据为用户提供知识服务的发展方向，再次对物理空间进行了调整和改造，建成了国家科学图书馆开放智慧中心。

在空间布局方面，智慧中心根据空间功能划分为七大区域：学习共享空间、协同创新实验室、知识服务体验区、协同共享交流研讨服务区、产品展示区、影厅和咖啡厅，总服务面积达1000m^2，可以满足科研和企业不同规模、不同层次的需求。在空间配置方面，智慧中心尽量做到多功能和灵活组合。为满足读者的学习、研讨、召开会议等需求，智慧中心各部分功能区并没有非常清晰和刚性地分开，其界限是模糊的和柔性的，通过桌椅和移动书架等的组合摆放就可以形成不同的功能区。智慧中心的桌椅采用轻便、结实的材料，随时可以根据用户的需求实现快速、柔性和灵活配置。例如，学习区在平时可以是个人阅读和学习的地方，如果需要讨论和交流，则可以把部分桌椅拼合起来，并配备相应的可移动的设备，成为一个可以移动的交流研讨区。

针对用户，尤其是年轻用户“永远在线，永远和别人在交互”的特点，智慧中心提供了高速的网络设备资源。除具备有线网外，智慧中心还实现了全空间的无线网覆盖。手机用户、平板电脑用户等持各种不同移动终端的用户在智慧中心可以通过无线网络进行信息的查找、网上冲浪、博客或者微博的撰写，以虚拟的方式与他人进行交流。因此，在智慧中心，用户既可以通过高速网络进行信息挖掘、获取，也可以通过小组协作学习的方式对某一问题进行深入讨论。

国家科学图书馆在完成智慧中心的空间布局和改造以后，尝试了支持科技创新与创业，打造科技创新早期项目服务平台；探索知识服务，支持科学研究；搭建信息交流与协同创作空间等服务实践。

六、上海图书馆

（一）参考咨询机器人“图小灵”

2018年新年第一天，上海图书馆一楼大厅办证咨询处，一位“新馆员”正式上岗。这是上海图书馆引进的第一台机器人馆员“图小灵”（图 6-8）。它是杭州一家公司生产的服务机器人“艾米”。从外观上，位于“头部”的平板电脑是它最核心的部分，待命或与人对话时，屏幕上会出现各种表情，赋予它“人”的特征。为了让它在第一个岗位上有良好的表现，“图小灵”的“大脑”里被输入了60条与“办证”相关问题的答案，比如“普通外借（100 元押金）”和“参考外借（1000 元押金）”的区别，加上可以上网搜答案，“图小灵”的业务知识储备量并不低，但目前75%的回答正确率，似乎说明它还只是“中等生”水平。目前“图小灵”每天工作4小时，还配备了专门的带教老师负责收集、记录、分析它回答不了的问题，在“下班后”帮助它学习改进，并完善其知识库系统。

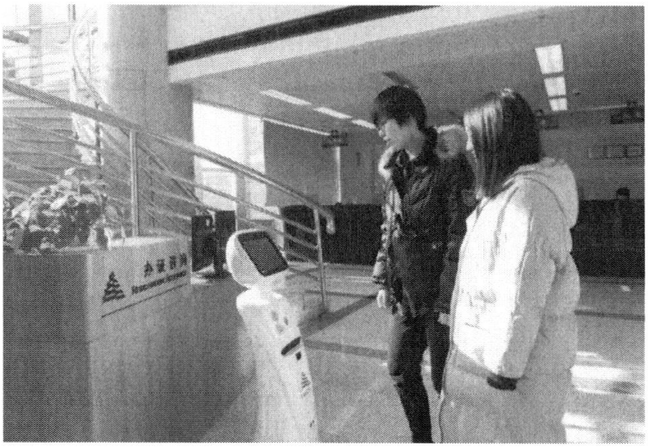

图 6-8 “图小灵”为读者提供办证咨询

将“图小灵”的第一个实习岗位安排在办证处，正是考虑到机器人“艾米”的特点。它热情——“头部”（电脑）装有摄像头，一旦有人经过并被摄像头捕捉到，会自动唤醒，主动与人打招呼；它幽默——内置的常用语料库（调侃库）常常在聊天时有出人意料的反应，很有冷幽默的效果，颇受孩子们欢迎；它有强大的查询功能——比如问路，与互联网连接的它会立刻在“脸”（屏幕）上弹出地图、标出路线。据介绍，上海图书馆的咨询台常有老年人或外地读者询问交通线路，尤其是到附近几家医院的路线，馆员或许只能告知大概路线和方向，而“图小灵”在这方面就很有优势。

（二）其他参考咨询机器人

上海图书馆等待上岗的机器人馆员不止“艾米”，还有一台功能更强大的机器人。和“艾米”相比，它更像一个真正的人，有双臂，手上有五指，可以呈现更多的动作，头上有眼睛、嘴巴，胸前挂着一台平板电脑。与“艾米”长句匹配的切词方式不同，这台机器人的切词方式更接近人们熟悉的苹果手机上的 Siri。它的第一个实习地点将是中文书刊外借室，为读者借阅提供导航服务。当它“学习”到更多知识后，甚至可能像一名资深图书馆馆员一样，为读者借阅提供更多参考咨询。

在图书馆业务中，“问问题”的学名叫“参考咨询”。作为图书馆读者服务的方式之一，图书馆馆员要利用各种参考工具书和馆藏文献，为读者解决查阅文献资料中遇到的疑难问题，提供文献或参考答案、数据、线索，有的图书馆的参考咨询服务甚至包括解答读者生活问题的咨询。图书馆自然是参考咨询的线下阵地。随着技术发展、读者转移，2001 年上海图书馆上线基于 PC 端的咨询服务，2013 年 12 月开始微信服务号咨询功能，从咨询量之大就可见读者咨询需求之大。据介绍，目前上海图书馆微信服务号的咨询回答以人工为主，机器为辅，面对越来越多问题的涌入，且相当一部分是重复问题时，他们希望引入智能客服，通过算法系统更有效率地为读者服务。

在目前阶段，机器人馆员与真人馆员一定是互补关系，有关服务还需馆员的协助。可以设想的场景是，当机器人馆员不知疲倦地为读者解决大部分重复问题后，图书馆馆员就能在更深、更专业的参考咨询领域投入更多精力。

这台功能更强大的“待岗”机器人，眼下正在接受培训。“‘培训’就是要在机器人能做的事和读者需要服务的场景中找到平衡点。”黄崇甄说，有时候是设想太美好，机器人做不到；有时候是机器人能做好，但读者不需要。就拿借阅导航来说，理想场景可能是读者把要借的书告诉机器人，机器人查询后带领读者来到对应的书架找到图书，但基于目前的软硬件条件，可能做到的还只是某一类图书的区域导航。再比如咨询问答，通过不断引导式的提问，让读者在屏幕上点选最接近的选项，那么有可能最终解决问题的正确率很高，但读者的体验分很低，与其不断与机器人“周旋”，不如直接找真人馆员咨询。而在微信场景下，这种引导式问答就更有效，也更容易被人接受。

（三）智能书架

在上海图书馆中文书刊外借室，两排智能书架已运行一段时间。与普通木质书架相比，智能书架外观最醒目的便是滚动着红字的电子显示屏，提示某本书在书架的具体位置。“智能”如何做到？秘诀在于书架分层内置的 RFID 读写天线，可以自动读取每本图书 RFID 标签（俗称电子标签）上的信息。这实际上是一套架上图书精准定位管理系统，可实现图书的实时清点、查询定位、错架统计、读者自助上架归还等功能。比如，读者进行图书检索时，除了可以获取书名、作者、版本、是否在馆等基本信息外，还可以查询到所需图书当前是否在室内架上、具体在哪个书架的哪一层等精准信息。

与智能书架配合的还有一款目前已在测试阶段的上海图书馆场馆自动识别应用软件。在手机上下载 APP 后，读者可以获得馆内地图导航服务，显示场馆地图，并实时显示当前位置，点选地图上的某个区域，可以导航前往该处的路径。更神奇的还有定点推送功能，除了推送场馆信息、显示场馆介绍，还能为读者推送楼层图书推荐列表，有外借记录的读者还能收到基于个人外借情况的个性化推送。而处在智能书架图书推送列表中的图书，不仅能显示书的详细信息，还能提示读者所在的具体架位。与读者卡绑定后，读者还可以利用扫一扫功能，通过扫描图书条形码，自助外借图书。

图书馆自动识别功能的背后，是 iBeacon 技术的应用。这是一种基于低功耗蓝牙的通信协议，配备有 iBeacon 协议的低功耗蓝牙设备会向周围发送自己特有的 ID，接收到该 ID 的应用软件会据此采取一些行动。作为一种连接线下场景的近场（短距离无线传输）传感器，iBeacon 使万物都有自己的位置坐标，可以发送自己的信息。例如，在鞋子上贴一颗 iBeacon，当用户靠近鞋子时，手机上就可以收到 iBeacon 推送的鞋子信息及优惠信息等。通过馆内安装的 200 多颗蓝牙设备，馆内的每一间阅览室都有望被“激活”，对读者“开口说话”。而智能书架与 iBeacon 的结合，则可以进一步“激活”每一个书架，机器人馆员直接带领读者找到要借的书或许不再是梦想。

七、成都理工大学图书馆：咨询机器人“成小理”

成都理工大学图书馆从 2017 年 9 月开始试运行 EVOLVER+EO1 商用版机器人“成小理”（图 6-9、图 6-10）进行咨询服务。机器人上岗后为工作人员减轻了工作量。初次来图书馆的学生，最喜欢问的是诸如几点开馆几点闭馆、借书要办证吗、厕所在哪里等问题，以前工作人员每天都要回答几十甚至上百遍，现在通过对这个语音机器人输入一些简单的问题，这些问题就能由它来回答。目前这台机器人还只能进行一些简单的对话，能唱歌、跳舞，以后还将更多地开发它的功能，加强互动性和语音识别咨询。机器人有效地拓展了图书馆咨询服务的时间与空间。

图 6-9　机器人“成小理”

图 6-10　“成小理”与读者互动

还有很多图书馆在为建立智慧图书馆做努力，如宁波大学园区图书馆机器人“旺宝”；徐州工学院图书馆机器人“宝宝”“贝贝”；敦煌市图书馆机器人“小图”；北京大兴区图书馆机器人“小更”；沈阳市少年儿童图书馆机器人“小图”“小书”；北京石油化工学院建立了智慧图书馆智能管理平台；武汉大学图书馆成立了智慧图书馆建设领导小组；华中师范大学图书馆对智慧图书馆进行了建设规划；北京师范大学图书馆的 RFID 标签技术；华东师范大学的大数据分析技术；中国人民大学的“硬智慧+软智慧”技术；深圳盐田区智慧图书馆可以通过智能手环、移动 APP 程序等感知到读者，系统后台通过数据挖掘、分析读者的阅读历史、爱好等，根据读者所处的位置，结合图书馆目前的资源状态、服务内容进行推送。

第二节　国外图书馆的实践

一、丹麦科技大学智慧图书馆

丹麦科技大学智慧图书馆创建了一个实验环境，除了本身具有比较完备的智能控制设备、情景感知设备、环境探测设备（探测器，图 6-11）外，还同时与图书馆的数据信息高度融合，打造了一个世界一流的学习环境，为老师、学生提供创新服务。

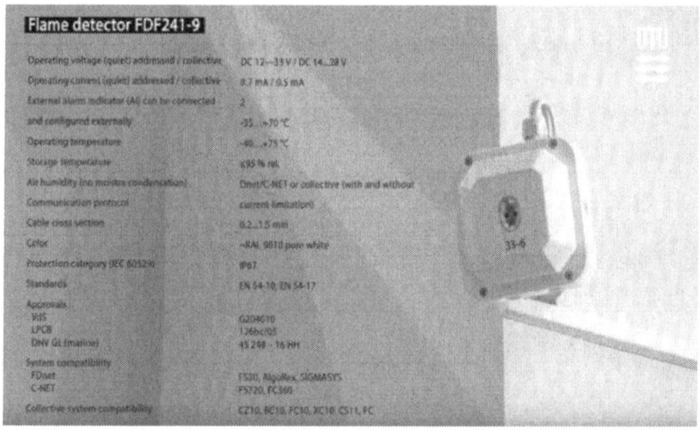

图 6-11　丹麦科技大学智慧图书馆探测器

DTU 智能图书馆的愿景是创建一个“室内生活实验室”，学生和研究人员可以在其中开发、测试和展示智能技术。同时，他们可以分析收集的数据，进行定性和定量研究。

二、美国芝加哥大学图书馆：智慧地下书库

美国芝加哥大学图书馆智慧地下书库（图 6-12），完全是自动定位，由机械手臂智能

图 6-12　美国芝加哥大学图书馆智慧地下书库

化存取。机械手臂是按照书的大小、到达操作台的先后次序进行操作，完全没有分类书架的概念，全部是计算机智能管理。

三、新加坡国立图书馆："机器人与智慧图书馆"解决方案

（一）Cybrarian Ventures Pte 公司（CVPL）的"全天候图书馆服务"

（1）主要功能：实现了浏览馆内外联机物理图书馆的图书，随时随地准确地获得馆藏图书的位置，通过一个单一的检索框就能查询图书馆目录和数据库，在任何网络设备上（包括手机）创建个性化图书馆。

（2）主要优点：节省了用户和图书馆员工的时间，在用户自己的空间，方便地利用图书馆的服务。

（二）SenserBot 公司设计的自动架位扫描机器人

（1）主要功能：自动导航和扫面；实时数据采集与分析；伸缩臂延伸至高层书架；自动自我借还图书；自动生成报告，确定有问题的图书区域的准确位置；准确地确认乱架的图书；应用高无线射频识别技术。

（2）主要优点：独立地 24 小时运行；将图书馆馆员引导到乱架的图书；图书馆日常运行效能的最大化；给图书馆馆员节省更多的时间用于更有价值的工作，如组织用户开展图书馆的活动等。

（三）ST Engineering 公司的智能书架

（1）主要功能：可以实时追踪和监控馆藏图书；实时查找乱架的图书；自动清点图书。

（2）主要优点：节省了人工检索和查询图书的时间；通过自动清点图书改进工作效益；提高馆员的劳动生产率，使其投入更具有附加值的图书馆工作。

此外，还有美国图书馆协会在其"2014 仲冬会议"上展示的谷歌眼镜。一旦用户佩戴谷歌眼镜进入图书馆，图书馆的墙上便呈现用户可能感兴趣的书籍，并提供所选择图书的摘要信息、在线和离线阅读格式等。

第三节　科创企业的实践

一、深圳市远望谷信息技术股份有限公司：远望谷图书馆智能管理系统

深圳市远望谷信息技术股份有限公司（简称远望谷）是一家图书馆 RFID 解决方案供应商，远望谷图书馆智能管理系统（图 6-13）将图书电子标签、借书卡、标签转换装置、安全门禁、自助借还书机、移动盘点平台及馆员工作站系统软件融为一体，为图书馆信息化管理提供技术手段和功能。

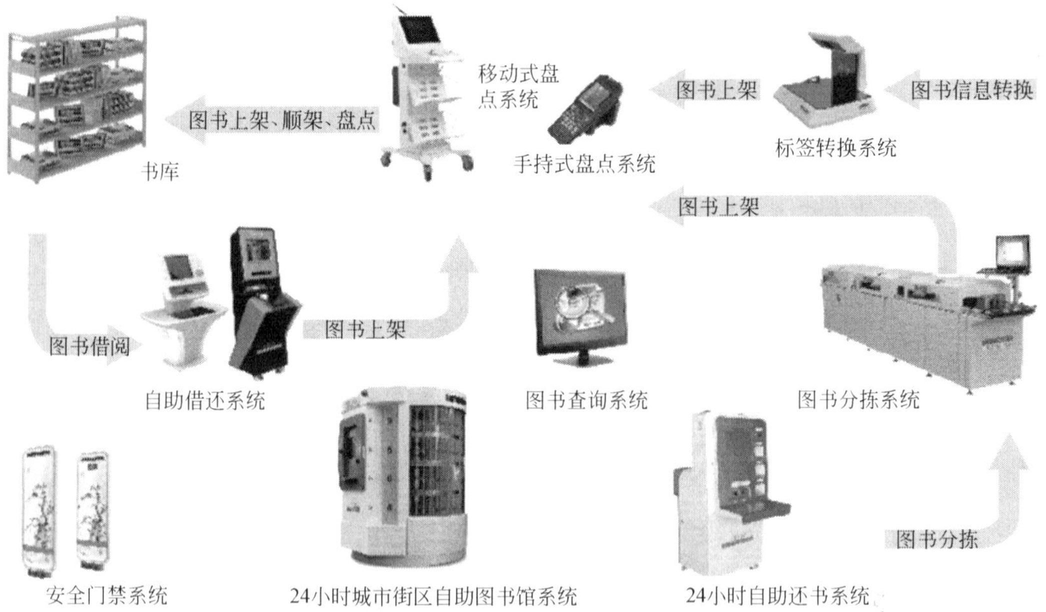

图 6-13　远望谷图书馆智能管理系统

二、江苏科晶智能科技股份有限公司：智慧图书馆解决方案

江苏科晶智能科技股份有限公司（简称科晶）拥有两大平台：条码产品平台和超高频RFID 电子标签平台，这两大平台含有磁条、电子标签、自助借还机、智能防盗设备、馆员工作站、24 小时自助借还机、盘点机、智能书岛等设备，可以实现防盗、读者自助借还、工作人员智能盘点、无人值守图书馆等功能，可为智慧图书馆的实现提供了智能化的管理设备。其产品见图 6-14、图 6-15。

图 6-14　RFID 层架标签

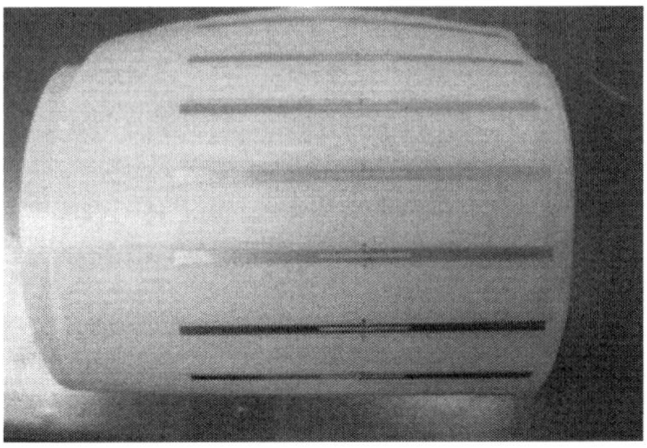

图 6-15　RFID 电子标签（裸标签）

三、杭州联创信息技术有限公司：联创智慧图书馆平台

（一）联创公司简介

随着高校图书馆数字化建设的推进，越来越多的图书馆业务系统开始上线运行。当前

各业务系统各自为政、相互独立、数据报表单一，给图书馆的管理带来了诸多不便，如何对所有业务系统的数据进行整合，已经成为高校图书馆所面临的一个问题。杭州联创信息技术有限公司（简称联创）针对高校图书馆当前的现象结合多年以来为图书馆提供自助服务解决方案的经验，推出了联创智慧图书馆平台。

联创智慧图书馆平台系统以联创智慧图书馆平台为核心，将所有图书馆第三方业务系统统一纳入大数据管理系统平台进行管理，统一接口、报表汇总及分析。可通过电脑 Web 浏览器登录大数据平台进行管理设置，也可通过移动设备连接到大数据平台实时查看各业务系统的数据报表统计。平台系统架构如图 6-16 所示。

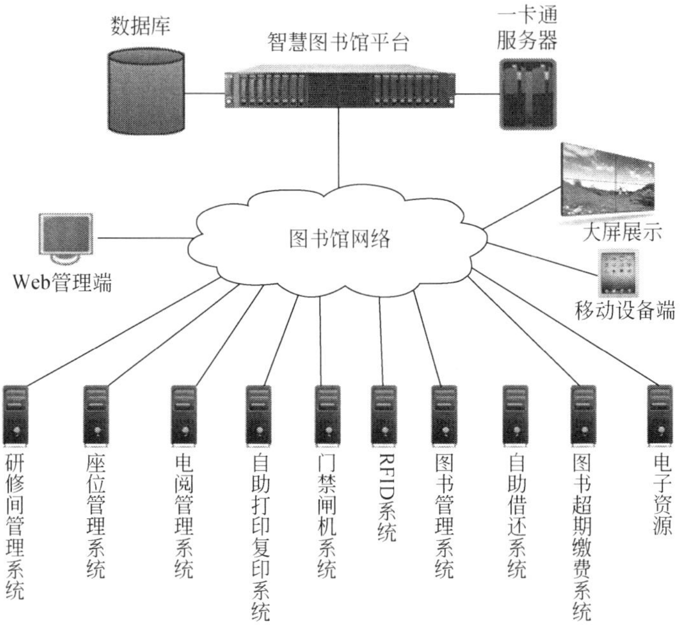

图 6-16　联创智慧图书馆平台系统架构

四、重庆维普资讯有限公司：智慧图书馆数据服务解决方案

随着信息技术的飞速发展，以深度学习、人工智能（AI）为标志的新一代信息技术逐渐成熟，并逐步实现产业化。维普资讯基于数据，为图书馆提供了智慧图书馆数据服务解决方案（图 6-17）。

（一）智慧门户

维普公司建立的智慧门户样例见图 6-18。

1. 智慧门户的价值

智慧门户可实现如下服务：①图书馆“纸本+数字”一站式发现服务；②“馆藏文献”的专题汇编服务；③个人学术空间服务；④知识推送服务；⑤统一身份认证服务；⑥多终端支持服务；⑦文献资源与资源应用共享服务；⑧数据开放（API 接口）服务；⑨运行统计分析服务；⑩运行决策与建议服务；⑪元数据加工（收割）服务；⑫文献资产管理服务。

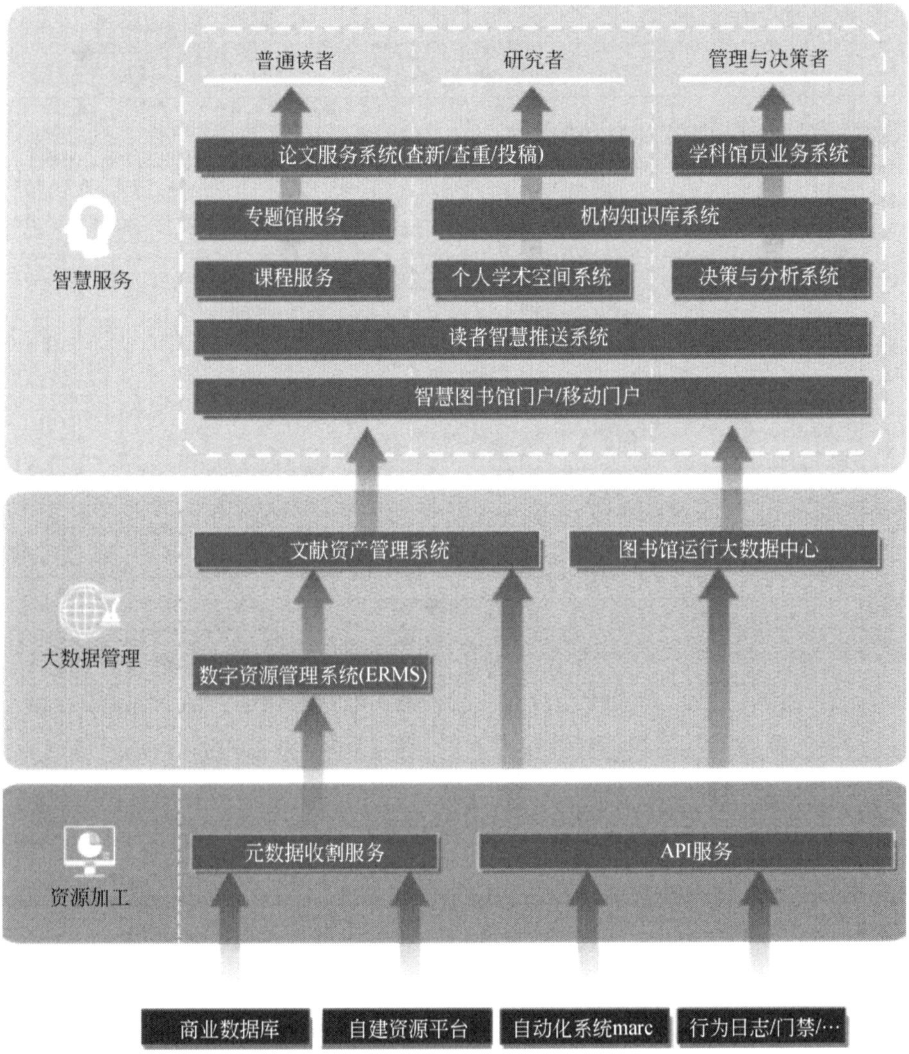

图 6-17　智慧图书馆数据服务解决方案框架

2. 智慧门户的作用

（1）读者使用更便捷：整合检索，无缝找到并获取所需文献资源；各类应用深入到读者的使用场景，让信息的获取变得更方便快捷。

（2）馆员服务更高效：统一的数据操作平台，可以让馆员集中管理多种数据；各种工具自动化地协助生成结果，简化了图书馆管理。

（3）管理决策更轻松：统计分析可以为服务提供客观真实的评价，为决策提供科学的数据支持；数据挖掘可形成帮助建议让管理变得轻松。

（二）机构智库

维普资讯机构知识库采用三位一体架构，从数据管理到关系运算，再到数据应用，追溯数据本源，以满足核心需求，解决孤岛效应。机构智库的架构见图 6-19。

图 6-18　智慧门户样例

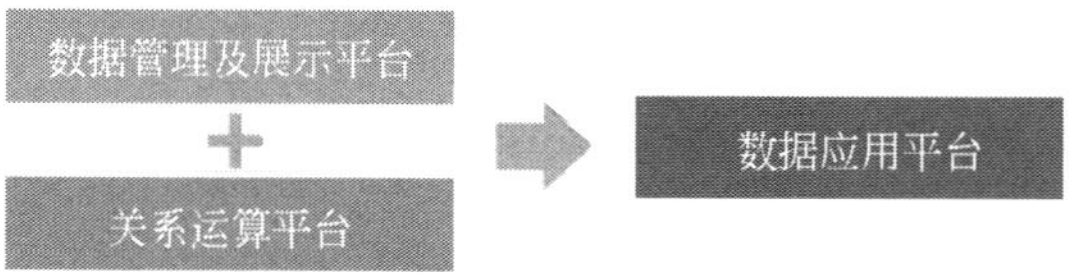

图 6-19　机构智库架构

1. 机构智库的组成

（1）数据管理及展示平台：以中国高校机构知识库联盟（CHAIR）平台标准为基准，构建符合联盟准入规则的机构知识库通用平台。从成果、学者、机构三个层面着手，提供文献展示、文献管理、机构词典对照、学者词典对照等全方位的数据管理及关系对照体系。

（2）关系运算平台：以中国高校机构知识库联盟平台标准为基准，构建符合联盟准入规则的机构知识库数据运算平台。利用大数据计算能力，计算文章、学者、机构、学科等各个维度之间的相互关系，并通过接口的形式将计算结果与数据展示和管理平台对接。

多类型元数据支持：运算平台整合了全网公开发布的期刊、学位论文、会议论文、专利、专著、标准等中外文文献元数据 3 亿余条，资源覆盖近 20 年来国内产出中外文文献。

数据清洗、标识：平台所有元数据的源文献达到 15 个字段深度，参考文献达到 10 个字段深度。对整合的不同来源数据，都完成了唯一 ID 的归并去重，并在文章篇级标识了所收录的数据库及评价体系，可以精确到各评价体系的各种不同版本。

数据关系挖掘：基于元数据资源，通过对数百亿数据关系的挖掘，解析出多个维度的文献资源知识对象——领域、主题、学者、机构、基金资助等，其中挖掘整理了近千万人物、20万机构。可同时呈现10亿级别的数据关系。

数据关系分析：通过对知识对象做唯一标识、深入挖掘、粒度分析，从而建立起蕴藏于各类文献之间不同知识对象的直接关联，并依据这些关联关系构建可分析的对象化图谱。

数据推送：所有计算结果均通过数据交换，实时对各机构数据进行更新。同时，每周提供各种关系数据，推送到管理后台，供遴选使用。

（3）数据应用平台：以学科评估的需求为导向，着重梳理各级评估体系的评价指标。通过大数据平台直接在线生成机构、学者在各学科的各种分析报告，揭示学科发展动态，对标同类型院校，梳理下级院系的学科贡献度，分析人才引进的优劣情况。

2. 机构智库的优势

（1）平台优势：采用开源软件二次开发，，可直接加入联盟体系，参与联盟平台的共建共享。可实现基于学科、地区等维度的“AI全方位评估”。“学术生态圈体制”打破传统机构库的孤岛效益。“多级权限分配”可使图书馆、教务处、科研处、人事处、发展规划处多部门更好地合作。

（2）数据优势：数据符合中国高校机构知识库联盟数据标准，并且能够每周推送最新数据，以预装的公开成果数据的机构库平台为基础，根据各高校图书馆的自身需求和实际情况量身定制个性化的数据和功能，实现与各机构用户的共建共享。

（三）重点学科服务平台

维普“重点学科服务平台”是一个针对各学科领域，面向学科馆员及各学科学者提供精细化知识服务，并且实现“学科馆员”向“数据馆员”转型的交互型大数据整合服务平台。平台将学科服务简单化，不依赖于学科馆员繁重的知识整理工作即可实现学科知识内容的有序组织和关联呈现，为院系用户提供更加全面、专业、精准的学科服务内容。学科服务平台的服务价值体现在以下几方面。

1. 知识情报服务

整合亿万级学科资源为底层支撑，包含学术资源、国际会议、项目情报、行业资讯等，实现基于大数据的分析技术而形成的知识延伸保障，包含基于智能核心运算的发布体系，最终形成云端运算的大数据底层保障。

2. 智慧门户服务

打破传统服务模式，引入国外流行的线上服务体系，从学科馆员被动提供资源到“数据馆员”与“大数据”主动提供的学科建设，实现以智能化为主、人工化为辅的学科服务，降低对学科馆员专业化知识素养的要求。同时，自动化发布系统能够快速为本学科进行知识聚类，一键生成符合用户使用习惯的学科门户站点。

3. 馆员交互服务

整合传统线下学科服务模式，形成以参考咨询、知识推送、场馆预约、日常管理等为主的全面的交互服务体系。结合用户的关注重点排行与用户行为分析，使得学科馆员的工作，从知识提取到主动服务，符合受众群体的实际需要。

4. 个人用户服务

针对被服务者特性，提供基于院校教师级用户与学生级用户的两种个人空间，提供基于学科资源的主动订阅服务功能。并结合社交化应用模式，形成用户个人知识主页的展示以及用户之间的相互关注功能。

5. 科研流程服务

建立学科研讨的线上独立空间，为科研工作者提供成果产出流程式服务。针对可公开的成果实现一键化分享，推动重点学科发展成果的仓储与宣传，间接形成具有学科特色的门户站点，从而达到“特色学科数字化名片”的展示及国内同类学科的标杆引领效果。

五、百度教育：百度智慧课堂高校解决方案

百度智慧课堂高校解决方案是利用 AI 知识图谱、语音识别、搜索聚合技术、语言翻译技术、图像识别技术等多项技术，形成智慧图书馆解决方案（图 6-20），以提升高校的管理效率和学生的学习能力。

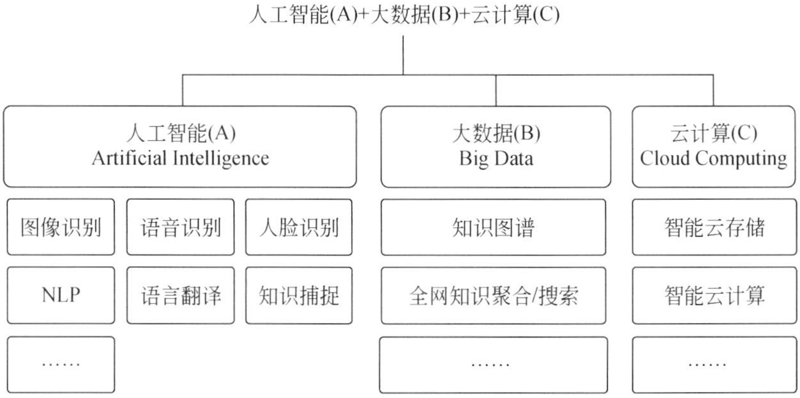

图 6-20　百度教育智慧图书馆解决方案

（1）知识图谱技术：将知识体系化精细梳理，覆盖高校 12 个一级学科、92 个二级学科、504 个专业、7590 门课程。个性化课程知识匹配全网内容，满足学生在学习中的使用需求，还能识别学习的意图，根据学习诉求展现不同内容。

（2）知识捕手技术：能帮助用户快速查找知识点，结合教育知识图谱，将知识点和学习资料快速建立联系，提升使用者的学习效率。

（3）搜索聚合技术：提供一键搜索 300+学术资源数据库，并且能对数据库使用情况进行实时分析与反馈，帮助馆员更好地提升数据管理与决策能力，准确把握用户需求，提升馆员服务、管理质量。

（4）图像识别技术：支持师生将笔记拍照并转换为文字，再按学科分类进行聚合后反馈到馆员处，有助于馆员联络、创办主题沙龙。

（5）语音识别技术：可用来将语音材料快速转成文字材料，在课堂、讲座等场景中有广泛的应用。

（6）语言翻译技术：进一步打通语言的隔阂，为师生提供更广阔的学术视野。

（7）云存储技术：扩展大数据的存储与调用能力，是一项关键的基础技术。

（8）人脸识别技术：能为图书馆提供人脸门禁，提高人流通过的效率，减轻馆员管理负担。

第七章　智慧图书馆馆员

第一节　智慧图书馆馆员的概念及建设必要性

智慧图书馆环境下的智慧馆员必须是一类综合型人才，不仅要有较强的信息分析能力、预测能力、数据挖掘能力、网络安全维护能力、新知识快速吸收能力，还应具备图书情报、信息技术、心理学、传播学、营销学、策划、编辑等多方面的知识。智慧馆员的培养不仅是为了顺应馆员提升自身价值的需求，更是为了图书馆事业顺应时代发展的要求。只有真正培养出符合时代要求的智慧馆员，才能真正实现智慧图书馆环境下的智慧服务，切实推动整个图书馆事业在充满机遇与挑战的网络信息时代的大环境下持续稳定地向前发展。

一、智慧图书馆馆员的定义

伊利诺伊州大学的保罗提出智慧公共图书馆员需要具备 13 项技能，分别是批判性思维、人际交往能力、环境适应能力、跨文化沟通力、计算思维能力、数据管理能力、新媒体素养、多学科研究能力、合作能力、终身学习能力、保护隐私能力、职业管理能力及领导能力。智慧图书馆员要把握好自己职业发展的方向，评估已有的技能，对自我培训和职业发展有很高的进取心，补充欠缺的技能，并且不断地获得新的技能和经验；有良好的管理和组织能力，运用个人技能，将所学的知识灵活运用，融会贯通，给用户提供良好的服务，成为适应知识社会的终身学习者和服务者。

罗伯特教授对智慧图书馆馆员进行了进一步的阐述，提出智慧图书馆员需要具备七大特点，分别是资格认证、终身学习、社会和种族的多元化、灵活性、创造性、有世界观并且心胸开阔以及对公众生活的参与度。智慧图书馆员接受过高等教育，能快速接受新理念，有创造性并且见多识广，有意识地创立员工品牌，不但能胜任现有的工作，还有敏锐的洞察力和敬业精神。智慧图书馆馆员是智慧图书馆工作的主体，是用户知识利用的组织者。

金敏婕认为智慧图书馆馆员是能将知识结构完全嵌入到工作中，能充分利用对知识资源结构和知识分析规律的深度理解，以用户目标为驱动，以专业的角度、专家的视角来协助用户进行知识的挖掘从而对知识进行有效、集成的再加工，为用户提供情景化、个性化、智能化的知识增值服务的专业人员，拥有信息组织、知识管理、组织规划、沟通协调等多种能力，是新型的多面手。

许春漫认为只有那些具有一定学科背景知识并经过图书情报专业训练，既能为用户提供个性化、专业化、集约化知识服务，又能培育用户智慧能力的图书馆馆员才能胜任智慧服务工作，这样的馆员才可称为智慧馆员。

二、智慧馆员建设的必要性

每一次技术的革命必然会带来生产方式的极大变革。智慧图书馆的出现，使图书馆正在经历一次全面而深刻的变革，更是给馆员提出了更高的要求和挑战。英国图书馆与信息学专家约翰逊认为：任何智慧图书馆都需要智慧的图书馆馆员。智慧图书馆的“智慧服务”离不开信息技术的“智慧”，但更离不开的是人的“智慧”。智慧馆员是智慧图书馆智慧服务的践行者。因此，馆员的能力素质对图书馆的管理与服务质量起着决定性的作用。

第二节　智慧图书馆馆员的核心能力与特性

一、智慧馆员应具备的素质和核心能力

（一）信息分析能力

信息分析能力是一种通过对分散、零碎的信息进行去粗取精、去伪存真、由此及彼、由表及里的加工处理，使其成为完整、系统、有条理、有参考价值的信息的能力。作为一名智慧馆员，首先要具有很强的信息分析能力，能够熟悉运用各种不同的信息分析方法对未来实行预测。例如，根据某一课题的发展概况、研究现状等分析出这个课题在某一段时间的研究热点，帮助科研人员及时掌握学科发展的最新动态，进一步预测其未来的发展趋势等。在信息分析能力的培养过程中，要掌握信息搜索的技巧，熟悉国内外目前已有的信息资源体系，懂得如何识别重要信息，如何辨别真假信息，如何建立信息链，等等。

（二）数据挖掘能力

数据挖掘是指从大量的数据中提取或挖掘知识，是知识发现过程的一个重要步骤。数据挖掘的重点是明确挖掘的目标和任务，并根据不同的任务选择不同的挖掘算法。数据挖掘常用的算法有关联规则、分类算法、聚类算法等。根据这些不同的算法，可以从模糊的、有噪声的实际应用数据中提取一些事先不被知道的但又有潜在作用的信息或知识。当今社会是一个知识爆炸的社会，如何利用数据挖掘技术提升获取信息的速度，并分离出有价值的信息，提高信息利用率，不让用户在茫茫的信息海洋中被信息淹没，已成为智慧馆员的当务之急。尿布和啤酒的经典案例已充分说明数据挖掘能力的重要性。数据挖掘能力首先需要有较强的数学功底和统计学功底，其次还需精通 IBM IM/SPSS Clementine/SAS EM 工具等，熟练操作 Unix 系统、Microsoft Office 软件、IBM IM/SPSS Clementine/SAS EM 工具等。具有数据挖掘的能力也是实现主动化服务和个性化服务的有力保障。

（三）网络安全维护能力

作为一个重要的信息资源机构，图书馆网络的安全性也变得越来越重要。随着互联网、移动互联网的发展，图书馆对网络的依赖程度也越来越高。智慧图书馆环境下的资源已不再是独立的，而是一个开放共享的资源。它的开放性和共享性的特点为用户带来了极大的

便利，但同时也将导致许多网络安全管理问题。如果图书馆网络受到不安全因素的侵扰，会造成图书馆的各类数据库、数目数据库、流通数据库、读者信息库等重要数据的丢失或篡改等，导致计算机系统无法正常运转乃至馆内工作全面瘫痪。因此，必须培养馆员维护网络安全的能力，担负起图书馆网络设备的日常维护，提高安全防范意识，确保图书馆工作顺利进行。

（四）新知识快速吸收能力

智慧图书馆是基于物联网、云计算、移动互联网、大数据等技术发展起来的新型图书馆。物联网是一个智能化的网络，图书馆的整个服务系统都将转变为面向用户的智慧服务平台。而图书馆需要通过 RFID 技术、语义网技术、可视化技术、虚拟现实等技术来实现图书馆无缝化、泛在化、智慧化的服务。各项新技术的快速发展，对馆员提出了更高的要求。智慧图书馆环境下的智慧馆员要想熟练掌握和利用这些先进技术，更好地、更智慧地为读者服务，就必须具备良好的知识吸收能力。只有不断地学习新知识、获取新经验，紧跟时代前进的步伐，才能有能力将最好的服务呈现给读者。

（五）人际交往能力

人际交往能力是指妥善处理组织内外关系的能力，包括与周围环境建立广泛联系和对外界信息的吸收、转化能力，以及正确处理上下左右关系的能力。图书馆馆员的工作价值几乎都是通过为读者提供各种服务而得以实现的，这其实也是一种人际交往的过程。馆员必须首先通过与读者沟通、交流，仔细倾听不同读者的需求与期望，快速了解读者的困惑。只有真正读懂了读者的需求，才能有目的有针对性地为读者解决问题。如果不善于倾听，不善于理解，抑或是没有很好的语言表达能力，就不可能在短时间内缩短与读者的距离，与读者建立一种良性的相互信任、相互融洽的和谐关系，更谈不上更好地为读者提供服务。因此，智慧馆员只有具有良好的人际交往沟通能力，才能更准确地了解读者需要的是什么，更精准地为读者提供服务与支持，无形之中提高了自身在读者心目中的地位及影响。

（六）创新能力

创新服务是智慧馆员必备的一种能力。馆员只有不断学习，才能够在学习中思考，增长新知识，找到新思路，创造新方法，并把新知识、新理念提供给有需求的用户；只有通过学习才能熟练驾驭信息和知识，掌握新一代信息技术，为用户开展深层次的智慧服务。

（七）良好的精神面貌

智慧图书馆服务给用户提供的不单是外在技术设备的更新换代，更重要的是图书馆馆员的精神面貌带给读者的心灵共鸣和思想提升，这是图书馆馆员给读者提供智慧服务的前提条件和最基本的职业素养。图书馆馆员必须具备爱岗敬业的职业道德、开拓创新的进取精神、积极活跃的时代风貌、自信坚韧的心理素质，以图书馆人进取向上的精神关注读者、服务读者、影响读者。馆员若没有以人为本的奉献精神、开放平等的服务精神和协同创新的团队精神，即使有更先进的技术设备和智能资源，也不能使图书馆的服务精神在读者之间引起共鸣和认同。

二、智慧图书馆馆员的特性

通过智慧图书馆馆员的劳动将知识传递给用户，使得“死”的资料变成活生生的图书馆服务是建立文献需求和文献利用关联的关键。对于智慧图书馆而言，具有出色的智慧图书馆馆员、优良的团队协作，才能够在同样的投入和硬件条件下，使图书馆的服务呈现完全不同的水准。在具体的用户服务中，高素养的智慧图书馆馆员往往能够克服馆藏文献信息资源的不足和馆内服务场地的不足，通过文献传递或开放性网络资源满足用户的知识需求（图 7-1）。因此，在智慧图书馆服务中，智慧图书馆馆员的地位进一步突显。

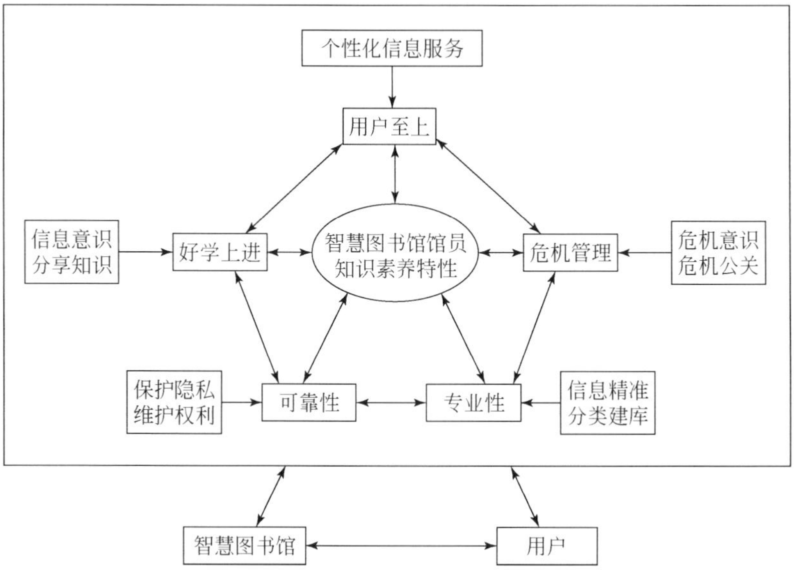

图 7-1　智慧图书馆馆员素养与价值架构

（一）服务理念

个性化信息服务是以用户为中心，以满足用户个性化的价值追求为目标，通过主动服务，双向沟通，根据用户的知识结构、信息需求、行为方式和心理倾向等，有的放矢地为具体用户创造符合个性需求的知识服务环境，为其提供“量身定制”的预订信息与服务，并帮助用户建立个人知识系统服务中心。个性化服务通用性好，不受时间、地域的限制，资源丰富，充分体现人文关怀，以方便用户、满足用户需求为前提，对用户需求行为进行挖掘，方便用户交互，方便用户反馈对服务结果的评价。个性化是智慧图书馆信息服务的归宿，完全符合图书馆“用户至上”的服务理念。

智慧图书馆在物理空间里整合了专业人员、馆藏、系统和服务，履行收集、保存、揭示、提供知识的职能；在数字化时代这些东西分离开来，智慧图书馆馆员可以直接通过网络系统为用户提供服务。同时，用户对图书馆的依赖度降低，并不是说图书馆不重要，而是图书馆服务的延伸。用户更多的是关心书里有没有所需的内容，而不是书的形式。智慧图书馆馆员侧重于对用户的知识服务或用户小组之间的互动活动，使用大量电子文献，注重和用户联系，提供网上服务，而不是简单的纸本收藏。进入图书馆之后，可提供给用户大量的活动空间，供查阅电子文献使用的大屏幕和 24 小时全天候的便捷无线网络覆盖。拥有多点通信服务以及以社会和文化为导向的社区服务将成为智慧图书馆服务的新理念。

智慧图书馆馆员的作用将变成创建和分发各种工具。重视服务理念，关注个体差异，将使用户满意（customer satisfaction）的个性化服务提升到信息服务发展战略的高度，视其为信息服务机构生存发展的必要条件。服务过程与用户有高度交互性。馆员之间要注意服务态度，服务环境友好，服务手段、措施灵活多样，形成分布式协作知识服务的模式。每一位智慧图书馆馆员要意识到本职工作的意义之大，坚定为公众服务的信念。重视个体需求，从组织需求、任务需求、个体需求三个层面开展综合分析，以参考咨询的知识需求为导向。在智慧图书馆中，高水平的参考咨询人员团队是开展高品质参考咨询、精确知识服务的重要保障。个人意愿成为注意力汇聚的主要因素，融入了鲜明的个性化情感因素，用户关注度、满意度成为服务成败的主要指标。

（二）危机意识

图书馆危机是对图书馆系统造成严重威胁或破坏、需要图书馆人立即反应的高度震荡状态，以及对图书馆工作产生干扰或破坏进而影响到图书馆发展、需要图书馆人持续关注的高度不确定性状态。它具有一定的渗透性，图书馆相对薄弱的竞争环境、受制度保障的生存方式、历史积累的社会体制弊病的渗透、坐等用户上门的服务模式，使图书馆对危机缺乏敏感、反应迟钝，有的图书馆即便是在应对或处理危机时，往往也缺乏相应的紧迫感。图书馆危机还有一定的缓慢性，长期积累的弊病，不在一时爆发，也不在一时结束，处于危而待发的状态。

智慧图书馆馆员需要具备危机管理意识，能够对可能发生的各种服务危机做好物质上和精神上的准备。培养图书馆服务危机意识是有效实施服务危机管理的前提和基础。危机管理是一种战略管理，是一种对危机因子和危机事件从生到死全程全面监控处理的管理理论与管理实践。它包括提升思维能力、进行理论研究、提炼危机管理方法、开展危机管理实践，以及在此基础上实现理论与实践的互动共进。危机管理的重点是危机公关，即利用图书馆是社会信息资源中心的优势，提供危机状态的信息，使公众及时了解社会公共危机的发展态势和危机背景，稳定公众的心理，增强社会公共危机状态下知识服务的能力，采取新的知识服务形式代替受损的知识服务渠道。

（三）知识结构

一名合格的智慧图书馆馆员，除了要具有很强的专业性外，还要具备完整的知识体系作为支撑。智慧图书馆馆员要具有爱岗敬业的精神，认同行业的基本理念，形成共识，推动图书馆事业的发展；遵循现代图书馆理念，在图书馆管理实践中维护社会公众的图书馆权利。为具备这种能力，智慧图书馆馆员需要在吸收科学知识的同时接受实用的图书馆学教育，在职业生涯中不断学习与研究该学科的理论知识，参与各种学术交流，以获得知识更新的机会。

智慧图书馆馆员要在信息馆员和学科馆员之间自由转换，要有较强的业务自动化操作、应用能力、强烈的信息意识，将服务方式多元化，为用户提供教学研究、定题服务，并通过网络为用户提供精确的知识性学术服务，实现由单一的馆藏服务向资源共享服务和专家咨询服务模式的转变。数字时代，图书馆馆员将变为“信息系统的建设者”和“信息使用的向导和顾问”，成为“信息专家”。他们将用知识创新服务使用户获得精确知识和学习方法并指导用户的各项专业研究。智慧图书馆馆员可以通过观测、模仿和亲身体验来学习知识、经验丰富的咨询专家的隐性知识，迅速改善自身不足，增加知识储备，提高知识素养。智慧图书馆馆员积累和分享他人的隐性知识，馆员之间平日的交流也有助于直接分享各自独有的隐性知识，有助于反射自己工作中的不足及找到纠正的方法，有助于创造一个活跃的、动态的工作环境。此外，还可开展跨馆的智慧图书馆馆员培训，全面吸收其他合作馆的精华。培训每位馆员的技能和知识，使他们有效和高效地履行职责。建立并维护培训的参考咨询员数据库，对参与智慧图书馆馆员的能力数据进行管理，并且进行跟踪分析和评估，将对在大数据环境下深化对智慧图书馆馆员知识能力的提升起到不可替代的作用。

（四）职业道德准则

智慧图书馆要保护用户的个人隐私，其核心内容是保护用户在图书馆的阅读记录不为他人所知，不能将用户个人信息与借阅信息用于商业目的和政治目的。在美国，图书馆馆员一般可以提供一对一的指导，在用户查找信息的过程中，这种来自图书馆馆员的非正式的指导效果很好。关于信息能力和用户行为的研究表明：当遇到问题时，如果能获得有关技能的指导，尤其是关于学习技能的指导，所产生的效果是最好的。有条件的图书馆还可以向用户提供正式的课堂，以进行信息技术和信息源的培训。用户权利和图书馆人的权利最好能统一起来，以维护公民的信息权利、保障用户使用图书馆服务的权利为基本目标。在此前提下，坚定地、持续地、有组织地、全方位地维护图书馆人的职业权利。通过图书馆人行使图书馆权利，使图书馆机构、制度成为数字时代公民获取基本信息的最基本的保障。用户信息和流通信息是图书馆服务过程中产生的信息，如用户的个人信息、借阅信息、网站访问记录等。用户信息与流通信息属于图书馆专有，可以通过对用户信息和流通信息的处理与分析、用户信息和流通信息的开发，改善图书馆服务，提高书刊利用效率或进行更加具有针对性的用户服务。例如，通过分析用户借阅记录，可以了解用户的信息需求偏好，改善图书馆文献信息资源建设的品种与结构，这样的分析数据不但真实并且成本低廉。或者分析同一用户的不同文献的借阅记录，反映出不同文献之间的某种内在联系，对于用户本人也是一种帮助。

智慧图书馆时代要求达到馆人合一。这里的“人”也有两个含义，一个是智慧图书馆馆员，一个是用户，他们组成图书馆最能动的部分，而智慧图书馆馆员与用户之间，也应该协调统一，构建和谐的有机体。智慧图书馆可以为用户提供更加便捷的馆际互借、全文传递、代查代检、定题服务等。智慧图书馆有“个人工作助理”，能够有效帮助馆员管理自己的信息和数据，用户和馆员都可以通过系统来实现即时通信，便于用户之间、馆员之间、用户与馆员之间进行联系。用户广泛参与图书馆的管理和服务，是图书馆系统的一次重要变革。

（五）业务能力

智慧图书馆所带来的变化是改变了智慧图书馆馆员对文献资料的管理模式、传输模式，用户获得文献资料的途径发生了根本性的变化。用户可以通过不同的途径得到相同的信息，但资源种类众多，给用户在资源中寻找所需要的信息带来了困难：过去找文献太困难，现在是文献太多，都不知道看什么。同时，用户不但要找到所需的知识，更期望能够对知识给出精确分析。图书馆所提供的是知识与信息的服务，这种服务不但提供给用户知识与信息，而且这种服务的前提是专业化的图书馆馆员对于发散生产的知识与信息进行有效的收集、整理、存储和利用。智慧图书馆馆员应该训练有素、学识丰富并且充满想象力，提供和传递高标准的专业化知识服务。专业化的原则也是图书馆服务的绩效要求，专业化服务既能降低图书馆服务对于资金的需求，减少社会对于图书馆资源的供养成本，又能保证图书馆资源的有效利用或最大程度的利用，增强图书馆资源服务于社会成员的能力。

智慧图书馆馆员应该是一个信息官（information officer）。信息官的工作一部分是原来图书馆需要做的工作，还有一部分是用户需要我们做的，解决大家想解决但解决不了的瓶颈问题。智慧图书馆馆员应在现有数据库基础上，集群开发，建立更便捷的数据查询系统，使用户能在短时间内获得一个领域研究进展的精确信息。例如，在这个领域，过去发生了什么事情，后来是如何发展的；当前有什么新的需求，国内外有哪些机构和专家在从事这方面研究；还有哪些关键问题没有解决。现在的数据库还不是非常方便，如果新开发的软件能面向有需求的用户，使他们能迅速地同时获得以上信息，这对于提高研究工作效率是十分有益的。解决信息分散问题就要提高信息的精准度，信息资源推送是运用推送技术（push technology）来实现的一种个性化主动信息服务方式。首先要建立用户需求数据库，需要用户在系统中完成注册，表述自己的信息需求，经过统计分析，保存一个有效的用户需求数据。接下来是建立信息库，负责搜集相关信息并对信息进行分类整理，根据一定的标准，把个性化的信息标准设立出来，使大量信息遵循这个标准进入信息库。最后，推送服务器根据已建立的用户和信息的关联性，设定用户接收各种信息的最佳时间和方式等，在适当的时间将适当的信息主动推送到用户的网络环境中。

第三节　智慧图书馆馆员的角色定位

智慧图书馆具有互联、高效、便利、协同、互动等特点，所以其服务虚拟性更强，主动性更高，个性化更鲜明，工作方式也更智能化。智慧图书馆将超越技术层面的智慧化，更多地从服务管理、人力资源、智能惠民、环境友好着眼，是图书馆实现科学发展、可持续发展的新理念和新实践。由于服务内容、方式及水平的深层次发展，未来智慧馆员的新角色其专业性、复合型、时代性的特征将更加明显。

一、嵌入式馆员

（一）嵌入教学过程

智慧馆员是高等院校教学中不可或缺的合作伙伴，馆员应走进院系，参与到师生的教学活动中进行知识管理服务，捕捉教学中的焦点和难点，经过虚拟的信息技术分析和整理，为师生提供专业精准的教学参考资料。馆员还要开设信息素养智慧课堂，指导学生有效利用参考文献，实行开放式教学。同时，通过物联网等技术，对各科的教学效果进行后期的评价和跟踪，对各科教学优劣做出客观公正的评判，有效地判断和预警教学过程，以便提高教育教学质量。

（二）嵌入学科资源建设

嵌入式馆员应参与本校学科资源建设和整合，对本校专业建立学科信息门户，开展重点学科导航服务和学科态势跟踪服务，研究学科的动态和热点，预测学科发展方向，把最前沿的知识信息提供给有需求的用户。

（三）嵌入科研团队

馆员不仅要做学科秘书和课题查新工作，也要尽可能地参与到科学研究活动中，协助用户完成研究的文档工作，指导科研人员使用虚拟的科研环境和创作软件，挖掘隐含的潜在知识信息，智能类聚和链接专业的科研数据库信息，探索研究热点和动态，为科学研究提供更多及时的牵线搭桥服务。嵌入式馆员使普通学科馆员向信息专员转变。

二、创新性馆员

创新性馆员是智慧馆员的重要体现，是将知识服务转化为智慧服务的关键。馆员从原始的数据中提炼有价值的信息，为知识生产和知识创造服务，提高用户知识应用的效率，使用户从拥有信息的知识人提升为驾驭知识、创造产品的智慧人，达到转“知”为“慧”的目的。馆员向用户提供基于信息资源的深度知识挖掘的服务，是一种以用户需求为中心的个性化高品质增值性服务。

（一）开启创新课堂

馆员可利用自身的专业素养，在信息素养教学中实行开放式教学，培养学生独立思考、自主创新的能力，有针对性地组织思辨式教学、创新实践性教学、情景模拟式教学、协同创新式教学。

（二）助力科研产品转化

科研产品本身就是知识转化为生产力的过程，智慧馆员可为产品转化提供专业技术、市场供应、方针政策、实践经验、发展形势等方面的信息，为创新型的科研产品提供有力的信息支持。

（三）支持专利创新

专利是世界上最大的技术信息源，是知识转化为智慧的另一重要表现形式。馆员可利用检索平台，为用户讲授专利申请、专利保护、专利发明原则、专利分析等方面的知识信息，激发用户发明创造的积极性，举办形式多样的创新竞赛、专利交流讲座或研讨沙龙，为知识创造提供浓厚的氛围和应有的信息支撑。

三、营销式馆员

智慧馆员的服务理念是“一切以用户需求为中心，以用户满意度为核心”，如何使馆员真正融入教学和科研团队，使用户主动接纳自己，是当前学科馆员面临的困惑和挑战。未来智慧馆员还要充当营销式馆员，使自己的服务理念、服务内容和服务方式通过自我宣传、自我展示、推送营销等方式，进入到用户的视线和工作范围，通过营销学中的技巧和艺术来提高自己的工作效率，深入开展馆员个性化的知识服务。例如，武汉大学图书馆采用“真诚、专业、快速、价值、互动、合作、易用”的专业态度和理念，运用服务传递策略、服务推广策略、服务沟通策略等三种营销服务策略，为不同的用户开展服务。这种营销方式在一定程度上缓解了当前学科馆员不能融入教研团队的尴尬局面。

四、协同式馆员

未来智慧图书馆将是立体互联、共同协同、无线泛在的图书馆，这种新型图书馆的转型，必然带来智慧服务的极大提升。传统馆员被动封闭的服务理念将很难适应信息时代的发展需求。物联网使图书馆出现馆馆相连、网网相连、库库相连、书人相连的局面，使资源相互深度融合。馆员的服务平台既具有鲜明的个性化，更具有共建共享的相互协同性，馆员单门独户的服务方式难以提高服务质量。馆馆之间、馆员与馆员之间、馆员与用户之间必须相互协同服务，协同服务所面临的对象不仅是馆员与馆员、馆员与用户，还有馆员与教学科研机构、馆员与出版界文化机构、馆员与物流运输等。协同式馆员要协调与图书馆事业相关的各分支系统和各种个性化用户之间的平衡关系，达到各方共建共享、共同服务的目的。

智慧图书馆馆员既有一定的教学和科研能力，也有一定的学科背景和精通的情报知识，不仅了解信息技术的发展，更注重服务水平的提升，其角色定位不是单纯的教师或研究员，也不是单纯的图书管理员或社会服务人员。智慧馆员的角色应呈现出专业性、多元性、开放性的特点，其主要作用是最大限度地在图书馆和用户之间架起高质、有效、精准的知识桥梁，传递知识信息，增值社会效益，传承文化精神，助推社会进步。

第四节　智慧馆员队伍建设

馆员是图书馆的灵魂。馆员的存在，弥补了科技中缺失的人文精神。在智慧图书馆中，馆员要做的就是在不破坏用户（读者）行为习惯的基础上，更快更好地回答用户提问。智慧馆员队伍的培养可以从以下三个方面展开。

一、优化源头

变革现有馆员招聘模式，智慧馆员既不是普通馆员，也不是行业专家，他介乎于二者之间存在，充当的是“桥梁”和“引路人”的角色，以提供智慧服务为目标。目前图书馆对于绝大多数图书馆馆员的初次选拔均看重“专业对口”和“学历程度”这两方面，门槛较高，但在成功进入图书馆任职之后，环境氛围会变得宽松自由，这种“先紧后宽”的模式容易使人懈怠，安于现状，因此该方法并不适用于智慧馆员。智慧馆员的初级选拔，可以放宽甚至是摒弃对“专业对口”和“学历程度”这两方面的要求，转而采取资格认定的方式，由国家有关部门组织统一的智慧馆员从业资格考试，考试内容包括图书馆学相关理论、现代信息技术、管理学、心理学等笔试内容，尤其是互联网、物联网、大数据、云计算技术、数据挖掘、人工智能等方面的知识内容。

二、盘活存量

智慧馆员是智慧图书馆中最重要的因素，是图书馆精神的动态体现。在现有条件下，“盘活”图书馆人力资源存量是建设智慧图书馆的现实之举。

（一）优化配置

采取分类使用的方法，对现有的馆员进行重新配置，将具有一定智慧图书馆知识的馆员安排在采用智慧服务设备或系统的部门工作，将缺乏智慧图书馆知识的馆员依然安排在传统的业务部门工作。

（二）组织培训

培训提高缺乏相关知识而愿意接受新挑战的馆员，组织相关培训。培训内容包括科研能力的培养、情报意识的培养、协作能力的培养等，并帮助馆员在实践中提高业务能力。

（三）强化智慧意识

所谓的智慧意识是指保持对事物中“知识-智慧”型资源的敏感度，通过深入学习与实践探索等多种方法的综合运用，完成知识向智慧的转化。智慧意识类似于情报意识，需要馆员在其长期的学习生活中缓慢积累形成，并且要有敏感和善于观察的内心。智慧意识的基础来源于个人对自身知识结构的优化整合，个人的知识发现和提炼能力直接决定了个人智慧意识的强弱。

（四）培养创新能力

相对于普通馆员而言，智慧馆员创新能力的需求更高。创新能力在智慧图书馆中占有重要地位，将创新能力纳入馆员晋升评优考核体系中，将会大大激励馆员的创新动力。

三、持续优化

提倡馆员开启“专深-终身”二维学习模式。所谓的“专深-终身”二维学习模式是指在坚持终身学习的前提下，鼓励馆员纵向拓展知识面，有一技之长，要成为学习型馆员。成为学习型馆员要做到：

（一）培养学习的习惯

智慧馆员要根据自身经验，发现身边的新知识并融入工作中，提升工作的新鲜感与乐趣，在完善自我的同时也推动智慧图书馆的发展。

（二）善于借助先进的学习工具

良好的学习工具会帮助人们更快更好地学习，例如各类高校或科研机构的门户网站、学习论坛和其他辅助工具等。目前备受欢迎的“知乎”和“小木虫论坛”就是其中优秀的学习工具。馆员们要学会熟练运用这些学习工具积累知识，并相互交流，分享经验，共同进步。

（三）终身学习

终身学习是一个长期“工程”，需要他人的鼓励与监督，最好的鼓励来自于一起参与工作的其他智慧馆员，最好的监督来自于每年图书馆举办的职业技能考核。图书馆管理者应当了解馆员们最渴求的是什么，可以在图书馆制度中明确规定每个月安排半天时间供馆员们举办沙龙交流会、意见讨论会、观点交流会等，促进馆员之间进行交流，培养图书馆融洽、进步的学习氛围。此外，应不定期地组织优秀馆员去其他智慧图书馆交流学习，与馆员分享经验，共同提高。

第五节　智慧图书馆馆员综合能力评价体系的构建

一、评价指标

通过阅读大量文献资料，基于对智慧图书馆的理解并结合普通高等学校图书馆馆员评价指标，陈凌初步拟定了智慧图书馆馆员综合能力的评价指标，然后将拟定的指标体系通过邮件和访谈的形式请 8 名专家及馆员进行修改补充，最终确定了智慧图书馆馆员综合能力评价的指标体系，包括一级指标 4 个和二级指标 33 个。

二、指标权重的确定

常用的指标权重计算方法有层次分析法、因子分析法、熵值法、灰色关联分析法、德尔斐法、专家打分法等，主观赋值与客观赋值各有利弊，不同方法对同一组数据赋予权重的结果并不相同。在收集数据较少的情况下，采用客观赋值法效度不高，因此采用专家打分法初步给指标赋予权重，然后通过计算进行修正，最终确定指标的权重值。采用李克特 5 级评分法，请 8 名专家和图书馆馆员及 4 名图书馆专业研究生对指标的重要性进行打分，由于专家、馆员与研究生打分结果大体一致，所以不区分其评价价值。对评分问卷的信度进行分析，Cronbach α系数都超过 0.7，说明评分问卷具有可靠性和良好的信度。

首先计算一级指标和二级指标的平均值，使一级指标均值为 P_i，二级指标为 P_j；然后使用公式计算各二级指标的权重值（W_j），权重之和为 100，计算结果见表 7-1。

表 7-1　智慧图书馆馆员综合能力指标权重

一级指标	P_i	二级指标	P_j	W_j
核心业务能力	4.833	信息检索能力	4.250	3.514
		参考咨询能力	4.000	3.308
		科技查新能力	4.083	3.377
		科研能力	3.917	3.239
		用户信息行为分析能力	4.083	3.377
		用户信息需求分析能力	4.583	3.790
		信息资源发布与传递能力	3.083	2.549

续表

一级指标	P_i	二级指标	P_j	W_j
核心业务能力	4.833	学习新知识能力	4.417	3.652
		智库建设能力	3.417	2.825
		开拓创新能力	4.333	3.583
专业技术能力	4.333	专业软件熟练程度	4.083	3.027
		新兴信息技术掌握程度	4.167	3.089
		信息资源评判与鉴别能力	4.250	3.151
		信息资源存储与组织能力	3.833	2.842
		信息资源加工处理能力	4.250	3.151
		数据分析处理能力	4.583	3.398
		机器设备异常处理能力	3.167	2.348
		机器设备安全运行维护能力	3.167	2.348
		机器设备输出分析能力	3.583	2.657
用户服务能力	4.500	提供个性化服务能力	4.333	3.336
		服务的及时性	4.333	3.336
		服务的连续性	4.250	3.272
		主动服务能力	4.333	3.336
		满足用户需求能力	4.667	3.592
		与用户沟通能力	4.333	3.336
		服务态度	4.417	3.400
一般能力	3.500	与馆员之间的协作沟通能力	4.083	2.445
		与外馆员之间的协作沟通能力	3.667	2.196
		主动学习的意愿	4.417	2.645
		知识管理能力	4.250	2.545
		职业道德	4.583	2.745
		外语综合水平	4.083	2.445
		用户培养能力	3.583	2.146

三、主要影响指标分析

在核心业务能力方面，大部分专家和学者认为用户信息需求分析能力（3.790）比较重要，这也充分说明智慧图书馆应更加注重用户需求。另外，在智慧图书馆系统技术不断变化的环境中，学习新知识能力（3.652）和开拓创新能力（3.583）越来越成为馆员的核心竞争能力，在核心业务总体中约占22%。馆员的一个重要任务就是开阔视野，更新知识体系，不断开拓创新，促进智慧图书馆快速建成和发展。

在专业技术能力方面，数据分析处理能力权重值为 3.398，面对海量化数据，馆员一方面要合理管理数据，为科研等提供支持；另一方面要能够分析处理数据以获得信息资源。

例如，美国加州大学针对加州易发火灾的情况，建立地理空间处理和研究中心，实时分析处理加州地理信息，监测火情，取得了一定成果。同时，丰富多样的数据需要馆员具有一定的信息资源鉴别能力。大多数学者认为，即使图书馆可以通过技术手段来收集鉴别数据，馆员仍需具有一定的信息资源鉴别能力，而信息资源加工处理能力权重值为 3.151，主要指馆员需要具备利用技术系统对信息资源进行加工处理的能力。将信息资源加工成知识提高其使用价值，是馆员在专业技术方面需要不断提升的一种核心技术能力。

从整体看，用户服务能力所有指标权重值都比较高，说明专家和学者普遍认为智慧图书馆重在用户服务。曹树金等通过实证研究发现，信息服务满意会影响信息资源满意，信息资源满意又会影响信息系统满意，足以证明用户服务的重要性。另外，用户服务不只是向用户提供服务，更重要的是为用户提供智慧化服务。有学者提出智慧服务除包括利用智慧技术的服务外，还包括为智慧而服务，激发用户的知识创新，创造新的知识价值。通过各类感知技术和智能处理技术可以获得用户需求，在用户服务指标中尤其是满足用户需求能力的指标权重最高（3.592），说明智慧图书馆可以通过技术系统获得用户需求，但最重要的还是馆员能够满足用户的需求。馆员的服务态度指标（3.400）仅次于满足用户需求的能力指标，可以看出馆员与用户的沟通交流方式是非常重要的，馆员可以给用户带来的亲切友好氛围是机器设备所不能替代的，馆员所能提供的情感也是设备技术不具备的，因此，馆员可以发挥自身的优势特点，配合机器设备为用户提供更人性化的体验。

在一般能力方面，指标权重均相对偏低。这些指标属于一般图书馆馆员需要具备的能力，在智慧图书馆中虽然不是最重要的，但也是任何馆员所必须具备的能力。与其他馆员的沟通协作会影响科研产出，影响馆员间的学习交流及开拓创新能力，馆员主动学习的意愿会影响馆员对新兴技术的掌握程度，知识管理能力会影响馆员满足用户需求的能力，这都说明，虽然这些指标权重不高，但会影响馆员其他重要能力的发展。

第八章　智慧图书馆服务

目前关于智慧服务现阶段的研究开始涉及智慧图书馆的本质追求，更多地注重发展理念的创新与信息技术支撑下的“智慧服务”，而多数研究的主要目的是分析用户信息需求，构建个性化知识推荐服务体系。

智慧图书馆所提供的智慧服务将具有场所泛在化、空间虚拟化、手段智能化、内容知识化、体验满意化等特点。

第一节　智慧服务概述

图书馆知识服务是顺应知识经济时代发展的服务，建立在智慧基础上的知识服务是推动知识开发、知识应用的重要因素，是知识服务的高级形态。

图书馆 2.0 与智慧图书馆体系都是建立在复合图书馆或数字图书馆的基础上，两者的主要区别在于硬件及技术。图书馆 2.0 主要依赖 Web2.0 技术，包括 Blog、Rss、Wiki、InstantMessage、Tag、Ajax 等，而智慧图书馆则主要依赖于物联网、传感技术和云计算机。因硬件和技术方面的优势，智慧图书馆与图书馆 2.0 相比能提供更高层次、更具个性、更加智慧的信息服务，但两者的服务理念与内涵是一致的，都是“以用户为中心，以个性化服务”为原则。

在智慧图书馆环境下，图书馆服务的台阶应该增加一个，即第四个——智慧服务。

一、智慧服务提出的背景

在 20 世纪初，社会生产力的发展只有 5%依靠科学技术进步，而到 20 世纪末发达国家的这一比例已达到 70%～80%。进入 21 世纪，科学技术作为第一生产力已经越来越得到充分的体现，经济的发展比以往任何时候都更加依赖于知识的生产、扩散和应用，知识在现代社会价值创造中的功效已远远高于人、财、物这些传统的生产要素，成为所有创造价值要素中最基本的要素。知识与经济的紧密结合标志着知识经济时代的来临。

在知识经济时代，图书馆服务的模式应该是基于信息资源的知识挖掘以及具有用户需求分析功能的专家式的系统服务，即知识服务。正如柯平教授所言：“图书馆服务的发展是在不断提升的，有三个台阶。一是文献服务，二是信息服务，三是知识服务。这一路径反映了服务从依赖资源、技术与工具到越来越依赖图书馆人的智慧。”

而基于图书馆馆员智慧的知识服务可以称为智慧服务。

二、智慧服务的概念

智慧是对事物能迅速、灵活、正确地理解和解决的能力。智慧在经济领域又称为创意，创意是创意产业发展的支撑点。创意产业指运用创造性智慧进行研究开发、生产交易的各种行业和环节的总和。例如：杭州智慧园作为智慧产业综合门户网站，致力建设环球智库，发掘过剩智慧和稀缺智慧的价值，即汇聚全球各个领域、各个层次的专业人才，利用他们的过剩智慧或稀缺智慧为广大中小企业和各级政府提供省钱、省时、省心的难题攻关和一般智慧任务一揽子解决方案，确保智慧需求方和智慧供应方都能从过剩智慧或稀缺智慧中受益。从这个例子中我们可以得到这样的启示：知识经济时代，社会发展、产业发展不仅需要信息、知识，更需要智慧。智慧是推动知识转化为生产力，实现知识价值化的重要力量，是国家创新产业发展的源泉。

智慧既是在知识的基础上运用知识而创造新知识的过程，也是运用知识解决新问题的过程。在这个过程中，知识的有效获取是前提。图书馆是人类社会的知识中心，是知识汇聚和传播的重要场所，帮助知识用户在知识应用过程中创造新知识、解决新问题，不是提供图书馆的信息服务就能实现的，必须依靠图书馆创造性的知识服务，或者说是依靠图书馆智慧的知识服务。智慧服务就是指建立在知识服务基础上的运用创造性智慧对知识进行搜寻、组织、分析、重组，形成实用性的知识增值产品，有效支持用户的知识应用和知识创新，并将知识转化为生产力的服务。图书馆智慧服务与经济领域的创意服务具有相似性，但其关注的是通过知识产品的服务给知识用户带来现实的经济效益或社会效益，实现知识产品的增值，并推动社会进步和生产力的发展。

三、知识服务与智慧服务的关系

智慧来源于知识。知识是对信息使用归纳与演绎、分析与综合等逻辑思维方法进行处理的产物，是人们认识和经验的总结，是抽象和逻辑的东西，必须经由人的大脑才能产生、识别和加以利用，而智慧则是为达到目标而运用知识的能力。智慧在于创新，可以从无到有地创造或发明新的东西；智慧在于发现，可以发现虽然本来就存在但还没有被认知的东西。

知识服务是智慧服务的基础，智慧服务是知识服务的升华。知识服务以信息的搜寻、分析、重组的知识能力为前提，从各种显性和隐性信息资源中对有关信息内容进行筛选、分析、组织、重组，产生或形成有针对性的新的知识产品的服务；而智慧服务则是建立在知识服务基础上的专业化的创造性服务模式。知识服务侧重于知识组织、知识共享、知识传递，而智慧服务的重点是为知识生产、知识开发、知识创造服务；知识服务注重知识的整合与知识导航，而智慧服务注重知识的价值实现、知识转化为生产力，通过智力和专业能力为用户创造价值，通过显著提高用户知识应用和知识创新效率来实现价值。因此，知识服务是智慧服务的前提和基础，智慧服务的根本特征是实现知识增值，从创造价值的角度来说，智慧服务提升了知识服务的内涵，是知识服务的升华。

四、智慧服务的特征

印度著名图书馆学家阮冈纳赞在其著名的《图书馆学五定律》中提出“书是为了用的”“每位读者有其书”“每本书有其读者”“节省读者的时间”“图书馆是一个生长着的有机体”，明确了图书馆的核心定位就是开发人的智慧、陶冶人的情操、启迪人的心灵，最大限度地满足人们日益增长的精神文化需求，使人们能够充分利用自己的智慧更好地服务于社会，创造更多的物质财富和精神财富，使人类社会更加文明、和谐、昌盛。而智慧服务是图书馆实现其核心定位最根本、最有效的途径。

与以文献载体为主的图书馆文献服务、以信息传播为主的图书馆信息服务、以知识传播为主的图书馆知识服务相比，图书馆智慧服务是以用户的智慧生成过程为中心，致力于培育用户驾驭知识、运用知识和创新知识的能力，进而实现智慧创造。图书馆知识服务是智慧服务的前提和基础，而图书馆智慧服务是图书馆知识服务的深化和升华。图书馆智慧服务有以下几个基本特征：一是公共性，其服务是面向广大用户、社会群体和全人类的，是一种普惠范围的服务；二是智慧性，图书馆所提供的服务是在文献服务、信息服务、知识服务基础之上的智慧服务，图书馆充分发挥客观知识的拥有者、整合者、启发者的核心作用，帮助用户在知识应用的过程中创新知识、提升智慧；三是资源丰富性，图书馆必须通过物联网、云计算等先进的信息技术，掌握丰富的信息资源，包括纸质资源、数字资源、网络资源等；四是管理集群化，图书馆通过集群化综合服务平台实现知识的共建性整合、集约式显示、便捷性获取、无障碍转换、跨时空传递等；五是服务协同性，包括行业协同、地区协同、国家协同、全球协同等，在系统的顶层设计上整体推进，使资源由分散趋向集约、由异构趋向统一，克服资源在布局上各自为政、分散管理和重复建设的弊端，实现智慧图书馆的管理使命。

智慧服务的目的在于知识运用和知识创造，实现知识产品的增值效应；而在智慧服务过程中，团队智慧显得尤为重要，通过智慧团队的智慧服务必然能够提高用户智慧团队的创造性，进而促进生产力的发展，为知识用户带来巨大收益。智慧服务的特征是以知识运用能力为核心，知识创造为本质，知识团队为服务对象。

（一）智慧服务的核心

知识有五种演进层次，即从“噪声”中分拣出来数据，转化为信息，升级为知识，升华为智慧。数据是最原始的信息表达方式，信息是有价值的数据，知识是用于解决问题的结构化信息，而智慧则是为达到目标而运用知识的能力。也就是说，信息来源于数据；知识来源于信息；而知识则是智慧的基础。在知识传播过程中，信息、知识、智能三者之间是一个相互转化的过程，即“信息是基本资源；知识是对信息进行加工所得到的抽象化产物；智能是利用信息资源加工生成知识，进而激化知识生成解决问题的策略信息，并在策略信息引导下具体解决问题的能力。信息、知识和智能在整个信息过程中的地位以及它们之间的相互关系正好符合人类认识自身世界和优化世界活动过程中由信息生成知识、由知识激活智能的过程。”因此，智慧服务的显著特征就是知识的运用，核心是运用知识解决问题的能力。

（二）智慧服务的本质

图书馆知识服务是指从各种显性和隐性信息资源中，针对用户的需要将知识提炼出来的过程，知识提炼过程就是知识开发过程。知识开发是在知识组织的基础上，根据用户要求和图书馆发展的特定目标，通过知识重组和知识再造，形成用户决策所需要的问题解决方案或适合市场需求的知识产品的过程。知识开发过程中包含了图书馆馆员创造性的智力劳动，这种智力劳动使知识产品产生增值。同时，图书馆知识开发关注和强调的是利用自己独特的知识和能力，通过对信息和知识的深层次加工，形成有独特价值的知识产品，解决用户凭自己的知识和能力所不能解决的问题，从而实现自身在社会知识创新、知识扩散和知识应用链条上的独特价值。图书馆智慧服务以搜寻、组织、分析、重组知识的能力为基础，根据用户的问题和环境，融入用户解决问题的过程之中，提供能够有效支持知识应用和知识创新的服务。智慧服务的标志是以灵活的服务模式充分利用和调动知识工作者的智慧进行特定问题的分析、诊断、解决，其本质在于提供智力支持、启迪用户思维。这个过程就是将知识转化为能力、将知识转化为生产力的过程，体现了图书馆智慧服务的知识创造性特征。

（三）智慧服务的主客体

将知识转化为生产力的过程必然是集体的过程，而不仅仅是个人的努力，因而智慧服务强调团队观念，提倡团队意识，开展团队服务。它包括两个方面：一方面是知识组织者的智慧团队；另一方面是知识用户组成的智慧团队。

知识组织者的智慧团队是指图书馆知识工作者（也可以是其他信息机构）组成的具有较高的信息技术能力和知识开发能力的团体，即智慧服务的主体。其特点：一是依靠团队力量来组织知识生产和提供智慧服务；二是加入到用户团队中，作为用户团队处理信息、应用知识、解决问题的内在成员来进行智慧服务。由于图书馆工作者本身的知识结构缺陷，要完成智慧服务有其局限性，因此，知识组织者可以渗透到用户团队中，作为用户智慧团队的成员提供知识服务，将知识智慧贡献给知识用户团队，实现智慧服务，这是一个不错的选择。例如，国家科学图书馆按照“统筹规划、分工负责、协同保障”的思路，建设了体系化、层次化、协同化的全馆战略情报研究团队，覆盖科技创新的主要学科领域。团队主要分为4个层次：宏观领域情报团队（战略决策情报中心、科技政策情报团队）；科学领域情报团队（基础科学、资源环境科学、生命科学、战略高技术）；科技创新基地领域团队（1+10 科技创新基地团队）；学科情报研究组（科技评价组、情报技术平台组等相关团队）。

知识用户的智慧团队是指图书馆知识工作的服务对象，即智慧服务客体，包括政府或企业决策机构、科学研究课题组、企业产品研发团队、专业社会团体等。知识用户团队本身也是知识工作者，其知识工作的本职就是知识创造。在知识经济时代，技术进步的速度大大加快，知识团队在知识创造中的作用日趋明显。一方面，由于社会分工的精细化和专业化，个体知识用户的知识积累在加深的同时广度却在缩小，而知识创造活动需要多种知识的融合，使得个体之间协作开展知识创造成为需要；另一方面，现代社会中知识创造活动复杂、创造成本高、创造风险大，单个知识用户很难独立完成知识创造活动。因此，形成知识团队在知识创造、技术创新中具有重要的意义。

由此不难看出，智慧服务的主客体都是知识工作者，是运用知识进行知识发现、知识创新的人组成的团队，两者的结合形成知识创造能力的互补，必然产生更大的创造力，进而实现在原有知识基础上的知识增值。

五、智慧服务的内容

建立在知识服务基础上的智慧服务，关注的是知识转化与应用，因为知识本身并没有价值，它的价值只是体现在知识运用的过程之中。在信息社会中，图书馆服务的目的就是要实现“用知识和智慧创造价值”。创造价值的过程就是知识转化和运用的过程。目前图书馆智慧服务的应用尚处于初级阶段，主要有以下三个方面。

（一）决策支持

为知识用户团队提供决策支持服务是信息服务机构的基本内容。从我国来看，社会信息咨询机构发展缓慢，政府政研机构实力有限，大多数中小企业缺乏研究团队，而图书馆具有专业的情报服务能力，能够为知识用户提供决策支持服务。为知识用户提供决策支持的主要形式是专题服务，即通过对特定内容的信息、知识的加工、分析、挖掘，形成专业的知识产品，为政府、企业、社会团体的决策提供智力支持，包括专题社会信息服务、专题产业分析报告、专题行业资讯等形式。这里以专题社会信息服务为例来说明。

专题社会信息服务是指图书馆根据社会需求开展的针对各个时期工作的重点、热点、难点问题，收集、分析、筛选有关信息，以简报、内参、专题报道等形式提供给相关信息用户决策层，为决策充当参谋和助手的角色。例如，广东省立中山图书馆自 1991 年起创办《决策内参》，为各级党政机关服务；广州大学图书馆从 2002 年 3 月开始，在中共广州市委对外宣传工作领导小组办公室委托和指导下，为有关部、委、办、局提供新闻信息综合与专题服务。根据委托单位的要求，组织专业人员就境内外媒体对广州市的新闻报道进行收集、加工、整理及舆论情况分析，以电子版传送和出版专题资料汇编等形式，由市委外宣办分发给市委、市政府及有关部、委、办、局，方便相关部门了解舆情，提供科学决策参考。

提供决策支持不能仅仅是信息层面的服务，还应该是元数据的挖掘与分析基础上的创造性服务。数据挖掘也称知识发现，是从数据库中获取人们感兴趣的知识，这些知识是隐含的、潜在的。数据挖掘技术通过从数字图书馆、数据仓库和浩瀚的网络信息空间中发现并提取隐藏在其中的信息，帮助信息用户（决策者）寻找数据间潜在的关联，发现被忽略的要素，而这些信息对预测趋势和决策行为是十分有用的。只有建立在数据挖掘基础上提供的知识产品，才能将图书馆智慧转化为决策智慧，为知识用户提供决策支持服务。

（二）科学研究

科学研究是知识发现、知识创造的过程，即知识生产过程。知识生产是人们在物质生产过程中发明、发现、创造各种物质运动转化的条件及能量来源的思想观点、方法、技巧等的过程。为科学研究提供智慧服务，是图书馆知识服务的核心。

研究型知识用户是知识需求的主体，其需求是反映国内外有关课题的历史状况、当前水平和未来发展趋势等的综合性知识，他们所需要的不是一个个信息片断，而是精炼、浓缩的系统化知识。在不同的研究阶段需要不断地获取与课题有关的大量系统知识及实验数据。为此，图书馆智慧服务团队可深入到某一学科、某一研究项目中，配合研究型知识用户，从课题立项到成果鉴定，进行全程跟踪服务。同时，对该研究项目学科的相关知识、成果评价的知识、权威信息源或载体的知识等进行描述、评价和提示，对专业数据库进行智能类聚和链接，对口提供专业细化、面向课题的个性化专题知识服务。此外，图书馆智慧服务团队还要为研究型知识用户提供各个学科领域的最新研究动态、各个学科当前以至将来的研究热点，预测学科的发展方向，提供学科研究的核心信息源。为科学研究提供智慧服务的关键在于知识挖掘和专业分析。不同专业领域都有其特定的专业数据库，如化学专业的化合物数据库，将这些专业数据库与文献数据库通过标注描述建立映射关系，可以实现知识的发现。

（三）产品研发

产品研发是指各种研究机构、企业为获得科学技术（不包括人文、社会科学）新知识，创造性运用科学技术新知识，或实质性改进技术、产品和服务而持续进行的具有明确目标的系统活动。产品研发一般指产品、科技的研究和开发。研发活动是一种创新活动，需要创造性的工作。其中，技术研发是指为了实质性改进技术、产品和服务，将科研成果转化为质量可靠、成本可行、具有创新性的产品、材料、装置、工艺和服务的系统性活动。产品研发水平是衡量一个国家创新能力的重要指标。产品研发的前提条件包括研发团队、研发经费、研发信息等。研发团队成员一般具有高学历，而且具备将知识转化为生产力的运作能力；研发经费是产品研发的必要条件；研发信息则是产品研发的基础，三者缺一不可。

图书馆为产品研发提供的信息包含基础知识信息和专业知识信息。基础知识信息属于知识服务的范畴，专业知识信息属于智慧服务的范畴。

基础知识信息是研发“所需的有关技术经济信息、经济决策信息、管理信息、市场供求信息、政策措施、实践经验、热点问题、同行企业的发展态势、经营管理、科技发展、新产品开发和市场占有率等信息，为企业生产和决策服务”。如复旦大学、上海交通大学等一大批高校图书馆已纷纷与企业开通“知识平台”，有计划地利用高校的人力资源和丰富的馆藏资源为企业服务，受到了企业的热烈欢迎。专业知识信息则是系统化、创造性的信息。从知识管理角度来看，新产品研发过程就是知识共享、知识转化、知识创造的过程。对于国内外大型企业而言，实现新产品研发领域知识的管理，特别是研发知识资源共享和重用，是新产品研发知识管理系统的首要任务。然而当前还没有形成统一标准的知识管理系统（KMS）模型框架。目前已有几种比较典型的 KMS 模型：基于多 Agent 的系统模型、基于舱结构的系统模型、基于 UML 的集成化系统模型和基于“社会一技术”双视角的系统模型等。但对于大多数中小企业而言，仍存在建立知识管理系统的条件不足。

因此，图书馆智慧团队应该充分利用自身的知识智慧，主动嵌入企业产品研发团队，提供知识产品服务。采取构建产品研发信息交流协作空间、个人知识库、机构知识库、专题知识库、学科知识门户等形式，通过知识服务，推动产品研发团队的知识共享、知识转化、知识创造，促进企业的创新能力，提高知识转化成现实生产力的能力和效率。以上海图书馆为例，其提供的企业服务主要有：①企业技术战略和规划研究；②知识产权保护系列咨询服务及其战略研究，侵权调研与分析；③行业调研、市场调查、产品定位、商业机会分析；④科研成果、立项、专利、新产品等查新与评价；⑤企业综合性的个性化情报服务等。

智慧服务要求知识服务精品化。对于产品研发团队来说，他们已不再满足于为其提供一般性知识服务，而需要提供解决问题方案的核心知识内容。这就要求将分散在该产品领域及相关领域的专业知识加以集成，从中提炼出对研究、开发与创新有用的“知识精品”供其使用，帮助其寻找新知识的生长点，激发知识创新的灵感，促使主观知识（隐知识）向客观知识（显知识）的转化运动，缩短技术创新周期，提高技术创新水平，增加人类知识总量。

为此，图书馆智慧服务团队应贯穿于用户解决问题始终，提供从知识捕获、析取、重组、创新、集成到应用的全程一体化服务。例如，郑州大学图书馆对“木粉聚醚催化合成”这一项目提供了历时 10 年的系统化情报服务，支持该项目获得了省科技进步奖及国家发明三等奖，他们成功的情报服务也获得了河南省优秀科技情报成果一等奖。

第二节　智慧图书馆的服务途径及其构建

一、多时间、多空间的图书馆服务途径与构建

多时间、多空间的图书馆服务是现代图书馆的基本服务形式，也是智慧图书馆的基本内涵要求之一。智慧图书馆除为用户提供基于传统的物理图书馆建筑进行的基本书籍借阅等服务外，还能提供延伸空间与时间的服务。“三网融合”也为这种延伸提供了便捷支持条件，利用网络、电视、新媒体享受基本的图书馆服务不再是难题，网络图书馆、手机图书馆、24 小时自助智能图书馆保证了全天候的多时间服务。智慧图书馆在多时间、多空间的服务途径构建中，一方面需以实体的物理图书馆为阵地，增加以阅读活动、信息服务等为主要内容/主题的活动，另一方面还需增加手机图书馆、网络数字图书馆、24 小时自助图书馆等服务平台，延伸和丰富图书馆的服务载体，使用户在任何时间（包括白天、晚上、节假日）、任何地点（如办公室、家里、地铁）都可以实现通过图书馆进行信息的获取与利用。可喜的是，目前我国越来越多的图书馆建设了网络图书馆、数字图书馆和手机图书馆。此外，截至 2012 年 6 月底，24 小时自助图书馆已在全国的 38 个城市得到了应用，随着第五次全国公共图书馆评估在 2013 年开展及将 24 小时图书馆列入评估内容之一，24 小时自助图书馆在越来越多的图书馆得到了应用。随着社会生活节奏的加快及信息价值的进一步显现，企业也敏锐地查看到了民众信息需求的迫切性，开展了诸多的图书借阅服务，如中信出版社所推出的“云端图书馆”。这些方式新颖、服务贴合实际、创建主体多元的服务方式也都进一步阐释了智慧图书馆的多时间、多空间服务内涵特征。

二、以人为本的图书馆服务途径与构建

以人为本是智慧图书馆的另一大主要内涵，特别是随着近年来信息技术的发展及应用，越来越多的图书馆注重技术在服务与建设中的实践，提高了图书馆的服务水平和效率，但在具体的发展中很容易走入重视现代生活元素而疏忽传统人文特色的歧途，如在馆舍建设、资源构建方面走铺张浪费道路，重馆舍面积及馆藏数量而轻服务，使得图书馆作为社会文化传播、研究、储存的本职功能未能真正发挥该有的作用。智慧图书馆在以人为本的服务途径构建中，应重视原有的传统服务优势，充分发挥馆员及馆藏优势，开展如特色馆藏服务、学科服务、信息咨询服务、数据挖掘等通过人和信息相互结合而发挥作用的嵌入式、专业化服务，使图书馆真正成为社会知识组织、研究与服务的中心。2000 年始于丹麦哥本哈根、2008 年进入我国的“真人图书馆”，就是现代图书馆以人为本服务的一大创新典范，值得各个图书馆在实践中借鉴。

三、高度智能的图书馆服务途径与构建

智慧图书馆强调图书馆的高度智能与智慧管理。在高度智能方面，信息技术及系统的发展促成了今天管理系统广泛应用于图书馆的资源、人力、财务管理等各个领域，Web2.0、RFID 等技术的应用也为图书馆智能化的资源定位、智能化的资源推送、智能化的资源定

制、智能化的资源管理、智能化的办公等提供了条件和实现的可能。在智慧管理方面，图书馆管理者既需重视文献资源的收藏、研究与利用及客户知识的挖掘、组织与服务，也需重视图书馆在社会文化建设中的社会责任；既需重视读者用户的服务环境、服务效率与服务水平建设，也需重视将读者吸引、融入图书馆建设中作为图书馆可持续发展动力与要素的作用。智慧图书馆在智能化服务的实现途径构建中，可主要以实现智能化的图书存放与调度系统、智能化的图书馆安防系统、智能化的服务环境调节系统（如灯光调节、温度调节等）、智能化的信息管理系统（如个性化知识的智能化抓取、组织与推送等）为突破口，运用智慧管理，推动智慧图书馆对现代图书馆的一场发展理念、服务技术、管理形态的全新革命。

四、基于“第三空间”理念的图书馆服务途径与构建

随着全媒体时代的到来以及人们更加强调图书馆的文化休闲作用，图书馆将从传统的以书为中心转变到未来的以人为中心，以实现阅读、休闲功能的“第三空间”为共识。“第三空间”这一词也准确表达了近年来人们对图书馆特别是公共图书馆的建设愿望。“第三空间”所反映的图书馆休闲理念也是智慧图书馆的主要理念之一，因为智慧图书馆也强调图书馆的休闲功能。智慧图书馆在基于“第三空间”理念的图书馆服务实现途径构建中，可以将增加图书馆的咖啡屋、音乐室、文化活动室等作为主要方式来实现，再通过营造舒适的人文、绿色、休闲环境来凸显图书馆的休闲氛围，使读者在休息中阅读、在阅读中休息。

五、基于资源共享、集群发展要求的图书馆服务途径与构建

信息社会海量的信息量以及用户信息需求的复杂多样化为现代图书馆资源建设提出了挑战，而网络信息技术的发展为资源的共享提供了条件。走资源共享道路、构建地方公共图书馆服务体系也因此成为近年来我国公共图书馆的发展趋势之一，总分馆、集群式、联合发展等资源共享模式已在我国东部沿海城市的公共图书馆中得到了实践。智慧图书馆的服务模式是一种新型的以知识和信息进行共享整合、便捷利用、多维度服务的服务模式，因此，资源共享与集群式发展是智慧图书馆的一大主要特征。智慧图书馆在基于资源共享、集群发展内涵要求的服务实现途径构建中，需在借鉴已在国外发展成熟、国内迅猛发展的总分馆等建设模式基础上，总结、分析自身的特殊性与差异性，因地制宜，找到一条适合自己发展的资源共享、集群管理发展模式。

第三节　智慧服务平台的构建

从信息管理与应用的角度来看，智慧图书馆建设可分为信息汇集、协同感知和泛在聚合三个阶段。智慧图书馆服务平台的构建必须具有异构性、开放性、移动性、协同性、融合性等特点。在建设过程中必须关注用户的实际信息需求，通过构建、整合各种信息资源、网络平台，提供让用户放心且安全的使用环境，使用户能够跨越时空、无障碍地使用图书馆的资源，满足用户不断变化的各种信息需求。

一、服务主导原则

在图书馆智慧信息服务体系的构建中，技术、资源和服务是相互依存、相互支撑的关系。技术是必备的手段，资源奠定了内容基础，而服务是最终的结果。阮冈纳赞曾说“书是为了用的”，在物联网和云计算环境下可以看作“资源是为了用的”，“资源利用”是图书馆服务的根本所在。技术是图书馆智慧信息服务体系的支撑，资源是智慧信息服务体系的核心竞争力。没有资源，智慧信息服务体系统就会成为“无米之炊”。服务是智慧信息服务体系构建的根本目的，是智慧服务平台构建的立身之本。

二、资源集成原则

资源集成是智慧图书馆服务与管理的技术基础。图书馆需要借助云计算技术、物联网技术建立起文献感知服务系统和整合集群管理系统。这里讲的资源包括印刷型、数字型、网络型各类载体的资源。资源集成就是在各个文献信息机构、各类文献之间建立起跨系统应用集成、跨部门信息共享、跨库网转换互通、跨媒体深度融合、跨馆际物流速递的服务与管理模式。例如，2012 年 3 月成立的首都图书馆联盟由位于北京行政区域内的国家图书馆、党校系统图书馆、科研院所图书馆、高等院校图书馆以及医院部队、中小学图书馆和北京市公共图书馆共 110 余家图书馆自愿联合发起成立。首都市民今后有望仅凭一张读书卡即可浏览百余家图书馆的文献资源。近期首都图书馆联盟将做到“一馆办证、各馆通用”“一卡借阅、就近还书”“一馆藏书、各馆共享”“一馆讲座，各馆转播”“一馆咨询、多馆服务”“与出版机构合作，推出优惠图书”。

三、以人为本原则

在资源集成的基础上，实现资源与人的时时相联，其中既包括资源与馆员的互通相联，也包括资源与用户的互通相联。这是智慧图书馆服务与管理的关键，体现出以人为本的图书馆发展理念与实践，例如，深圳图书馆研制出的第二代智能书车和城市街区 24 小时自助图书系统、上海普陀区图书馆设立的图书漂流自助亭等。这些表面看起来无人值守的图书馆，其自助服务是建立在前台的服务机与图书馆后台庞大的集群网络化布点、信息化管理、一体化物流管理系统之上的。通过后台强大的管理系统和集成化服务，实现馆员-资源-用户的互通互联，依靠现代信息技术满足用户的信息需求，体现出图书馆服务以用户为中心、以人为本的原则。

第四节　智慧图书馆情境感知服务模式

一、情境感知服务模式定义

情境感知也被称为“上下文感知”，是对智能终端设备、上下文、物理环境等构成的整体进行管理、调整和安排，建立用户与系统或设备间相互连接的基础，为其他服务开发提供统一的应用框架。近年来，有关情境感知应用的研究正在飞速发展。由刚开始只是源于位置感知的应用如感知用户所在的地理位置（如智能博物馆导览系统），发展到能够根据用户当前状态进行感知，并据此为用户提供个性化服务。

随着移动网络的发展，以智能终端设备为载体的情境感知应用越来越多。这些移动设备可以通过 APP、局域网来获取用户特征和周围环境，为用户提供个性化推荐信息、位置信息、图书检索信息等各种所需服务。智能技术和情境感知技术的有效融合促进了智能情境感知研究的发展。在情境感知的应用中，除了各种智能设备外，用户希望情境感知应用可以根据周围环境和用户过去的经验来提供服务。所以，情境感知系统应该具有获取用户实时情境信息的能力，并可以结合用户个人信息描述、设备状态和情境状态，反馈用户需要或改进自身操作。其中，情境感知技术是图书馆发展过程中必须经过的关键一步，是构建智慧图书馆过程中的一个里程碑。

二、智慧图书馆情境感知服务模式设计

（一）智慧图书馆情境感知服务模式架构

智慧图书馆情境感知微型学习系统框架结构见图 8-1。具体划分为：①智慧图书馆服务平台：数字图书馆的智能化服务平台融合了智能、服务、体验等几大要素，组合形成一种集线上与线下相融合的图书馆新形态。②情境数据获取层：通过若干种方式对用户的各种情境数据进行收集，获取用户需求信息、情境信息及各种历史相关数据。③情境数据分析层：处理和存储情境信息。④情境感知服务推送层：将符合用户情境数据的服务信息推送给用户。

1. 智慧图书馆服务平台

在数字图书馆的基础上，依据智能通信网络以及现代服务功能，人们提出了一种新业态——智慧图书馆服务平台。平台不单是将传统图书馆功能数字化，还借助了传统图书馆的资源，是在智能化基础上建立的以共享服务为主的一种图书馆形式。在这个智慧图书馆中，最核心的是传统意义上的实体图书馆，除此之外，还配有一系列围绕图书馆主题的生活娱乐设施，用户可以体验到若干主题的（如电影院、餐厅、游乐园等）娱乐项目。这种智慧图书馆服务平台通过移动应用程序与用户相关联，随时随地给用户提供各种服务。用户可以在进入智慧图书馆的同时，直接通过智慧图书馆服务平台进行线上与线下的信息数据记录以及获得服务。

2. 情境数据获取层

对于多数用户来讲，其情境信息从其内外部信息源可以直接获取，传感器针对用户所处环境的各种数据进行采集。一般情况下都是利用移动智能终端 Android、IOS、Windows Phone 等设备自带的传感器和应用软件来获取用户的外部情境信息。对智慧图书馆来说，通过用户登录时的账号以及连接的无线局域网，智能终端设备就可以随时随地获取读者的位置、借阅记录、阅读时间、停留位置的时间长短、经常使用的服务等情境信息，并进行初步分类与过滤处理，进一步分析得到所需要的情境数据。智慧图书馆从多个方面多个角度追踪用户的行为，分析用户的智能环境，从而给出完整的情境数据收集结果，这就为确保正确推送合乎用户需求的信息服务提供了保障。

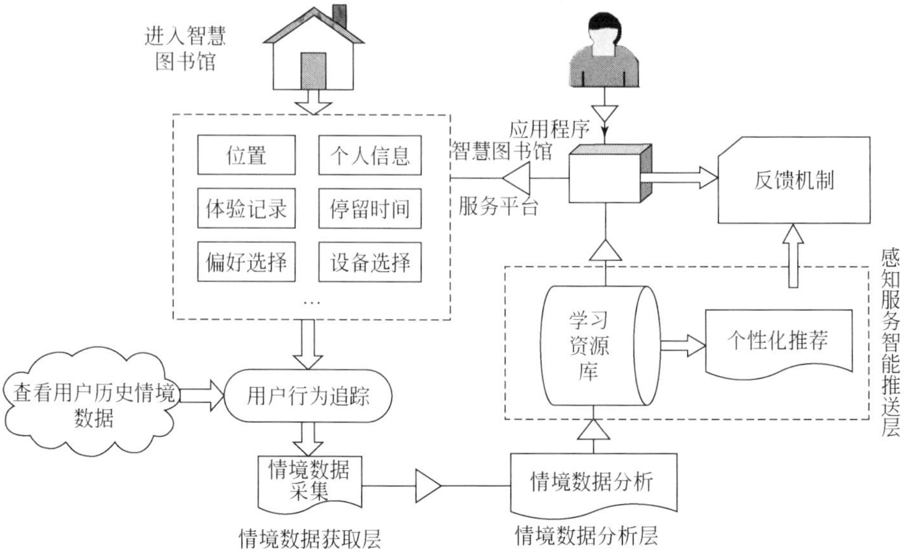

图 8-1　智慧图书馆情境感知微型学习系统框架结构

3. 情境数据分析层

根据体系结构，情境感知数据分析可具体划分为 4 步：①情境数据整理，服务器对客户端发来的信息进行整理，并根据类别进行分类，处理一些不正常的数据；②情境数据抽象，系统将收集到并且已经分类的情境数据进行抽象化，并且根据一定的数字化语言抽象转化为相关信息；③情境数据解释，把信息文字化，用相关情境语言解释，为其赋予一定的含义；④情境数据存储，对转化好的信息进行服务器内部存储建档，以便使用。将获取的情境数据进行综合分析形成相关情境模型，并且评估和分析数据的准确性，排除偶然性，并将满足要求的情境数据所反映出的需求传达到智能终端，继而实现个性化推荐服务。

4. 情境感知服务推送层

智慧图书馆服务是建立在各类数字资源上的，所提供的服务需要结合移动终端展示。情境感知服务模式最大的特点是“因人而异”，能够对用户当前的情境信息进行确认，并通过挖掘别的用户在特定情境下的选择历史记录（操作记录）来推荐给当前用户，以此带来用户个性化服务体验。其工作流程是：获取情境信息并获取用户需求，从数据库中找到适合用户的服务，将资源推送给用户。这种个性化推荐，不但有利于发掘用户的需求从而提供有效功能，而且能够减少因为不必要而浪费的学习时间和学习成本，达到高效率的学习效果。

以上各个模块是一个动态循环互动过程，智慧图书馆服务平台对客户端传来的情境数据进行采集分析，提取出相关用户需求，对其可能感兴趣的资源进行个性化推送，从而使用户通过移动设备达到交互的效果来进行学习。用户收到服务资源后，通过对学习过程体验的自我感知，对服务资源进行评价，并反馈至智慧图书馆服务平台，管理员对系统内相关机制进行整改，并对服务资源库和情境数据库进行不断地扩充和修改，不断丰富历史情境数据，逐步提高推荐的质量。

（二）服务方式

1. 传统图书借阅服务

当进入图书馆以后，用户就可以通过微信、微博和QQ等方式快速登录智慧图书馆服务平台，进行数字图书馆传统图书借阅服务。在登录的同时可以设置个人偏好信息，甚至可以和图书馆通过一卡通进行绑定，这样就实现了个人信息的明确，从而为后续更加精准的用户需求分析提供了必要的数据支撑。

2. 分析服务

通过分析用户需求，为用户提供个性化的信息服务，并将需求分析结果反馈给用户；也可为用户信息建立档案，；还可通过跟踪、预测、评估适应用户需求的信息进行智能推送。

3. 推送服务

系统会根据用户的性格偏好、阅读风格、阅读习惯来提供所需的资源和感兴趣的书籍。智慧图书馆会获取到读者近期所打开的APP，分析和预测用户近期所需的图书和服务，实现智能化推送服务。例如，当用户搜寻某本书籍时系统会自动推送与其相关的其他书籍并且提供相应位置，了解到用户近期想要看某一个电影，系统会推送相关电影播放地点及场次。系统还会根据用户的心情状态提供相应书籍，也会根据数据分析制订用户的智慧图书馆阅览计划。

4. 导航服务

智慧图书馆不仅可以对图书馆场馆进行虚拟定位，还可以对馆藏资源位置进行实时感知及推送；用户进入图书馆时，既可以感知馆内各个实体部门的位置信息，也可以获取图书的准确排架位置。对于大型图书馆来说，智能系统串联起各个分馆信息，使得整个图书馆成为一个有机整体，到达图书所需的线路、精确位置信息一应俱全，甚至系统还会随时监控当前的温度、湿度等，向读者推荐适宜的环境所在位置。

5. 体验服务

用户可以在智慧图书馆数字体验区进行虚拟图书馆体验、3D 图书阅读体验、可穿戴设备体验、电子书借阅机体验、感应式时间轴体验、瀑布流图书借阅机体验、3D 打印体验、移动设备体验等，利用VR技术可以为用户提供模拟空间场景，使用户远程体验实体空间，或者模拟纸本翻阅等。

6. 互动服务

智慧图书馆可以根据每位读者所阅读的书籍类型、内容、时间等进行相似性匹配，找到具有相同爱好和习惯的读者，相互推荐成为书友；互动版块可以进行留言交流，发表各自的看法，使得智慧图书馆更具互动性，更有活力。互相发表对相同书籍的读后感，得到更多对书的感悟，可以使图书馆变成一个相互交流思想、拓展思维方式的地方。

7. 休闲娱乐服务

智慧图书馆不仅仅，也不应该只提供图书馆服务，更应该提供多种娱乐设施、餐饮、咖啡厅等服务，全方位打造一个拥有多种服务的文化中心。在智慧图书馆中，用户走进图书馆局域网内，系统就会迅速获取用户进入之后打开的所有软件的信息，并通过数据分析，分析出读者喜爱的娱乐设施，然后向其推荐并发送具体娱乐设施所在位置。比如，分析出读者喜爱的书籍之后恰好也有电影，系统就会主动推送电影相关资料及播放地点。

8. 自助服务

用户自入馆开始，全称“刷脸”，方便快捷，减少了带卡和丢卡的麻烦，同时增加了图书馆管理的安全性，提升了书籍借阅的便捷性；自助机器人，代替人工咨询、导航、借阅等服务；智能书架基于 RFID 技术，实现图书实时清点、定位、错架统计、精准检索等功能。

除了以上服务，智慧图书馆可同时感知图书馆的环境，把传感器等设备装置在图书馆管理对象上，如书籍、空调、加湿器等，对图书馆中的湿度、温度进行调节控制。智慧图书馆通过提供多种个性化服务，将自身打造成一个多功能的生活场所。

三、智慧图书馆情境感知服务模式评价

（一）指标体系选择及内容设计

智慧图书馆建设与图书馆内部管理、用户体验和外部环境等因素交叉在一起，影响着智慧图书馆的发展速度。本书以 SERVQUAL（Revised SERVQUAL）评价模型为基础框架，结合智慧图书馆情境感知服务的具体内容，并参阅情境感知服务方面的理论研究成果，确定了智慧图书馆应包括情境数据、技术、用户和管理这 4 个要素，据此建立了智慧图书馆情境感知服务质量评价指标体系。该指标体系分为一级指标、二级指标和三级指标 3 部分，其中一级指标 4 个，分别为情境数据资源、系统技术、用户体验和管理绩效。每一层次的指标都由上一层指标展开，而上一层次的指标需通过下一层的结果反映出来。

（二）评价方法与过程

目前已有部分地区的省图书馆和学校图书馆应用情境感知服务模式来吸引用户走进图书馆。基于此，本书分别选取了不同地区的已经应用此模式的图书馆为评价对象。为了使样本更具普遍性和代表性，分别选取了在不同地区的图书馆，由相关领域的专家学者、服务人员和用户等组成评价组，通过专家评分、用户体验、模拟检测及人工对比等方式分别评价上述不同地区智慧图书馆情境感知服务模式的服务内容和质量，同时使用有关技术工具测评并记录数据。具体评价过程为：由专家和学者对服务主体和情境环境及内部管理进行打分评判；技术人员对各种相关技术进行检测评判；用户主要对情境感知服务和个性化服务进行体验评判；技术维护人员主要对服务对象及系统运行状况等进行对比评判。评估组结合用户体验、定量数据、行业经验，按李克特量表分 5 个梯度（非常差 1 分、较差 2 分、一般 3 分、较好 4 分、非常好 5 分）对每项指标分别打分。得到各个成员对每个评估对象的打分后，采用几何平均法计算出各项评价指标的平均值，然后分别乘以其对应权重，最后按权重计算出的各个指标之和就是每个评估对象的最终综合得分。

（三）评价指标权重确定

邀请 10 名相关领域的专家学者、10 名图书馆工作人员、10 名经常去图书馆的用户以及 10 名技术维护人员组成评判小组，通过调查问卷方式让他们利用 T.L.SSaaty 的“1-9 标度方法”对每个层次的各项指标的重要性进行判断并记录所获得的结果。指标的重要性首

先依据40名评判小组成员的分数决定，其次是依据4种评估方式：①专家打分，邀请相关领域的专家学者进行打分；②模拟用户体验，随机抽取不同行业的用户进行打分；③人工对比，在测评时有些内容会缺乏相关标准或规范的项目与内容与之对比，这时可以引用相关或相近服务项目的标准与之进行比对打分；④工具检测，利用相关软件技术测评工具进行检测。计算出不同方式的各个评价指标的权重，此处按照专家学者组评判结果占40%、图书馆工作人员占30%、经常去图书馆的用户和图书馆技术维护人员各占15%的比重分别计算出各个指标的相对权重。然后，利用平均值法算出各个指标的评判权重，最后征询开发此类服务模式的相关人员的意见，在对征询意见和评估结果进行深入分析的基础上，对个别评价指标权重进行微调和修正，最终计算出各级指标的权重。

四、智慧图书馆情境感知服务发展建议

通过评价指标权重的确定，可以发现智慧图书馆情境感知服务模式所涉及的4个要素中，系统技术权重最大，其次是情境数据资源和绩效管理，用户体验权重反而最低，这也充分说明以往一直强调的“以人为本”服务理念在情境感知服务模式中更侧重于服务的后勤保障能力。对此，图书馆可以采取以下措施提升服务水平，优化用户服务体验，具体的建议如下：

（一）准确把握各类情境要素

为保障图书馆情境感知服务顺利实施，图书馆需要从多个角度做好情境信息采集、分析、归纳与推理工作，尤其是要准确把握不同的情境因素，采用有针对性的情境建模方法，在数据挖掘与要素过滤基础上，实现用户需求与推荐资源的有效匹配，保障智能推荐的实时有效性。

（二）促进情境数据资源共享

图书馆在准确把握各类情境要素的基础上，要强化多方合作，促进资源整合共享，尤其是与用户相关情境数据的共享，形成开放式的情境感知信息服务体系，促进线上线下信息的高度互联，改变现有情境感知乏力、服务单一格局。同时，智慧图书馆情境感知信息服务还受到情境信息资源的有效获取与计算、用户情境需求的精确提取、情境感知推荐算法等诸多问题的困扰，所以在面对大量资源时要进行资源分类、合理排列资源，减少数据冗余。向用户推送资源时，要尽量确保资源的准确性；情境数据资源要及时更新，确保资源的时效性。符合情境的推送服务将极大地增强用户黏度，有助于提升图书馆的亲和力和影响力，引导和净化网络环境。

（三）定时优化系统性能

在积极稳妥地扩展服务内容的同时还要确保服务响应快捷有效。通过评价指标体系量化发现，无论是专家还是普通用户对移动环境下系统的响应时间、反应速度方面都异常敏感，其次是系统的鲁棒性和结果的正确性问题。图书馆情境感知服务的发展离不开自身系统技术的发展，只有技术设备有所提高，才能提供更多更丰富的情境感知服务。所以，应该尽量扩充各方面的情境感知服务内容，用更新颖、多样化的情境感知服务吸引用户，确

保系统的反应时间，尽量使界面简洁方便。界面的优化（智慧图书馆后台管理界面和 APP 界面）也可以提高用户的满意度。

（四）征集用户意见以构建个性化服务内容，扩展服务内容，提升满意度

从上述评价指标的构建可以看出，用户体验中使用的便利程度和个性化服务内容在服务质量评价体系中占据相当重要的位置，所以在构建智慧图书馆时也要向用户征集意见，让用户参与到图书馆的建设之中。毕竟智慧图书馆情境感知服务模式最主要的功能就是向用户提供各种服务，要想提高用户对整体的满意度及对个性化服务的满意度就必须获取更多的用户信息，加强对用户的综合分析。同时，为了增加用户与系统的互动，可以采取用户对系统进行评价获取相应奖励或者经验值的做法，还可以匹配相似或互补兴趣爱好的用户进行相互推荐，在用户之间建立通畅的沟通桥梁。总之，要提供用户感兴趣的个性化服务内容，同时优化用户的使用体验，为用户提供更创新的情境感知服务，增加用户的互动兴趣。

（五）保障用户个人隐私安全，加强服务人员业务培训、队伍建设及资源管理，保证资源合理调配

智慧图书馆在采集、整理情境信息和提供服务过程中，不仅需要关注数据的深度挖掘与共享问题，也应该做好用户隐私保护工作。智慧图书馆只有采用安全可靠的方式获取更多的用户信息才能为用户提供个性化服务，所以智慧图书馆首先要加强对用户信息进行安全保护，可以采取升级信息安全保护系统、加密用户信息数据库等方式。智慧图书馆中包含了大量用户的信息，因此一定要把信息安全放在重要的位置。其次，在日常管理方面，对于特定类型的情境感知服务的工作人员要进行定向培训，使面向用户的服务更加专业化。智慧图书馆的情境感知服务要定期有新的服务提供给用户，这就要求拥有一个优秀的项目开发团队。拥有新的项目才能不断吸引更多的用户，所以要重视项目的不断开发。最后，在资源管理方面，要尽可能减少资源成本的支出，但要保证各项资源的质量，同时保证情境资源在所有资源中占据合理的比例。

参考文献

陈凌，王燕雯，2018. 智慧图书馆馆员综合能力评价指标研究［J］. 数字图书馆论坛，（4）：66-72.

初景利，段美珍，2018. 智慧图书馆与智慧服务［J］. 图书馆建设，（4）：85-90，95.

储节旺，李安，2015. 智慧图书馆的建设及其对技术和馆员的要求［J］. 图书情报工作，59（15）：27-34.

黄力，2011. 基于物联网技术的图书馆服务模式与内容的研究［J］. 图书馆学研究，（3）：51-55.

刘炜，刘圣婴，2018. 智慧图书馆标准规范体系框架初探［J］. 图书馆建设，（4）：91-95.

邱圣晖，谭伟贞，曾智华，2016. 智慧图书馆环境下智慧馆员的培养［J］. 兰台世界，（12）：77-79.

王世伟，2011. 未来图书馆的新模式——智慧图书馆［J］. 图书馆建设，（12）：1-5.

王世伟，2018. 关于智慧图书馆未来发展若干问题的思考［J］. 数字图书馆论坛，（7）：2-10.

王维秋，刘春丽，2017. 智慧图书馆的理论演进历程、应用前沿与发展趋势研究［J］. 图书馆学研究，（18）：17-20.

魏蒙，王颖纯，刘燕权，2017. 中美两国图书馆智慧服务现状比较研究［J］. 图书馆学研究，（19）：66-73.

张文竹，邵波，2018. 智能机器人技术在图书馆信息服务中的应用与研究述评［J］. 图书馆学研究，（12）：2-7.